마지막
노래를
들어줘

오승훈 지음
공동기획 팩트스토리

마지막
노래를
들어줘

누가 김성재를 죽였나

여의도
책방

| 차 례 |

34화 영구 미제

한국의 검시 제도는 26년 전과 비교해 달라졌을까. 그때나 지금이나 검시와 수사는 분리된 채로 운영되고 있다. 사건 현장에 법의학자 출신 검시관은 여전히 가지 못하고 있다.

한 평론가의 표현을 빌리자면, 어느 날 오후, 퀭한 눈으로 들여다본 신문 한 귀퉁이에서, 거짓말처럼, 아니 환각처럼 본 기사는 냉랭한 어조로 한 가수의 죽음을 알게 해주었다. 이럴 수가 있나, 아니, 이건 거짓이거나 환영이라는 게 내 첫 반응이었다. 그때 나는 수능을 하루 앞둔 수험생이었다.

> 20일 아침 7시 5분께 서울 서대문구 홍은3동 스위스그랜드호텔 별관 스위트룸 57호실에서 인기 댄스 그룹 '듀스'의 전 멤버 김성재 씨(23)가 숨진 채 발견됐다. 숨진 김 씨의 매니저 L 씨(22)는 경찰에서 "전날 밤 10시께 호텔방에 들어와 함께 술을 마시고 잠든 뒤 아침에 일어나 보니 김 씨가 숨져 있었다"고 말했다. 경찰은 김 씨가 잠들기 전 술을 마셨다는 매니저 L 씨의 말에 따라, 김 씨가 잠자던 중 심장마비를 일으켜 숨진 것으로 보고 정확한 사망 원인을 밝히기 위해 국립과학수사연구소에 부검을 의뢰했다. 이현도, 김성재로 구성된 '듀스'는 지난 1993년 '나를 돌아봐'로 데뷔해 '굴레를 벗어나'로 큰 인기를 끌다 지난 6월 갑자기 해체됐다(《한겨레》, 1995년 11월 21일).

1993년 4월 '나를 돌아봐'로 데뷔한 '듀스'는 '서태지와 아이들'과 함께 1990년대 가요계의 아이콘이었다. 서태지와 아이들의 음악적 바탕이 락이었다면 듀스는 뉴잭스윙(new jack swing)과 소울 등을 기반으로 흑인 음악을 일관되게 추구한 뮤지션이었다. 듀스가 한국 힙합의 원조라고 불리는 이유다. "춤, 패션 모든 면에서 힙합이 갖고 있는 문화를 최초로 전달한 팀이라고 해도 과언이 아니다. 당시에 맞지 않은 흑인 힙합 음악을 구사했음에도 불구하고 서태지와 아이들에 못지않은 스타덤을 확보했다는 것이 경이롭다."(임진모) "듀스는 음악적 성취가 굉장히 독특하면서 뛰어났다. 당시에 서태지와 아이들이 있었음에도 신예 듀스는 서태지의 아성에 도전할 만큼의 힘을 발휘했다."(정덕현) "듀스는 1990년대를 지나온 음악 팬들에게 위대한 뮤지션으로 기억된다. 말쑥하고도 단단한 매무새로 흑인 음악의 다양한 장르를 구사한 음악가는 듀스가 거의 유일하기 때문이다."(한동윤) 1집부터 3집까지 자신의 음악 세계를 꾸준히 성장시켜나갔다는 점에서 평론가들은 듀스가 서태지와 아이들에 필적할 만한 빛나는 성취를 한국 대중 음악사에 남겼다고 평가하고 있다.

특히 김성재는 내 청춘의 우상이었다. 그의 춤과 패션은 10대 소년을 뒤흔들어놓았다. 그는 하나의 기준이었다. 그런 그가 더 이상 세상에 존재하지 않는다는 사실을 받아들이는 일은 쉽지 않았다. 그 어려움은 그의 죽음이 느닷없다는 데서 흘러나왔다. 압도적인 솔로 데뷔 무대를 선보이고 거짓말처럼 사라진 그의 오늘 앞에서, 그의 어제를 본 많은 이들은 할 말을 잃었다. 가장 아름다운 순간에 별이 돼버린 그를 보면서 삶이 허망하다는 것을 어렴풋이 느끼기도 했다.

그러나 당시 나는 수험생이었고 수능일은 내일이었다. 세수하고 예비소집 장소인 성남고등학교로 갔다. 수험표와 답안지 기재 요령 등 주의 사항을 전달받고 고사장 위치를 확인했다. 집에 돌아와 오답 노트를 훑어봤지만 좀처럼 집중이 되지 않았다. 거실 TV에선 그의 마지막 무대 장면이 나오고 있었다. 장갑과 보호대 등 아이스하키 복장을 응용한 그의 의상이 화면으로 남아 김성재 스타일의 한 정점을 증거하고 있었다.

방으로 돌아와 시디플레이어를 켰다. 듀스 3집을 틀고 이어폰을 꽂았다. 그의 빈소가 차려진 여의도성모병원에 가볼 엄두는 나지 않았다. 나의 자리에서 나만의 방식으로 애도를 표하고 싶었다. 그의 노래에 기대 수험 생활의 괴로움을 견뎌왔던 내게, 그는 죽어서도 위로를 건네고 있었다. 나는 한참을 앉아 있었다.

그날 밤, 잠은 오지 않았고 밤새 뒤척였다. 이러다간 시험을 망칠 것 같았다. 새벽녘 목욕탕에 갔다가 수능을 보러 갔다. 시험은 어렵기도 했고 쉽기도 했다. 저녁께 집에 돌아와 그대로 뻗어버렸다. 일어나 보니 점심이 지나 있었다. 〈한겨레〉는 노태우 전 대통령의 천문학적 비자금이 1992년 대선 자금으로 쓰였다는 의혹을 연일 1면으로 보도했다. 세상은 똑같은 자리에서 쓰러지며 시끄러웠다. 1995년 11월의 일이었다.

그가 간 지 올해로 26년이 됐지만, 김성재가 한 시대의 상징이었다는 점을 부인할 순 없다. 평판의 일치에서, 춤에 대한 열정과 기량에서, 당대를 훌쩍 뛰어넘은 스타일의 세련됨에서 그를 앞설 스타를 나는 얼른 떠올리지 못한다. 그는 '연예인들의 연예인'이었고 '패피들의 패피'였다. 그러나 나는 그를 한국 대중음악에 지워질 수 없는 흔적을 남긴 가수로 떠올리기에 앞서 매력적인, 너무나 매력적인 인간으로 떠올린다.

대개의 사람들이 그러하겠지만 그도 누군가에게 살가운 형이었고 누군가에겐 자랑스런 친구였으며 또 다른 누군가에게는 착한 아들이었고 그 누군가에겐 탐나는 남자였다. 본디 죽은 이에 대한 세평을, 특히 그처럼 요절한 이에 대한 사후 평가를 박하게 내리기 어렵다는 것을 감안하더라도 남은 이들에게 그는 분명 좋은 사람이었다.

영국과 일본 생활을 통해 영어, 일본어를 모국어처럼 구사할 수 있었던 그의 꿈은 치과의사였다. 치대 다녔던 여자친구와 가까워진 계기였다. 연예인을 하면서도 공부에 대한 미련을 버리지 못했다. 석 달 벼락치기로 한양대에 가기도 했다. 그러나 이 명민한 청년을 세상은 가만두지 않았다. 어쩌면 치과의사가 되기에 그의 끼가 너무 많았는지도 모르겠다. 바람대로 학업을 이어갔다면 그의 삶은 달랐을까.

듀스의 노래들을 듣고 자란 한 10대는 이제 중년의 나이가 됐다. 그 무심한 세월 동안 김성재의 죽음을 둘러싼 의혹들은 여전히 해소되지 못하고 있다. 납득되지 않는 그의 죽음은 대한민국 연예계 최대의 미제 사건으로 남아 있다. 그사이 범죄 피해자의 유족은 오랜 시간이 지난 지금도 고통 속에 살고 있다.

기자가 된 뒤에도 그를 잊을 순 없었다. 늦었더라도 그날의 진실을 찾아 헤맨 것은 팬(fan)의 의무이기도 했지만, 억울한 죽음이라면 이를 기록해야 한다는 펜(pen)의 의무이기도 했다. 한국 사회는 범죄 피해자 가족에게 망자가 왜 죽었는지 알려줘야 할 책임이 있다. 무모하고 덧없더라도 진실을 밝히려는 사람이 한 명쯤은 있어야 한다고 생각했다. 그것이 김성재의 넋을 해원하는 일이라고 믿었다.

무엇보다 범죄와 비리를 오래 취재했던 탐사 기자의 문제의식이 나를 이 사건에 계속 묶어두었다. 경찰 초동수사의 중요성을 일깨우는 대표적인 케이스라는 점도 김성재 사건을 재조명해야 하는 이유였다. 검시 제도 개선 등을 통해 초동수사를 강화하는 일은 2021년, 오늘에도 여전한 과제이기 때문이었다. 한 법조인의 표현처럼 김성재 사건은 '시사가 아니라 역사가 된 사건'이었다.

지난 1년 동안, 수사·공판 기록과 당시 신문 및 잡지 기사 등 3,000쪽이 넘는 관련 문서를 검토하고 당시 수사 관계자와 판사들을 수소문해 인터뷰했다. 유족과 지인들을 만났고 법의학자와 의사들의 자문도 구했다. 무죄 판결을 받은 김성재의 전 여자친구 쪽 변호인들도 수차례 접촉했다.

이제, 26년 전 나를 잠 못 들게 했던 김성재의 삶과 죽음에 대해 말하려 한다.

| 1화 주요 인물 |

김성재

이현도

윤홍규(고교 친구)

김동구(뮤즈기획 대표)

이현도와의 만남

"너, 혹시 성재 아니냐?"

"아, 바로 네가 홍규가 말했던 현도구나."(이현도, 《스물네 살의 사자후》, 예당 미디어, 1997년)

때로 운명은 우연처럼 다가온다. 둘은 반갑게 악수했다. 마치 오래전부터 알던 사이처럼. 김성재와 이현도의 첫 만남은 휴식 시간 학교 복도에서 이뤄졌다. 1988년 7월, 고1 여름방학을 앞둔 때였다.

그때 김성재는 보라색 셔츠에 딱 달라붙는 게스(GUESS) 청바지를 입고 있었다. 바지 뒷주머니에 수건을 꼽고 있었다. 신발은 '비전'이라는 외국 브랜드의 스케이드보드 운동화를 신었다. 일본에서 유행하던 스타일들이었다. 예사롭지 않은 첫인상이었다. 김성재와 이현도가 다녔던 서울 서초구 S고는 당시 두발과 복장 단속이 심했다. 바지도 헐렁한 것은 입지 못했고 머리카락도 1cm 이상 못 기르게 했다. 성재는 단연 눈에 띄었다. 현도는 친구 윤홍규로부터 이미 성재에 대해 들었던 터였다.

일본에서 성재와 친했던 홍규는 성재보다 먼저 귀국해 S고에 다니고 있었다. 홍규는 성재라는 친구가 곧 한국으로 전학 오는데 키 크고 옷 입는 센스도 남다르고 성격도 착한 좋은 친구라면서 마음이 맞을 거라고 현도에게 소개한 적이 있었다. 물론 공부도 잘한다면서. 둘은 반은 달랐지만 금세 친해졌다. 얘기를 나누다 보니 홍규 말처럼 생각하는 것, 추구하는 것이 비슷했다.

또 다른 나

훗날 듀스 활동 때 한 잡지사와 인터뷰하면서 성재는 현도와의 첫 만남을 이렇게 회상했다. "현도를 보면 숨어 있는 또 다른 나를 보는 것 같아요. 그래서 우리는 쉽게 사귈 수 있었고 만나면 아무런 허물없이 너무나 편했어요."

둘이 처음 만났을 때 성재는 서울 청담동 상아아파트에 살았고 현도는 서초동 삼익아파트에 살았다. 그들은 서로의 집을 오가며 놀았다. 놀다 늦어지면 집으로 가지 않고 함께 잠을 자곤 했다. 성재 집에는 당시 한국에는 없던 좋은 음악과 전자오락이 많아 현도에게 천국과 같았다. 1988년 올림픽 개막식도 성재네 집에서 둘이 함께 봤다.

"성재는 놀기도 잘 했지만 공부도 무척 잘했다. 외국인 학교를 다녔기 때문에 영어는 선생님들도 놀랄 정도였다. 되레 한국말이 서툴렀다. 아주 가끔은 외국인이 우리말을 하는 것처럼 어색한 느낌이 들기도 했다. 함께 잠을 자다가 보면 성재는 잠꼬대마저 우리말이 아닌 일본말로 했다."(이현도, 앞의 책)

성재의 꿈은 원래 치과의사였다. 어릴 때 치과에 자주 갔는데 그때마다. 드는 돈이 아까웠기 때문이었다고 현도는 기억한다. 성재는 세심하고 잘 참는 진득한 성격에 머리도 좋았다. 치과의사를 해도 잘 했을 것이라고 현도가 생각하는 이유다.

그런 성재를 춤의 세계, 음악의 세계로 끌어들인 장본인은 현도였다. 현도는 훗날 자신의 책에서 "모범생을 문제아(?)의 길로 유혹했다"고 고백했다.

처음 춤추던 날

고1 2학기 때였다. 현도와 성재는 처음으로 함께 춤을 추러 갔다. 현도는 중학교 3학년 때부터 선배 형들을 따라 이태원으로 춤을 추러 간 적이 몇 번 있어서 익숙한 편이었지만 성재는 그때가 처음이었다. 음악이 요란한 나이트클럽에서 현도는 물 만난 고기처럼 브레이크 댄스를 춰댔다. 성재도 따라 해보려고 했지만 제대로 될 리가 없었다. 박자도 못 맞출뿐더러 자세도 나오지 않았다. 성재는 무척 화가 난 표정이었다. 무얼 해도 다른 애들에게 져본 적 없는 성재인지라 더욱 그랬을 것이다.

한 달쯤 지나 두 번째 춤추러 갔을 때 성재는 완전히 달라져 있었다. 거기에 있었던 모든 사람이 혀를 내두를 정도로 춤을 잘 췄다. 자신에게 배웠는데 자기보다 잘 췄다고 현도는 기억한다. 청출어람이었다. 첫날의 굴욕 이후 비디오를 보면서 죽어라 춤 연습을 했던 것이다. 성재에겐 천성적으로 춤 감각이 있었다. 그를 기억하는 이들은 피지컬 때문이기도 했지만 같은 춤이라도 성재가 추면 더 멋있게 보였다고 한결같이 말했다.

그 무렵부터 둘이 춤을 추면 사람들이 구경하기 위해 몰려들었다. 그 둘처럼 정통 춤을 구사하는 어린애(?)들이 없기도 했지만 찢어진 바지에 귀를 뚫고 다른 사람들과는 너무도 다른 옷차림 때문에도 눈길을 끌었던 것이다. 1980년대 후반에 그 둘처럼 입고 추는 아이들은 흔치 않았다.

둘은 춤에 빠져 살았다. 성재는 생전에 쓴 자전적 글에서 그때를 회상했다. 1995년도에 쓴 것으로 보이는 이 글이 대중에게 공개되기는 이번이 처음이다.

"고3 때 현도와 나는 고1 때부터 닦은 춤 실력이 상당한 경지에 다다라서 '춤 귀신'이라는 별명이 붙어 있었다. 잘나간다는 장안의 댄스 클럽에서는 '돈 안 내도 좋으니 클럽에 놀러와 춤만 춰달라'는 요청이 들어왔다. 그러나 집안에서는 공부하길 원하고 있어 그 갈등이 심했다."(김성재의 자전적 에세이, 미공개 원고)

성재의 말처럼 매일같이 붙어 다니자 부모님들의 걱정도 컸다고 한다. 현도의 어머니는 성재 때문에 현도가 공부 안 한다고 했고 성재 어머니는 현도 때문에 성재가 공부를 안 한다고 성화였다. 그렇지만 막상 집에 놀러 가면 현도 어머니나 성재 어머니나 모두 자식처럼 잘

해주었다.

춤을 추지 않는 날은 주로 압구정동의 카페나 로바다야키에서 시간을 보냈다. 현도는 지금도 술을 잘 못하지만 성재는 술을 무척이나 좋아했다. 언젠가 인터뷰에서 자신의 주량을 소주 6병, 맥주 2박스, 양주 3병이라고 밝혔던 성재였다.

김의 전쟁

늘 붙어 다니던 단짝은 땡땡이도 함께 쳤다. 2학년 때의 일이었다. 다음 날 시험 봐야 하는데 둘은 밤늦도록 음악 듣고 거리를 돌아다니다 아침이 돼서야 성재 집에서 잠을 잤다. 잠깐 눈을 붙이고 학교로 가기 위해 집을 나서긴 했지만, 너무 피곤한 나머지 등교를 포기하고 청담동 성당에 들어갔다. 점심시간이 될 때까지 성당 뜰 한쪽에서 잠을 자다 배가 고파 성당에서 도시락을 까먹었다. 이후 누가 먼저랄 것도 없이 사우나로 직행, 모자란 잠을 자고 아예 학교를 째버렸다.

둘이 학교를 겉돌았던 데는 이유가 없지 않았다. S고는 강남 8학군에 위치한 학교로 이른바 스파르타식 교육을 시키는 곳이었다. 체질에 맞질 않았다. 특히 영국과 일본에서 자유분방한 유년 시절을 보낸 성재는 체벌과 욕설이 난무하던 한국의 폭력적인 학교 문화를 혐오했다. 성재는 자신의 글에서 그 시절을 떠올렸다.

"처음 얼마 동안은 원하던 우리나라 땅에서 친구들과 우리말로 공부하고 뛰논다는 것이 너무 기뻤지만 시간이 흐를수록 지겨움으로 변해갔다. 일본에서 마치 '전쟁을 치르듯' 살아온 나로서는 틀에 짜인 생활이 도저히 맞질 않았다. 항상 듣는 이야기는 '너 같은 아이는 처음 봤다', '이유는 없다. 무조건 복종해야 한다'였다. 학교에서는 매번 시험 결과를 발표하고 나서 성적이 뒤지는 아이들은 불러내어 체벌을 가하곤 했는데 이해가 가질 않았다. 성적 관리는 내 인생이라는 생각으로 기합을 줄 때도 절대 응하질 않고 팔짱만 끼고 있었다."(김성재, 앞의 글)

일본에서 전쟁 치르듯 살아왔다는 얘기는 초등학교부터 고1때까지 일본 생활을 했던 성재가 한국인을 차별하는 일본 학생들과 싸움을 벌이곤 했던 일을 가리킨다. 성재는 이 일을 '김의 전쟁'이라 불렀다.

2학년 2학기 먼저 현도가 학교를 그만뒀다. 이후 학교에서 담배 피우다 두 번 정학 맞은 성재도 자퇴를 택했다. 성재의 회고다.

"몇 차례 근신 처분까지 받았던 나는 결국 이 학교를 떠나기로 했다. 이때는 이미 친하게 지내던 이현도도 새 '인생'을 찾아 안양예고로 전학을 간 뒤였다. 시흥을 지나 한참 가는 곳에 위치한 한인고등학교라는 곳이 있었는데 이 학교에는 문제아도 많았지만 공부 잘하는 학생도 많았다."(김성재, 앞의 글)

한인고는 스쿨버스를 타고 다녀야 했다. 한인고와 안양예고 스쿨버스가 만나는 지점이 신림역이었다. 둘은 신림역에서 아침에 헤어졌다 저녁에 만나기를 반복했다. 그곳이 그들의 오작교였다. 그러다 성재가 스쿠프 승용차를 사면서부터 둘의 활동 반경은 더욱 넓어지게 됐다. 갑자기 차를 타고 가다가 '우리 심심한데 부산이나 갈래'라는 말이 나오면 그길로 부산으로 떠났다. 철없어서 행복했던 시절이었다. 두 곳 다 남녀공학이라 여자친구들도 많이 사귀게 됐다. 훗날 현도는 성재의 애정관(?)에 대해서도 글을 남겼다.

"성재는 여자친구를 사귀는 그 자체보다는 여자들이 자기를 좋아해주는 상황 자체를 즐기는 스타일이었다. 난 정말로 여자를 좋아하는 감정 그 자체가 소중하다고 여기는 반면, 성재는 자기를 남들이 좋아해주는 그 느낌을 좋아했다는 것이 옳겠다."(이현도, 앞의 책)

성재의 유창한 일본어 덕을 본 적도 있었다. 나이트에 들어가다 잡히면 성재가 한국말을 모르는 척하면서 일본말로 뭐라고 하면 무사통과가 됐다.

"고1 여름방학 때 성재와 함께 일본으로 날아가 성재가 살던 일본 동네도 같이 가보고, 일본의 디즈니랜드도 함께 놀러 가고… 스물세 살 무렵까지 내 인생에서 성재를 빼면 무엇이 남을까 하는 생각도 든다."(이현도, 앞의 책)

두 사람은 사춘기 소년의 고민도, 젊은 날의 좌절도 함께 나눴다.

성재를 연예계로 이끈 현도

당시 이태원에 있는 '문나이트'는 성재와 현도에게 잊을 수 없는 공간이었다. 2019년 다시 문을 연 이 전설의 클럽은 1990년대 초 우리나라에서 내로라하는 춤꾼들이 다 모이는 당시의 '힙플레이스'였다. 박남정이나 현진영과 와와, 서태지와 아이들의 양현석과 이주노까지 모두 문나이트에서 스타의 꿈을 키웠다.

성재와 현도도 고3 때까지 문 나이트클럽에 자주 놀러 가 춤을 췄다. 춤은 어느 정도 경지에 이르렀다고 자평했지만 이걸 어디에 써먹어야 할지 몰랐다. 1991년, 기회는 우연히 다가왔다. 훗날 '클론'으로 활동한 강원래와 구준엽이 당시에 '현진영과 와와'에서 와와로 활동 중이었는데 입대하면서 그 자리가 빈 것이다. 현진영과 안면을 트고 지내던 현도는 새로운 와와 멤버가 되고 싶었다.

"그쪽에선 성재만을 원했다. 참 이상한 일이었는데 남들은 내가 춤을 잘 춘다고 했지만 문 나이트클럽의 형들만은 내 춤을 인정해주지 않았다. 그런데 성재는 달랐다. 형들이 아주 예뻐해주면서 춤도 가르쳐주고, 따뜻하게 격려를 해주면서 아주 잘 해줬다."(이현도, 앞의 책)

처음에 성재는 와와 활동에 큰 관심이 없었다. 마음잡고 공부해 대학에 진학하고자 했다. 그런 그를 연예계로 이끈 것은 현도였다. 성재가 있어야 자신도 와와가 될 수 있었다. "정말 내가 와와의 멤버가 될 수 있었던 것은 순전히 성재 덕분이었다"고 현도는 기억한다.

와와 활동을 하면서 알아보는 사람도 점점 많아졌다. 고정 팬까지 생겨 연예인 아닌 연예인이 됐다(유튜브에서 '현진영의 슬픈 마네킹'을 검색하면 당시 와와로 활동하던 성재와 현도의 앳된 모습을 확인할 수 있다).

항상 즐거운 일만 있었던 건 아니었다. 방송국에 가면 백댄서를 날라리쯤으로 여기고 아예 무시하는 이들도 있었다. 활동하면서 월 이삼십만 원 정도의 월급 아닌 월급을 받았는데 그것도 때에 따라 끊기기도 했다. 성재는 "와와 시절 나는 집에다 절대 비밀로 하고 다녔다. '그런 것 하면 가만 놔두지 않는다'던 아버지" 때문이었다고 회상했다. 활동을 고민하는 사이 1년이 지나갔다.

그 와중에 현진영 대마초 사건이 터졌다. 부산의 한 행사장이었다. 야외무대에서 춤추는데 갑자기 건장한 남자들이 무대 위로 올라와 현진영을 끌어내렸다. 형사들이었다. 무대는 삽시간에 소란해졌다. 끌려가는 현진영을 보려고 사람들이 몰려들었다. 당황한 현진영은 횡설수설했다. 성재와 현도는 무슨 일인가 싶어 이러지도 저러지도 못했다. 연예인이 끌려가는 모습을 보며 현도는 '추하다'고 생각했다. 행사 뒤 회식 자리에서 현진영이 대마초를 피워 잡혀갔다는 얘기가 나왔다. 둘은 '저렇게 되면 안 된다'는 걸 느꼈다고 했다.

현진영이 구속되면서 와와 활동도 중단됐다. 성재는 다시 대학 입시를 준비했다. 현도는 한동안 발길이 뜸했던 문나이트에 다시 드나들기 시작했다. 신시사이저(synthesizer)로 취미 삼아 곡도 썼다. 그즈음 문나이트에서 알고 지내던 한 선배가 현도에게 가수를 제의했다. 그 선배는 당시 윤상과 김완선이 소속된 잘나가던 기획사에서 댄스 가수를 키운다는 소리를 듣고 현도를 생각했다고 한다. 현도는 "나 혼자는 못한다. 성재랑 같이하면 하겠다"고 했다. 그러고는 당장 성재를 설득했다.

"당시 성재는 대학 진학을 위해 다시 공부하고 있었지만 결국 내 뜻에 함께해줬다. 지금 와서 드는 생각인데 내가 그때 성재에게 가수 하자고 꼬드기지만 않았다면 성재는 죽지 않았을 것이라는 자책감이 들곤 한다."(이현도, 앞의 책)

의기투합을 한 그들은 선배가 소개해준 기획사를 찾았다. 춤 실력을 보여주기도 전에 몇 마디 나누다 바로 퇴짜를 맞았다. 뒷머리에 꼬리를 기르고 힙합 바지를 입은 것이 영 눈에 거슬린 모양이었다. 당시만 해도 댄스 음악 앨범은 잘 나가야 10만 장도 안 되던 시절이었다. 그들이 추구한 음악과 패션은 아직 생소했다.

그때 만난 사람이 뮤즈기획 김동구 대표였다. 당시 그는 기획사와 음반사 주변에서 자신이 직접 음반 제작을 해볼 궁리를 하고 있었다. 하얏트(HYATT) 호텔 커피숍에서 처음 만난 김동구는 "사실 지금 아무것도 가진 게 없다. 의리 하나로 시작하자. 그 의리 하나는 꼭 지키고 싶다"고 했다. 성재와 현도는 "좋습니다. 신의만 믿고 열심히 하겠습니다"라고 했다. 아무런 대가나 조건 없이 가수 활동을 시작한 것이다(이현도, 앞의 책).

그때 현도는 춤보다는 음악에 심취해 작사·작곡·편곡에 몰두해 있었다. 중고등학교 때부터 관심을 가지고 열심히 들었던 흑인 음악이 큰 도움이 됐다. 음악을 듣다가 어떤 때는 따라 해보기도 하고 변화를 시도하면서 초보적이지만 자신만의 음악 세계가 조금씩 형성돼가고 있었다.

그즈음에 만든 첫 작품이 '너에게만'이었다. 1년 만에 출소한 현진영이 이 노래에 꽂혔다. 그의 〈흐린 기억 속의 그대〉 앨범에 실리게 된 연유였다. 작곡가 이현도가 탄생한 순간이었다. 지금도 유튜브에 검색하면 현진영 버전의 '너에게만'을 들을 수 있다. 이 노래는 훗날 3집인 〈FORCE DEUX〉에 듀스 버전으로 실렸다. 이제 남은 건 둘이 부를 노래를 만드는 일이었다.

| 2화 |

듀스 포에버

박지호(듀스 초기 매니저)
김성욱(김성재의 동생)

연습실도 없던 시절

"우리 이름을 따로 지어야 했는데 떠오르는 것이 없어 고민하다가 '둘'이
라는 의미를 담는 내용으로 하자는 데 의견이 모아졌다. 처음에는 영어
로 투(two)로 했다가 불어로 둘(deux)이라는 의미가 더 좋아 그 스펠링
을 영어식으로 읽자고 했다. 그렇게 해서 만들어진 이름이 '듀스'. 만약
그때 우리가 진영 형에게 '와와'라는 이름을 얻었더라면 아마도 '듀스'란
이름은 아예 탄생하지 않았을 것이다."

듀스 탄생에 얽힌 이현도의 회고다. 듀스가 투가 될 뻔한 순간이었다.
원래 김성재와 이현도는 와와라는 이름으로 활동하려고 했다. 성재
와 현도에게 다시 와와로 활동하자고 제안했다가 거절당한 현진영은
와와라는 이름을 쓰지 말라고 했다. 다른 애들로 와와를 구성한다는
이유였다. 고민 끝에 찾은 이름이 듀스였다.
　본격적인 고난은 이제 시작이었다. 함께 만날 사무실이 없어 각자
집을 사무실로 썼다. 월급은 따로 없었다. 곡 쓴다고 작품료를 먼저
받은 것도 아니었다.

"집에서는 모르게 해야지, 그러다 보니 왔다 갔다 돈은 필요한데 부모님
에게 손을 빌릴 수도 없고 듀스의 어려움은 컸다. 버스를 타고 가다 핸
드폰이 울리면 다른 승객들 눈치 보며 전화 통화를 해야 했고 나중에
어찌어찌 빚을 내 소형 중고 승용차 한 대를 구해 타고 다닐 때 매니저

한창 데뷔 음반 작업에 몰두해 있던 1992년 4월, 대한민국 문화 지형을 뒤바꿀 대형 사건이 일어났다. 서태지와 아이들의 등장이었다. 데뷔 앨범 〈Yo! Taiji〉에 실린 타이틀곡 '난 알아요'는 대박이 났고 그들의 패션과 춤에 10대는 열광했다. '서태지보이스'는 그해 가요제의 주요 부문 상을 휩쓸었다. 1992년은 서태지와 아이들의 해였다. 이현도는 당시를 이렇게 회고했다.

"처음엔 맥이 탁 풀렸다. 바로 우리가 우리나라에서 처음으로 선보이려던 음악 장르와 비슷한 점이 많았기 때문이다. 그러나 가만히 생각해보니 안 좋은 일만은 아니라는 생각이 들었다. 서태지와 아이들이 인기를 끌면서 댄스 시장의 저변이 그만큼 넓어졌기 때문에 실력만 있다면 얼마든지 새롭게 아성을 쌓을 수 있다는 쪽으로 마음을 정리했다. 그래도 아쉬운 건 아쉬운 거였다. 나는 아쉬운 만큼 더 열심히 음악 작업에 몰두했다."(이현도, 앞의 책)

현도의 말처럼 댄스 음악의 팬덤층을 더 넓게 만들었다는 점에서 서태지와 아이들의 데뷔는 듀스에게 복이었지만, 서태지와 아이들의 앞선 데뷔로 인해 음악적 장르가 다름에도 불구하고 듀스에겐 한동안 아류의 이미지가 드리우기도 했다.

겨울이 오고 있었다. 곡 만드느라 안무 연습도 못 했다. 서초구 방

배동에 있는 다른 가수 연습실을 빌렸다. 주인 없을 때 연습했다. 불도 안 땐 연습실 시멘트 바닥 위에서 냉기가 끼쳐왔다. 격렬한 춤인데도 이빨이 덜덜 떨렸다. 준비는 끝났다. 남은 건, 진짜 무대에 서는 일이었다.

나를 돌아봐, '빽판'

1993년 4월 1일, 듀스 1집이 발표됐다. 타이틀곡은 '나를 돌아봐'였다. 당시 미국에서 유행하던 뉴잭스윙을 국내에 처음 소개한 곡이었다. 그러나 팬들이 좋아할지, 진짜 가수가 될 수 있을지 모든 것이 불투명했다. 한 달이 되도록 어느 방송국에서도 연락이 없었다. 듀스는 서태지와 아이들의 성공 이후 쏟아져나온 아류 중 하나로 취급됐다.

의기소침해 있던 4월 말, 기회가 왔다. SBS 김혁 PD가 연출한 〈초특급 꾸러기 대행진〉 오프닝 무대였다. 그날 성재는 청바지에 워커를 신고 위로는 루즈핏(loose fit) 빨간색 셔츠에 검은색 두건 차림이었다. 현도는 빨간 바지에 검은색 티셔츠를 입고 그 위로 빨간색 바탕에 검은색 줄이 그어진 아우터(outer)를 입었다.

'나를 돌아봐' 전주가 깔리며 파워풀한 안무가 시작됐다. 성재와 현도는 자유자재로 브레이크댄스를 추대며 당시엔 생소했던 자메이카랩을 구사했다. 추운 겨울 이를 악물고 갈고닦은 실력이 빛을 뿜었다. 하나보다 완전한 둘의 탄생이었다.

노래가 끝났을 때 최양락, 이봉원, 신동엽 등 출연진이 모두 놀란 표정으로 일어나 박수쳤다. 그때만 해도 듀스처럼 격렬하고 파괴적인 춤을 추는 댄스 가수는 드물었다. 김혁 피디가 로고송을 부탁했을 정도로 데뷔 무대는 성공적이었다.

SBS 출연 이후 섭외가 잇따랐다. MBC 〈일요일, 일요일 밤에〉를 비롯해 〈전격, 팡팡쇼〉 등 방송 3사 주요 프로그램에 나갔다. 당대 최고 가수들만 부른다는 MBC 라디오 〈별이 빛나는 밤에〉 로고송을 부르기도 했다. 잠잘 시간도 쪼개 스케줄을 소화했다.

데뷔 전후부터 1994년 초까지 1년여 매니저를 지낸 박지호 씨는 2019년 10월 5일 이뤄진 인터뷰에서 화려하지만 고됐던 당시를 회고했다.

"그때 지방 스케줄도 많고 행사도 많이 들어왔거든요. 바빠지니까 차로 애들 데려다주는 것도 일이었어요. 현도 집은 남부터미널 근처인 진로 도매상가 앞이었고 성재 집은 안양 평촌이었거든요. 잠을 하루에 두세 시간밖에 못 잘 때였어요. 현도를 데려다준 뒤 힘이 들어서 청담동 제 집에서 성재와 많이 잤어요. 자기 전 성재와 맥주 한두 잔을 꼭 같이 마시곤 했어요."

자고 일어나 보니 스타가 돼 있다는 말은 맞았다. 어딜 가도 사람들이 알아봤다. 사인해달라고 달려드는 시민들도 많았다. 삼성전자에서 CF 제의도 들어왔다. 1993년 여름, 카페에서도, 자동차 안에서도 나이트클럽에서도 온통 '나를 돌아봐'가 울려 퍼졌다. 듀스가 입었던 체크 남방과 힙합 바지 등은 청소년 사이에서 대유행했다. 대중음악계에 듀스라는 별이 떴다.

1집은 발매 두 달 만에 30만 장이 넘게 팔렸다. '나를 돌아봐'는 두 달 동안 KBS 〈가요톱10〉 등 인기 가요 차트 상위권에 올랐다. 대중적 인기에 비해 경제적으로 크게 달라진 것은 없었다. 기획사에선 거품 인기라며 실제로는 성공적인 것만은 아니라고 말하곤 했다.

"지금은 계약서에 수익 배분 등이 다 제시돼 있지만, 옛날에는 그런 거 없이 그냥 5년이든 10년이든 주먹구구로 계약서를 썼어요. 물론 당시 기획사나 가수나 통상 2집까지는 돈을 못 벌고 3집 정도부터 돈을 벌었죠. 초기 투자 비용이 많이 드니까. 듀스 1집이 30만 장 이상 나갔는데 그땐 뒤로 소위 '빽판'이라는 것도 많이 찍었어요. 빽판은 공식 집계가 안 돼요. 댄스 가수로는 서태지 이후에 돈을 좀 벌었는데. 김동구 대표가 인색하게 굴었죠. 자신이 챙겼다기보다 듀스로 번 돈을 새로 키우던 임○○한테 다 쏟아부은 상황이었죠."

26년 전의 성재를 그리워하며 인터뷰 도중 눈물을 흘리기도 했던 박지호는 김동구 대표와 사이가 틀어져 1994년 초 결국 매니저 일을 그만뒀다. 김성재 동생 김성욱은 "박지호 매니저가 그만둘 즈음 형이 '이젠 내 편은 하나도 없다'면서 울먹였던 기억이 있다"고 했을 만큼 박지호는 김성재를 유독 아꼈다.

1993년 11월, 듀스는 〈'93 내일은 늦으리〉 공연에 출연했다. 〈내일은 늦으리〉는 환경 보호를 주제로 열린 대형 콘서트로 톱스타 군단이 총출동하는 무대였다. 이 행사를 끝으로 듀스는 인기가 시들해졌다. 후속곡이 없었던 데다 공식 활동이 뜸한 탓이었다. 인기는 신기루 같다는 말을 실감한 순간이었다. 인기를 좇지 말고 내가 하고 싶은 음악을 하자고 다짐하게 된 계기였다.

그해 겨울은 추웠다. 누구나 아쉬움을 갖는다는 1집의 한계를 극복하기 위해 현도와 성재는 2집 작업에 몰두하며 봄을 기다렸다.

〈가요톱10〉 첫 1위

2집 타이틀곡 '우리는'은 데뷔 이후 처음으로 1위를 안겨주었다. 1994년 5월 22일이었다. 이제 그 누구도 듀스를 아류로 폄하할 수 없게 됐다. 듀스 2집 〈듀시즘(DEUXISM)〉은 음악계에 반향을 일으켰다. 현도와 성재를 진정 기쁘게 한 것은 평론가들의 인정보다 대중들이 자신들의 음악을 이해하고 사랑해주었다는 사실이었다. 두 사람은 2집이 성공하고 나서야 자신들이 더 이상 반짝 가수가 아니라는 확신을 가질 수 있었다.

2집을 준비할 때만 해도 현도는 근심이 많았다. 주변에선 1집의 연장선에서 큰 변화 없이 안전한 길을 가라고 조언했다. '우리는'을 타이틀곡으로 하겠다고 하자 친한 가수들조차 실패를 우려하며 반대했다. 그러나 현도는 자신의 판단을 믿었다. '우리는'을 타이틀곡으로 정하고 2집 앨범 전체를 듀스가 추구하는 음악 스타일을 강화하는 쪽으로 방향을 잡았다. 음악적으로도 대중적으로도 성공할 수 있다는 확신이 현도에겐 있었다. 그 확신은 정확하게 들어맞았다.

듀스 2집은 2008년 〈경향신문〉이 선정한 대중음악 100대 명반 중에서 84위에 올랐다. 강일권 웹진 〈리드머〉 편집장은 다음과 같은 심사평을 남겼다. 다소 길지만, 듀스 음악성의 핵심을 짚고 있는 평가라는 판단에 전문 그대로 싣는다.

미국 흑인들의 전유물로만 여겨졌던 힙합 음악은 1990년대 초반 댄스 음악에 랩이 가미되는 이른바 랩 댄스라는 변형된 형태로 국내 가요계에 그 첫 모습을 드러냈다. 현진영과 와와 2기로 함께 활동했던 죽마고우 이현도와 고(故) 김성재가 결성한 듀스는 같은 시기 미국 흑인 음악 신의 흐름을 주도하던 뉴잭스윙(기존 리듬 앤드 블루스와 힙합이 결합한 형태의 음악) 스타일을 도입한 데뷔작으로 국내 가요계에 본격적으로 힙합이라는 음악을 알렸다. 이들은 뉴잭스윙 그 자체라고 할 수 있는 프로듀서 겸 싱어 테디 라일리에게 영향을 받은 지극히 미국적인 감성의 음악과 국내 정서에 맞는 멜로디의 보컬라인을 적절히 매치시켜 음악성과 대중성이라는 두 마리 토끼를 잡았다. 이러한 듀스의 음악적 역량이 절정의 빛을 발한 작품이 바로 두 번째 앨범인 〈Deuxism〉이다. 본 작에서 가장 주목해야 할 부분은 프로듀싱을 맡은 이현도가 흑인 음악이 내포하고 있는 그루브와 마디의 반복을 통해 중독성을 생산해내는 힙합 음악에 대한 이해가 선행된 상태에서 한국적 감성을 녹여내 앨범을 만들었다는 점이다.

타이틀곡 '우리는'의 경우, 발표된 지 무려 14년이 지난 지금 들어도 다채로운 사운드 소스와 구성이 감탄을 금치 못하게 한다. 그 역동적인 비트를 듣고 있노라면, 오늘날 대부분의 힙합 뮤지션이 힙합음악을 만드는 데 그루브(음악의 리듬)에 대한 중요성을 얼마나 간과하고 있는지를 새삼 실감할 수 있다. 록 그룹 H2O가 참여한 'Go! Go! Go!'와 자동차가 미끄러지는 효과음의 삽입이 재밌는 '약한 남자'도 마찬가지다. 절정의 중독성을 뿜어내는 건반과 두 멤버가 '~고'로 모든 구절의 라임을 맞추는 센스를 발휘한 'Go! Go! Go!', 신시사이저를 이용한 멜로디와 흥겨운 비트가 절로 엉덩이를 들썩이게 하는 '약한 남자' 모두 "당시의 국내 앨범이 맞나?" 싶을 정도로 꽉 찬 구성과 그루브함을 자랑한다. 물론 이들의 보컬적인 측면을 놓고 보면, 음악적인 완성도를 따라가지 못하는 것이 사실이다. 그러나 발라드와 록 음악만이 전부였던 국내 대중의 입에서 힙합이라는 단어가 자연스레 흘러나오게 되는 계기를 만들었고 동시에 랩과 힙합을 앞세운 가수들이 가요계에 등장하게 되는 기폭제 역할을 하는 등 여러모로 한국 가요 역사에 큰 획을 그었다.

한국의 힙합 음악은 예전의 어설픈 음악적 형식과 완성도를 집어 던지고 상당한 발전을 이루었음에도 여전히 미국 본토 음악의 주체적 수용이 아닌 단지 모방과 흉내 내기에 그치는 경우를 많이 볼 수 있다. 여기에는 힙합 키드들의 이른바 '가요 느낌'에 대한 반사적인 거부감도 하나의 요인이라고 할 수 있는데, '가요적'이라고 해서 힙합 음악의 질이 떨어지는 것은 아니다. 관건은 얼마나 우리의 정서를 잘 녹여낼 수 있느냐다. 듀스의 〈Deuxism〉은 이에 대한 아쉬움을 날리기에 안성맞춤인 작품이다. 한국 힙합의 효시가 되었던 본 작은 '모방'과 '주체적 수용' 사이에 존재하는 얇은 선의 차이를 알고 싶어 하는 이들에게 최고의 동반자가 되어줄 것이다(강일권, 절정의 그루브로 '힙합 발전 기폭제', 〈경향신문〉, 2008년 6월 19일).

특히 지금도 수많은 예능 프로그램 대사와 SNS의 '짤방'으로 활용되는 "난 누군가. 또 여긴 어딘가"라는 '우리는'의 가사는 청춘의 실존적 고민을 상징적으로 보여준 경구였다. 록그룹 H2O가 피처링한 'Go! Go! Go!'는 '~고'로 모든 구절의 라임을 맞추는 센스를 발휘해 대중음악으로는 이례적으로 1990년 후반 중학교 국어 교과서에 가사가 실리는 영예를 누리기도 했다.

'여름 안에서'의 탄생

2집 〈DEUXISM〉 성공의 열기는 듀스의 단독 콘서트로 이어졌다. 1994년 7월 24일. 듀스의 첫 단독 콘서트가 열린 올림픽 체조경기장은 아침부터 팬들로 북새통을 방불케 했다. 성재와 현도는 현장을 돌며 무대, 조명 등을 챙겼다. 어딘가 아쉬운 부분이 많았지만 대행사는 걱정하지 말라고 했다.

시간이 지체돼 서둘러 리허설을 하고 있는데 사고가 났다는 소식이 들렸다. 뙤약볕 아래 입장을 기다리던 팬이 더위 먹고 쓰러진 것이다. 서둘러 콘서트를 열기로 했다.

'우리는'을 오프닝곡으로 콘서트의 막이 올랐다. 객석에는 남학생도 많았다. 열성 팬들은 '듀스는 태양(DEUX IS SUN)'이라는 플래카드를 들었다. 형광봉을 흔들며 열광하는 팬들을 보니 성재와 현도는 가슴이 마구 뛰었다. 2집에서 'Go! Go! Go!'와 '무제(無題)'로 호흡을 맞춘 록그룹 H2O가 게스트로 출연해 자리를 빛냈다.

웃지 못할 일도 벌어졌다. 조명이 제대로 작동하지 않더니 콘서트 도중에 무대가 무너지는 사고까지 생겼다. 대행사의 부실 공사 때문이었다. 설상가상으로 대행사가 장내 통제력을 잃으면서 엔딩곡을 마치기도 전에 팬들이 무대 위로 밀고 올라오는 해프닝까지 벌어졌다. 둘은 인사도 못 하고 도주(?)했다. 콘서트 대행사는 '배꼽기획'이었다. 지인들은 콘서트 에피소드에 이어 대행사 이름에 두 번 배꼽을 잡았다(이현도, 앞의 책).

첫 콘서트를 마치고 달포가 지난 9월 9일, 듀스는 〈Rhythm Light Beat Black〉이라는 리믹스 앨범을 발표했다. 리믹스와 신곡도 함께 있는 2.5집이었다. "앞선 두 앨범의 노래들을 (흑인 음악 사운드를 활용해) 모두 엎어버리고 다시 만든 작품"이었다. 타이틀곡인 '여름 안에서'는 제주를 배경으로 찍은 뮤직비디오가 화제가 되면서 큰 인기를 끌었다. 대표적 여름 노래인 '여름 안에서'는 서연부터 소녀시대, 최근엔 남성 그룹 '멋진녀석들'에 이르기까지 후배 가수들에 의해 꾸준히 재탄생됐다. 2020년 6월에는 MBC 예능프로그램 〈놀면 뭐하니?〉에서 이효리, 비, 유재석이 리메이크해 원곡이 다시 음원 사이트 순위에 역주행하는 등 지금까지 사랑받는 명곡이다.

Force Deux

이후에도 듀스는 진화를 멈추지 않았다. 성재의 생전 마지막 생일을 5일 앞둔 1995년 4월, 미국과 일본을 오가며 고군분투하며 만든 3집 〈Force Deux〉가 세상에 나온 것이다. 4월 13일이었다.

3집은 예약 주문량이 140만 장에 달하는 등 발매 전부터 대박 조짐을 보였다. 당시 한 종합일간지는 문화면 머리기사로 "지난 4월 3집 〈굴레를 벗어나〉를 발표한 남성 댄스 듀엣 듀스가 정상 등극을 예고하고 있다"며 "〈굴레를 벗어나〉가 발표된 지 한 달 보름 만에 KBS 등 방송 3사의 가요 순위 프로그램에서 수직 상승하는 한편 음반 판매량도 90만 장을 넘어선 것으로 소속사는 밝히고 있다"고 보도했다. '듀스 음악성 갖춘 댄스 그룹 발돋움'이라는 제목의 해당 기사는 "(듀스의 이번 음반이) 음악에 대한 진지한 접근, 자신감마저 보였다"며 "40페이지에 달하는 음반 재킷으로 팬들에게 자기 음악을 설명하려는 태도도 전례 없는 것이며 1억 원을 들여 제작한 뮤직비디오도 이들의 개성을 한눈에 선보이려는 작품"이라고 상찬했다(〈동아일보〉, 1995년 6월 1일).

또한 〈Force Deux〉는 2018년 〈한겨레〉가 선정한 한국 대중음악 명반 100'에서 19위를 차지하는 기염을 토했다. 댄스 음악으로 상위권을 차지한 경우는 서태지와 아이들과 듀스가 유일했다. 1집인 〈서태지와 아이들〉이 22위였던 점을 보면 댄스 음악으로 최고봉의 자리에 오른 것이다. '한국 힙합의 정신적 고향과도 같은 듀스의 최고작'으로 불린 3집에 대해 래퍼이자 음악평론가인 김봉현은 다음과 같은 인상적인 심사평을 남겼다.

듀스와 서태지와 아이들은 호사가들에 의해 곧잘 비교 대상이 된다. 활동 시기도 비슷했고 추구하는 음악도 비슷했기 때문이다. 그러나 '추구하는 음악이 비슷했다'는 말은 큰 틀에서만 맞는 말이다. 타이틀곡이나 유명한 노래만을 살펴봤을 때만 그렇다. 조금만 더 세세하게 파고들면 이야기는 달라진다. 한마디로, 흑인 음악의 관점에서 봤을 때 듀스는 '장르에 속한 그룹'이라고 말할 수 있는 반면, 서태지와 아이들은 아니었다. 물론 서태지와 아이들은 '난 알아요', '하여가', 'Come Back Home' 같은 노래를 보유하고 있다. 그러나 서태지의 뿌리는 모두가 알듯 '록'이었다. 듀스와 달리 서태지와 아이들의 앨범들은 여러 장르로 들쭉날쭉했다.
또 서태지와 아이들의 해체 이후 솔로로서 쌓은 서태지의 커리어는 듀스의 해체 이후 솔로로서 쌓은 이현도의 커리어와 장르적으로 명확히 대비된다. 서태지는 랩과 힙합을 시기적절하게 잘 '활용'했지만 흑인 음악을 향한 장르 뮤지션으로서의 자의식과 애정은 그다지 가지고 있지

않았던 것으로 보인다. 그리고 이 사실은 당연히 음악적 '우열'을 의미하
진 않지만 한국 힙합의 역사적 맥락 안에서는 꽤 중요한 의미를 지니게
된다. 대중적으로 더 성공하고, 음반을 더 많이 판 쪽은 서태지와 아이
들이지만 한국 힙합의 음악적 '적자'는 듀스가 되는 것이다.

이현도는 흑인 음악을 향한 장르 뮤지션으로서의 자의식과 애정이 서태
지보다 훨씬 강한 인물이었다. 이것은 진정성의 영역에서뿐만 아니라 성
취의 영역에서도 명확하게 드러난다. 예를 들어 'Go! Go! Go!'에서는
한국말 라임의 진보를 이루어냈고, '무제'에서는 랩 특유의 '언어유희'를
한국말로 시도했다. 한편 '나를 돌아봐'와 '우리는'은 뉴잭스윙을 온전히
차용하면서도 위화감 없이 완성됐다.

이런 맥락에서 듀스의 세 번째 앨범 〈Force Deux〉는 정점에 서 있다
고 할 수 있다. 듀스는 앨범을 낼 때마다 발전한 그룹이었다. 두 번째 앨
범 〈Deuxism〉은 데뷔 앨범 〈나를 돌아봐〉의 확장·강화판이었다. 한편
리믹스 앨범 〈Rhythm Light Beat Black〉은 앞선 두 앨범의 노래들을
(당시를 지배하던 흑인 음악 사운드를 활용해) 모두 엎어버리고 다시 만든 작
품이었다. 그리고 〈Force Deux〉는 앞선 모든 결과물을 '과정'으로 만
들어버린다.

'굴레를 벗어나'를 가리켜 '나를 돌아봐'와 '우리는'의 최종 진화형이라고
불러도 될 것이다. 'Tuff Ruff Ver.'의 흘러넘치는 '멋' 역시 잊어서는 안
된다. '상처', '의식혼란', 'Nothing But A Party'도 마찬가지다. 이 노래
들은 '전에 없던 새로운 것'은 아니었지만, 듀스가 이미 보여준 여러 스
타일 위에서 최대한의 밀도를 성취한다. 이현도 특유의 R&B 발라드는

또 어떤가. 어서 '다투고 난 뒤'와 '사랑하는 이에게'를 들어보자.

듀스의 활동 기간이 짧았던 건 지금 돌아봐도 아쉽다. 하지만 듀스는 성장과 발전만을 보여준 그룹이었다. 그들은 패기와 재능으로 남들보다 앞서서 많은 것을 이뤄냈다. 그리고 시간이 흘러 듀스는 한국 힙합의 정신적 고향이 됐다.

'굴레를 벗어나'는 듀스가 그동안 내세워온 타이틀곡과 궤를 같이하는 노래였다. 뉴잭스윙을 온전히 차용하면서도 위화감 없이 완성한 '나를 돌아봐'와 '우리는'의 최종 진화형쯤 되는 노래랄까. 하지만 〈Force Deux〉의 하이라이트는 '상처'였다. 물론 관점에 따라 두 노래의 사운드를 엇비슷하게 묶어서 말할 수도 있다. 그러나 김성재가 반주 없이 솔로로 노래 부르는 '상처'의 도입부는 '굴레를 벗어나'와의 결정적인 차별점인 동시에 김성재 생애 최고의 순간이었다. 우리는 이 노래를, 아니 홀로 공명하는 김성재의 육성을 뮤직비디오와 함께 기억한다(김봉현, 한국 힙합의 정신적 고향과도 같은 듀스의 최고작, 《한겨레》, 2018년 9월 25일).

듀스의 마지막 앨범인 〈Force Deux〉는 앞서 〈경향신문〉과 가슴네트워크가 공동 기획한 한국 대중음악 100대 명반에서도 35위에 올랐다. 댄스 음악으로는 유일하게 서태지와 아이들(24, 30위)에 이은 의미있는 순위였다. 웹진 〈음악취향Y〉 김영대 평론가는 수줍은 대중들에게 힙합이라는 음악이 무엇인지 알려줘 그들을 춤추게 했다며 이현도의 천재성에 대해 남다른 상찬을 남겼다.

믿기 어렵겠지만 듀스, 아니 이현도는 1990년대에 가장 왕성한 활동을 벌인 뮤지션이었다.

퀄리티의 문제가 아니다. 절대적인 양에 있어서도 이현도를 따를 자가 없었다. 낮에는 방송, 밤에는 공연, 새벽엔 작업, 그러면서도 음악을 쏟아냈다. 6개월 만에 앨범 작업을, 그것도 단 한 번의 공백기 없이 완벽히 마무리해냈다. 2년간 세 장의 앨범, 그것도 한국 댄스 뮤직 역사상 가장 순도 높은 것들로 말이다.

전문 작곡가가 아니면서도 별의별 가수의 앨범에까지 곡을 주었고, 이들이 모두 히트곡이 됐다. 자신의 앨범은 말할 나위도 없다. 이현도의 힘이다.

베이스 비트가 쿵쿵 울려대고, 다섯 음이 채 안 되는 것만 같은 쉬운 멜로디가 신명나게 흐르고, 춤과 멋들어진 의상이 한 몸이 되어 무대 위를 흐르면 그 아무리 천성이 차분한 사람이라도 몸을 움직일 수밖에 없었다. 이현도의 음악은 이렇게 늘 그래왔다.

한 장만을 꼽자면 역시 〈Force Deux〉다. 작곡도 작곡이지만 라임을 적절히 활용한 랩의 작사는 일정한 수준에 올랐고, 특유의 즐거움에 한층 진지한 멋이 더해졌다.

사운드가 두꺼워졌을 뿐 아니라 자못 대가다운 묵직함이 느껴지는 것이다. 하지만 그 진중함 역시 플로어를 달굴 만한 흥분을 머금고 있으니, 이 정도라면 천부적인 감각이라는 말밖에는 다른 변명거리가 없을 것이다.

본인 스스로 앨범의 최고작으로 꼽는 〈굴레를 벗어나〉는 역설적으로 듀스의 굴레를 전혀 벗어나지 않는 범위 내에서 가장 세련된 형태로 마무리 지은 역작이다. 상큼한 브라스 편곡과 육중한 리듬, 속사포같이 쏟아지는 이현도와 김성재의 랩에서 듀스를 규정짓는 아주 유니크한 즐거움을 맛보게 된다.

그는 단순히 춤추기 좋은 댄스곡만을 만들지 않는다는 것을 항변하고 있지만('반추'), 춤추기 좋은 댄스곡은 누구보다 잘 만든다는 것도 분명히 해둔다('이제 웃으면서 일어나'). 심지어는 낭만적인 분위기에서마저도 비범한 감각을 선사한다('사랑하는 이에게').

흥미로운 사실이 있다. 이제는 흔히 '한국 힙합의 원조'라고까지 치켜세워지는 이현도의 음악에 열광한 것은 누구였을까. 흑인 음악, 특히 랩과 힙합을 끼고 살던 어느 마니아? 아니, 아니다. 그냥 너무도 평범한 일반 대중들이었다. 힙합의 힙 자도 모르는, 흑인 음악의 흑 자도 모르는, 그루브의 그 자는 더더욱 모르는 그냥 평범한 아무개였다. 그들 모두에게 이현도의 음악, 듀스의 3집은 그저 '잘 빠지고 흥겨운, 멋지고 간지 나는' 댄스 음악이었던 것이다.

그게 나쁜가? 이 멋진 음반을 두고 '잘 빠진 댄스 음악'이라니 너무도 모욕적인가? 절대 아니다. 지금도 대중성과 음악성에 대해 이러쿵저러쿵 변명을 늘어놓는 사람들이 있는 것 같다. 음악성을 좇느라 대중성에 대한 고려를 못했다느니 대중성을 너무 고려해서 음악적으로 퇴보했다느니. 하지만 둘 다 틀렸다. 멀리 갈 필요가 있는가. 10년이 갓 넘은 이현도의 이 음악들이, 듀스의 박력들이 그 답을 주고 있지 않은가 말이다(김영대, '수줍은 대중을 춤추게 하다', 〈경향신문〉, 2007년 12월 27일).

이처럼 평론가들로부터도 "힙합 음악과 랩뿐만 아니라 리듬앤블루스, 펑크 등의 사운드를 신세대 감각으로 소화, 흑인 음악의 진수를 보여 줬다"고 평가받은 듀스 3집은 그 만듦새에서도 다른 댄스 가수들의 음반과 차별화됐다. 흑인 음악의 산실인 미국 LA '래러비(Larrabee)' 스튜디오에서 현지 재즈 세션과 엔지니어의 참여로 제작된 3집의 '고 퀄'은 샘플링과 키보드로 조야하게 만든 여타의 댄스 음악을 부끄럽게 만들었다.

이현도는 자신의 책에서 "개인적으로는 3집 앨범이 갖는 의미가 각별하다고 생각한다"며 "3집을 계기로 고정 팬들을 확고하게 확보할 수 있었고 음악인들에게는 듀스의 음악성을 확실하게 인정받았다"고 적었다.

음악성과 대중성 모두에서 빛나는 성취를 보여준 직후 터져 나온 듀스 해체 선언은 그래서 더욱 충격적이었다.

| 3화 |

마지막 무대

| 3화 주요 인물 |

류노아(백댄서)

김진(백댄서)

김조엔(백댄서)

트리키(백댄서)

니콜(백댄서)

매니저 L(로드매니저)

이상만(2기 매니저)

여자친구 K

진세라(뮤직비디오 출연자)

최○○(메이크업 아티스트)

육미승(김성재의 엄마)

해체 선언과 고별 콘서트

1995년 6월 7일 오후 2시, 여의도 63빌딩에서 열린 기자 회견장엔 100여 명의 취재진이 몰렸다.

듀스는 이날 "무리한 스케줄 등으로 인해 육체적·정신적으로 지쳤다"며 "많은 책임감과 함께 방송 생활에 대한 회의 등으로 인해 해체를 결심하게 됐다"고 밝혔다. 앞서 5월 말 KBS 〈가요톱10〉 출연을 펑크 내면서 방송사로부터 1년간 출연 정지라는 '중징계'를 받은 것이 해체 이유 아니냐는 지적을 의식한 듯 "이미 1994년 이후 해체를 고민해왔다"고 밝힌 이들은 "당분간 휴식하고 싶다"고 덧붙였다.

2년 2개월 만에 정상의 자리에서 돌연 해체를 선언한 일을 두고 불화설과 삼각관계설 등의 의문이 제기됐지만, 서로의 진로를 위한 발전적 해체였다는 것이 사실로 받아들여지고 있다. 2013년 8월 7일 방영된 MBC 〈라디오스타〉에서 이현도도 "성재와 저는 팀을 해체해서 서로가 전문적으로 가고 싶은 길을 함께 가기 위해서 해체한 것"이라며 "전 프로듀서로 가고 싶었고 성재는 엔터테이너로 독립하는 게 낫다는 결론을 내렸다. 작전상 해체였다"고 밝힌 바 있다.

작전상 해체였지만 팬들과의 이별식은 필요했다. 1995년 7월 15~17일에 올림픽 체조경기장에서 고별 콘서트가 열린 배경이었다. 무료로 이뤄진 고별 콘서트는 김성재와 이현도에게도 각별했다. 무대 디자인과 공연 기획 등을 둘이서 도맡아 했고 공연 전날까지 밤늦도록 체조경기장에서 리허설을 가졌다.

'DEUX'라고 쓰인 거대한 현수막이 걷히며 드디어 콘서트의 막이 올랐다. 오프닝곡은 '굴레를 벗어나'였다. 이후 히트곡들이 연달아 이어졌다. '사랑하는 이에게'를 끝으로 2시간 30분 동안의 공연은 끝이 났다. DJ DOC, R.ef 등 동료 가수들이 꽃다발을 들고 무대 위에 올랐다. 성재와 현도는 "자신들을 잊지 말아달라"고 했다. 팬들은 울면서 이별을 아쉬워했다. 3일 동안 4만 5천여 명의 팬이 듀스의 마지막 무대를 함께했다.

성장을 위해 익숙한 것들과 과감한 결별을 택했지만, 그들을 기다리고 있는 것은 예상 밖의 비극적 결별이었다.

마지막 일요일

"연습량요? 연습량은 짧은데요. 한 달 만에 이 정도 할 수 있는 자신 있는 사람 있으면 나와보라고 해요. 자신만만이에요. 좀 거만해서 죄송한데요. 진짜 이건 자신 있어서 하는 소리예요."

첫 데뷔 무대를 마치고 분장실로 돌아온 김성재가 휴지로 이마의 땀을 훔쳐가며 말했다. "연습량이 짧았던 것 아니냐"는 기자의 질문에 대한 답이었다. 솔로 데뷔 무대 뒷모습이 담긴 영상 속에서 가쁜 숨을 내쉬던 그의 어조는 또렷했다. 자신감은 허언이 아니었다. 솔로 데뷔 무대는 완벽했다. 노래와 퍼포먼스, 그리고 의상까지 모두 역대급이었다. 1995년 11월 19일, 일요일의 일이었다.

성재의 솔로 준비 기간은 두 달 남짓이었다. 듀스 해체 후 7월 21일 미국 LA로 건너간 성재는 8월 말까지 간만의 여유를 즐겼다. 9월 초 예상보다 빠르게 한국으로부터 음반 제의가 들어왔다. 음반사에서는 11월에 귀국해달라고 했다. 여유가 많지 않았다. 현도는 듀스 4집을 위해 준비한 곡들에 더해 새로운 작곡에 곧바로 착수했다. 음반 작업 과 안무 연습, 뮤직비디오와 사진 촬영까지 모두 두 달 안에 이뤄졌 다. 듀스 해체 5개월여 만의 일이었다.

모든 준비를 마친 귀국 전야, 두 사람은 저녁을 먹었다. "현도야, 우 리 얼마 만에 떨어지게 되냐?" 성재가 물었다. 현도는 성재를 격려해 줘야겠다고 생각했다. "야, 너 한국 가면 된다니까. 걱정할 필요 없어. 네가 듀스의 김성재인데 뭘 걱정해." 그날 둘은 다가올 여름휴가 계획 을 세우고 못다 한 이야기를 나눴다. 누구도 그것이 마지막이 되리라 고는 생각하지 못했다. 다음 날 성재는 일정대로 귀국했고 현도는 그 의 얼굴을 다시는 볼 수 없었다.

귀국

11월 15일 수요일 오전, 김포공항을 통해 귀국한 성재는 백댄싱팀 'WEST'와 함께 서울 서대문구 홍은동 스위스그랜드호텔 별관 스위 트룸 57호에 짐을 풀었다. 이듬해 1월 15일까지 두 달 동안 임대한 숙소는 방 3개에 화장실이 2개 달린 45평 구조로 한 달에 650만 원이었다. 비싼 편이었지만, 백댄서 다섯 명과 매니저 등 총 여덟 명이 생활하기에 넉넉하지 않은 공간이었다. 어머니 육미승은 텅 비어 있던 평촌 집을 숙소로 하는 게 어떻겠냐고 성재 귀국 전 매니저에게 말한 적이 있었다. 매니저는 인원수가 많고 방송 스케줄 때문에 그건 어려울 것 같다고 했다. 성재 집을 숙소로 삼았다면 비극은 일어나지 않았을까.

귀국 첫날 숙소에서 시차 적응을 하며 휴식을 취한 성재와 WEST는 이튿날인 16일 오전부터 데뷔 방송 스케줄이 잡힌 19일까지 잡지 인터뷰, 라디오 출연 등으로 바쁜 일정을 보냈다. 성재의 시계는 듀스 때만큼이나 바삐 돌아갔다.

'간지'의 폭발

11월 19일 일요일, 종일 날이 흐렸고 오전에 잠시 눈이 내리다 그쳤다.

성재 일행이 데뷔 무대인 SBS 〈생방송 TV가요20〉 출연을 위해 밴을 이용해 서울 강서구 등촌동 SBS 공개홀로 도착한 시각은 낮 12시 무렵이었다. 방송은 오후 4시 20분부터 시작이지만 리허설을 해야 했다.

이날 성재 데뷔 뒷모습을 담은 동영상이 촬영돼, 연습실에서 상의를 탈의한 채 리허설을 준비하는 모습과 선배 김종서와 해후하는 장면 등이 15분 남짓한 기록으로 남았다. '김성재 데뷔 뒷모습'이라는 제목으로 지금도 유튜브에서 확인할 수 있는 이 영상은 공판 과정에서 줄곧 소환됐다.

오후 5시 마침내 데뷔 무대에 올랐다. 듀스 시절 영상이 무대 뒤편 스크린에 펼쳐졌다. 성우가 소개를 했다. "스페셜 그 첫 번째. 듀스 그 이후. 돌아왔습니다. 둘보다 완전한 하나가 되어 돌아왔습니다. 오늘 이 무대에서 당당히 솔로 데뷔를 선언합니다. 김성재. 말하자면." 성재는 한 달 동안 준비한 비장의 안무를 선보였다. 성재의 시간이었다.

현도가 작사·작곡한 솔로 데뷔곡 '말하자면'은 사랑 고백을 하지 못하는 남자의 안타까운 심정을 담은 노래였다. 랩은 없었지만 빠른 비트에 보코더(보이스레코더)와 베이스 기타의 반주 등을 활용한 팝적인 느낌이 나는 곡이었다.

데뷔 무대에선 류노아(남), 김진(여), 김조엔(여), 트리키(남), 니콜(여)로 이뤄진 백댄싱팀 'WEST'도 눈길을 끌었다. 팀원 가운데 흑인인 트리키와 니콜은 사촌지간이었다.

가장 화제가 된 건 아이스하키복을 활용한 무대 의상이었다. 성재는 메시 소재로 된 성조기 문양의 레글런(어깨를 따로 달지 않고 깃에서 소매로 바로 이어지게 돼 있는) 긴팔 티셔츠를 입었다. 티셔츠에는 '팀 시리어스(Team Serious)'라고 쓰여 있었다. 검은색 바지 위에는 아이스하키 선수들이 입는 반바지로 된 보호대를 덧입었다. 손에는 아이스하키 장갑을 꼈고 바이크 마스크와 고글형 선글라스를 썼다. 류노아와 트리키는 김성재와 비슷한 차림에 검은색 하키 마스크를 썼고 여성 댄서 세 명은 남색과 빨간색이 들어간 타이트한 지퍼형 원피스에 검정 스타킹을 신었다. 하나같이 '간지' 폭발이었다.

서태지와 아이들과의 조우

첫 데뷔 무대를 성공적으로 치른 성재는 대기실 분장대에 기대서서 서태지와 아이들의 생방송 실황을 TV로 지켜봤다. 당시 서태지와 아이들은 '컴백홈'으로 최정상의 인기를 누리고 있었다. 류노아, 트리키, 김진은 컴백홈 노래를 흥얼거리며 안무를 따라 했다. 성재도 이 노래를 부르며 안무를 흉내 냈다. 이윽고 복도를 나온 성재는 방송을 마치고 대기실로 이동하던 서태지와 아이들 멤버와 인사를 나눴다. 양현석, 이주노와는 이태원 문나이트 시절부터 형 동생 하던 사이였던 터라 가벼운 포옹을 나눴고 동갑내기였던 서태지와는 가볍게 목례로 인사했다. 1990년대 한국 대중음악을 대표한 두 댄스 그룹 멤버들이 한 화면에서 조우하는 처음이자 마지막 장면이었다.

"엄마! 봤어?"

방송이 끝난 뒤 성재가 엄마 육미승에게 전화했다. 육미승이 김성재 사후에 펴낸 책《말하자면》에 나오는 그날의 묘사다.[1]

---

1   〈한겨레〉가 2021년 1월 10일부터 김성재 변사사건 연재를 시작하자, 그동안 3~4차례의 인터뷰 요청에도 일절 답이 없던 K는 2월17일 변호인을 통해 〈한겨레〉에 내용증명을 보내왔다. K의 변호인은 내용증명에서 "해당 기사는 각주와 같이 이현도의 수필집과 김성재 모친 육미승의 수필집(을) 참고하여 작성되었다"며 "이현도와 육미승은 K의 무죄 확정 판결을 받은 이후에도 'K가 김성재를 살해했다'고 주장하는 인물들이며, 그들이 작성한 수필집은 개인의 당시 감정을 바탕으로 작성된 것으로 상황을 미화하거나 과장시킬 수 있으며, 허구를 포함할 수 있다"고 주장했다.

"당연하지, 너, 너무 멋있었어. 내 아들이라서가 아니라 정말 멋있더라. 음악도 좋고 목소리도 좋아졌어. 그동안 고생 많았지?"

육미승이 말했다.

"엄마, 나 지금 감격해서 막 떨려. 대기실에선 동료 가수들이 정말 멋있었다고 진심으로 축하도 해줬어!"

특히 서태지와 아이들이 축하를 해줘 기분이 좋았다고 했다.

"엄마! 나 그 인사 받는 순간, 너무 좋은 거 있지. 이 좋은 기분 엄마한테 처음 얘기하는 거야."

"성재야, 지금 엄마가 숙소로 갈게."

"아니야. 엄마! 저녁 시간에 무슨 만날 일이 있대. 다 같이 저녁 먹고 숙소에 간대. 내일부턴 하늘이 두 쪽이 나도 노아하고 집에 가 있을게. 약속했어. 집에 가도 된다고. 오늘 밤에 집에 갈 짐 다 쌀 거야."

"빨리 보고 싶은데…."

"엄마도, 내일부턴 지겨운 이 아들이 옆에 늘 있을 건데, 뭐. 엄마 고마워! 정말 고마워!"

전화를 끊은 후 육미승은 이상하게 성재가 있는 숙소로 가고 싶은 생각이 들었다. 괜스레 안타까운 마음도 일었다. 그것이 아들 성재와의 마지막 통화였다.

엄마와 통화를 마친 김성재는 로드매니저 L과 함께 계단을 이용해 SBS 공개홀 1층으로 내려갔다. 복도에서 그를 마주친 여학생들은 "꺄!" 하고 소리를 질렀다. 몇몇은 김성재에게 달려들었다. 그때마다 L은 그들을 밀쳐냈다. 김성재의 소개로 1995년 5월부터 매니저 일을 시작한 L은 성재의 한인고 친구였다.

건물 바깥으로 나오는데 따라붙은 브이제이(VJ)가 앞으로의 포부를 물었다.

"네. 앞으로도 열심히 할 테니까요. 많이 사랑해주세요."

이때 뜬금없이 브이제이가 되물었다.

"김성재 씨, 첫 키스는 언제 했어요?"

김성재는 밝게 웃으면서 답했다.

"엄마 배 속에 있을 때요."

익살스런 제스처로 인사한 김성재는 자신의 밴으로 향했다. 솔로 데뷔 무대 뒷모습이 담긴 영상 속 마지막 장면이다.

해가 져서 날이 어두웠다. 그때 군대에서 휴가 나온 2기 매니저 이상만이 친구들과 약속이 있다며 인사를 건넸다. 성재를 잘 따랐던 상만은 성재 데뷔 무대를 보기 위해 등촌동 공개홀로 와 대기실에 함께 있던 차였다. 성재는 상만에게 밤에 홍은동 숙소로 오라고 했다. 상만은 알았다고 했다. 상만은 그날 술 취해 약속을 지키지 못했고 그것이 그가 본 마지막 성재의 모습이었다.

거실에 남은 두 사람

운명의 밤이 오고 있었다. 판결문으로 최종 확정된 팩트 및 경찰 조사 단계에서 수사 기관과 관련자들이 이의 없이 모두 사실로 인정한 사실만으로 사건 관련자들의 그날 행적을 재구성했다.

경찰·검찰 단계 진술과 1·2심 판결문 등을 보면 여자친구 K가 성재로부터 압구정 KFC로 나오라는 연락을 받은 것은 저녁 6시 30분께였다. 두 사람은 1993년 9월께 우연히 만나 교제했다. 1995년 초 D대학 치대를 졸업한 K는 국가고시에 떨어져 두문불출하고 있었다. 이날 오후 그녀는 성재로부터 자신의 데뷔 무대를 녹화해달라는 부탁을 받았다. K는 검은색 털가방에 녹화한 테이프와 화장품, 지갑, 호출기 등을 넣고(K의 경찰 조사, 1심 단계 진술) 밤색 코트를 걸친 채 자택(여의도 S아파트 ○동 206호)을 나섰다. 1976년 9월에 준공한 S아파트는 60평형과 42평형으로 된 두 동짜리로 그녀는 부모님 명의의 42평형에서 보모 할머니, 동생과 함께 거주하고 있었다. 부모님은 고향인 전북 ○○에서 약국을 운영하고 있었다.

그녀가 자신 소유의 흰색 그랜저(서울2르8○○○)를 이용해 압구정동으로 향한 시각은 7시가 갓 넘었을 때였다. 30여 분 뒤 KFC에 도착해 보니 성재와 류노아, 김진, 조엔, 트리키, 니콜과 진세라, 매니저 L, 메이크업 아티스트 최윤정 등 아홉 명이 저녁을 먹고 있었다. 진세라는 LA에서 촬영된 '말하자면' 뮤직비디오의 여자 주인공으로 한국 연예계 데뷔를 위해 성재와 같이 귀국한 교포였다.

저녁을 먹은 뒤 근처에 있던 당구장 '다트머스'에 간 성재 일행은 20여 분 만에 당구장을 나섰다. K가 운전한 그의 흰색 그랜저에는 성재, 김진, 류노아가 탔고 택시로 귀가한 최윤정을 제외한 나머지 네 명(조엔, 트리키, 니콜, 진세라)은 L이 운전하는 밴을 이용해 숙소인 스위스그랜드호텔로 향했다. 저녁 9시께였다.

밤 10시 무렵, 차례로 숙소에 도착했다. 거실에 모여 K가 녹화해 온 데뷔 무대 영상을 보고 또 봤다. 모두 '첫 방송이 잘 됐다'며 기뻐하는 분위기였다. 식탁 옆 소파에 앉아 밀러 맥주를 마시던 성재도 흐뭇한 표정이었다.

김진, 조엔, 니콜, 세라, 트리키가 먼저 잠자리에 들러 방으로 갔다. 11시 30분께였다. 김진과 조엔, 세라가 가장 안쪽에 있는 큰 방을 썼고 니콜이 그 옆방, 거실과 가장 가까운 방엔 트리키가 들어갔다. 거실에 남은 성재와 K, 류노아, L은 녹화 비디오를 계속 보면서 얘길 나눴다(2심 판결로 인정된 류노아, L 경찰 단계 진술).

새벽 1시 무렵 피곤하다며 류노아가 큰 방으로 자러 들어갔다. 다용도실의 빨래 건조기를 작동시킨 L이 거실에 요를 깔았다. 성재는 소파에 누워 있었다. 그때 큰 방에 있던 류노아가 말했다. "형, 거실에서 자지 말고 나랑 방에서 자자."(류노아 경찰 단계 진술) 항상 거실에서 성재와 함께 잠을 자던 L은 이날따라 류노아의 말에 이불을 들고 큰 방으로 갔다. 그때 K는 성재 메이크업을 지워주고 있었다(L 경찰·검찰 단계 진술).

엄마의 직감

같은 시각, 육미승은 평촌 자택에서 한 통의 전화를 받았다. 매니저하다 군에 입대한 이상만이었다.

"웬일이니?"

"미안해서 전화했어요."

"뭐가?"

"아까 방송할 때, 성재 형이 숙소로 오라고 했는데 일이 있어서 못 가고 지금 집에 들어왔어요."

"나도 성재에게 너무 가고 싶은데…."

"그럼, 갈까요? 어머니하고 지금 성재 형한테 갈까요?"

"근데 지금 가면 성재 깨우지 않을까?"

그때 갔어야 했다. 그런 마음이 괜히 든 건 아니었는데…. 기회를 놓쳤다. 두 사람은 오늘 첫 데뷔가 참 멋있었다는 말을 하면서 통화를 끊었다.

그 시각 모두가 잠자러 들어가고 거실에는 성재와 K, 둘만 남았다. 이 시간대의 진술은 K가 유일하다. K는 성재가 소파에 누워 있는 상태에서 관절이 안 좋은 성재 팔을 주물러주며 데뷔 무대 얘길 나누다 새벽 3시 40분께 집으로 돌아갔다고 했다(K가 언제 집에 돌아갔는지는 훗날 첨예한 공방의 대상이 됨). 그날 밤, 육미승은 엎치락뒤치락 잠을 이룰 수 없었다. 성재가 죽음과 만나고 있는 바로 그 시간이었다.

11월 20일 월요일 오전 6시. 일행 중 가장 먼저 일어난 매니저 L이 거실로 나왔다. 성재는 소파에 엎드려 머리를 비스듬히 오른쪽으로 돌린 채 누워 있었다.

15개의 주사자국

| 4화 사건 관련 주요 인물 |

매니저 L(로드매니저)

최순규(소방관, 119구급대원)

최성현(세림간호종합병원 당직의)

정재문(듀스 선임 매니저)

주정환(세림간호종합병원 영안실 직원)

김정섭(경감, 서부경찰서 정보보안과 외사계)

이석채(형사과장, 서부경찰서 형사과)

강석환(형사계장, 서부경찰서 형사과)

공봉규(경위, 서부경찰서 형사과)

여인근(경장, 서부경찰서 형사과)

김영동(경장, 서부경찰서 형사과)

오문열(경장, 서부경찰서 형사과)

이상탁(외과 전문의, 성가병원)

안원식(검사, 서부지청 형사부)

최초 발견자

성재는 베개에 얼굴을 반쯤 파묻고 있었다. L은 성재를 부르며 깨웠다. 반응이 없었다. L은 피곤해서 못 일어나는 줄 알고 좀 더 자도록 뒀다(L 경찰·검찰 단계 진술). 6시 30분. 의상과 소품 등을 챙기던 L이 큰 방으로 가서 류노아, 김진, 김조엔, 진세라를 깨웠다(L 경찰·검찰 단계 진술). 거실로 나와 성재를 깨웠지만 반응이 없었다. 트리키와 함께 성재를 깨우기 위해 어깨를 들어 올렸다. 성재 몸이 축 늘어졌다. 입술이 파랬다(L 1·2심 단계 진술). 이때 류노아는 성재 입 주변에 피가 묻어 있는 것을 봤다(1심 단계 진술, 반면 L은 고법 공판에서 입 주위 피 흔적을 보지 못했다고 진술). 성재는 몸을 가누지 못했다. 김진이 소리쳤다. "성재 오빠가 안 움직여." 이때가 6시 40분이었다. 트리키와 L이 엎드려 있던 성재를 똑바로 눕힌 뒤 재차 그를 흔들었다. 시계는 6시 50분을 향해가고 있었다. 류노아는 프론트에 전화해 구급차를 불러달라고 했다.

서부소방서 홍은파출소의 119구급차 대기 근무조인 소방교 최순규가 119지령실로부터 스위스그랜드호텔로 출동하라는 지령을 받은 시각은 아침 7시 7분이었다. 최순규는 운전자 이문형 소방교와 함께 파출소를 출동, 4분 만인 7시 11분 호텔에 도착했다. 별관 정문에서 호텔 직원들의 안내를 받아 2층 57호에 구급용 들것을 들고 들어갔다. 해가 뜨기 직전이었다.

성재는 입구 오른쪽에 있는 소파에 누워 있었다. 귀걸이를 하고 초

록색 긴팔 티셔츠에 청색 반바지 차림이었다. 당시 현장에 있던 베갯 잇에는 혈흔이 묻어 있었는데 류노아와 L은 이를 발견했다고 진술했 고 소방교 최순규는 발견하지 못했다고 진술했다.

최순규는 서둘러 경동맥을 확인했다. 맥을 잘 느낄 수가 없었다. 특 별한 다른 외상은 없었지만 얼굴과 입술이 파랗게 되는 청색증을 보 였다. 상태가 긴급한 것으로 판단, 김성재를 들것으로 옮긴 뒤 호텔 직원들의 도움을 받아 차량으로 이송했다.

7시 21분에 스위스그랜드호텔 별관을 출발한 앰뷸런스는 곧바로 인근에 있는 세림간호종합병원(현 동신병원)으로 향했다. 구급차에는 L 이외 한 명(류노아)이 보호자로 동승했다. 간호병원 응급실에 도착한 시각은 오전 7시 24분이었다. 구급대원들은 당직의인 최성현에게 성 재를 인계한 후 홍은파출소로 귀소했다.

최성현이 성재의 눈꺼풀을 뒤집고 호흡을 확인했다. 동공이 이미 확장돼 있었고 호흡은 멎은 상태였다(최성현 2심 단계 진술). "운명하셨 습니다." 최성현이 L과 류노아에게 말했다. 날은 맑았지만 추웠다.

병원에 도착한 K

집에 돌아온 K가 류노아로부터 전화를 받은 시각은 오전 7시 40분이 었다.

"누나, 성재 형이 죽었어. 빨리 좀 와."

"야, 아침부터 무슨 장난을 그렇게 심하게 하니?"

"누나, 정말이야. 성재 엄마한테 누나가 연락 좀 해주고 세림간호병원 영안실로 빨리 와."(K 진술)

이때 K는 류노아에게 성재가 어떻게 죽었는지 묻지 않았다고 한다(류노아, 1심 단계 진술).

K는 성재 어머니인 육미승에게 전화를 걸었다.

"놀라지 마세요. 놀라지 마세요. 성재 씨가 죽었대요."

"얘는, 성재가 어디 다친 거 아니니?"

"아니에요. 노아한테 연락이 왔어요. 빨리 세림간호병원으로 오세요. 저 지금 갈 거예요."

전화를 끊은 뒤 K는 자택인 여의도 S아파트를 나와 지나가던 택시를 잡았다. 홍은동 세림간호종합병원에 도착한 시각은 오전 8시가 갓지난 무렵이었다. K가 병원 입구 수위실 직원에게 물었다.

"아저씨. 아침에 실려 온 사람 어디 있어요?"(K 경찰 단계 진술)

직원은 모른다고 했다. 병원에 들어가려다 보니 듀스 시절부터 매니저를 하던 정재문이 "현도야, 진짜야"라고 말하며 이현도와 통화하고 있었다. 정재문은 기획사 대표였던 김동구 바로 밑에 있던 선임 매니저였다. 통화가 끝나길 기다린 K가 물었다.

"어떻게 된 거예요?"

"○○ 씨, 성재가 죽었어요." 정재문이 말했다(K 경찰 단계 진술).

병원에는 정재문 외에도 성재의 보호자로 응급차에 동승한 L, 류노아가 있었고 L의 전화를 받고 달려온 김동구 대표와 김진우도 있었다. 훗날 힙합 그룹 지누션으로 유명해진 바로 그 진우였다.

　그 시각, 당직의 최성현은 관례에 따라 사체의 심전도 촬영 검사를 한 뒤 간호사에게 체온을 잴 것을 지시했다. 응급실 간호사 L이 시신의 체온을 측정, 기록지에 36도라고 적었다(최성현은 2심 공판 과정에서 증인으로 출석해 "확실히 죽었다고 판단될 경우엔 체온을 재지 않는 경우도 있다"며 "10회에 2~3회는 실제로 재지 않았고 그때도 간호사가 형식적으로 기록해놓았을 가능성이 크다"고 증언했다). 이후 시신은 영안실로 옮겨졌다. 이때 영안실 직원 주정환이 시신의 상반신을 봤는데 변색된 곳을 찾을 수 없었다(주정환 2심 단계 진술).

　성재의 죽음은 부인할 수 없는 사실로 다가왔다. 우선 장례 절차를 밟아야 했다. 김동구는 빈소를 방송국과 가까운 여의도 성모병원으로 정했다. 병원 직원들에게 부탁해 시신을 밴에 실어달라고 부탁했다.

　김동구는 류노아, 김진우에게 K를 데리고 오라고 손짓했다. K는 그들의 부축을 받으며 밴 앞으로 갔다. 류노아가 밴 뒷좌석 문을 열었다. 흰 가운으로 덮어놓은 사람 형체가 보였다. 성재였다. K는 다리에 힘이 풀린 듯 그 자리에서 주저앉으려 했다. 류노아와 김진우가 그녀를 부축했다. 김동구가 말했다.

　"안 되겠다. 쟤 다른 차 태워라."(K 경찰 단계 진술)

　밴과 소나타에 나눠 탄 이들은 장례식장인 여의도 성모병원으로 출발했다. 성모병원까지는 30분 거리였다. 이때 정재문과 L이 K에게 말했다.

"나오지 말고 차에 계세요. 기자들 왔다 갔다 할 수 있으니까. 류노아랑 차 안에 있고 밖으로 나오지 마세요."(K 경찰 단계 진술)

그 둘이 다시 장례식장으로 가고 난 뒤 K가 차 안에서 류노아에게 말했다.

"난 3시 30분에 집에 갔거든."(류노아 경찰·검찰 단계 진술)

류노아는 집에 언제 갔냐고 묻지도 않았는데 먼저 말을 하는 K가 의아했다(류노아 검찰·1심 단계 진술).

같은 시각, 육미승이 택시를 타고 세림간호종합병원에 뒤늦게 도착했다. 출근 시간이라 차가 밀렸다. 부랴부랴 병원을 뒤졌지만 이미 시신은 여의도 성모병원으로 옮겨진 뒤였다. 뭐가 어떻게 된 것인지 알 수 없었던 육미승은 근처 숙소로 발길을 돌렸다. 남아 있던 백댄서 등 일행이 성재를 발견했을 당시 얘길 해주었다. 숙소를 둘러봤다. 이상한 흔적은 발견하지 못했다(육미승 경찰 단계 진술). 막연한 희망을 품으며 택시 타고 성모병원으로 갔다.

빈소에 도착해 보니 K가 울고 있었다.

"어머니, 성재 씨가 죽었대요. 어머니는 끝까지 제가 꼭 모시고 살게요."

밑도 끝도 없는 K의 말에 육미승은 내뱉듯 대꾸했다.

"내가 왜 너랑 사니?" 그러곤 물었다.

"넌 성재 숙소에서 언제 나왔니?"

"그러니까, 5시에 나왔어요. 제가 조금만 더 있었어도 이런 일은 없었을 텐데…."(육미승, 《말하자면》, 1998. 육미승 외에는 K가 5시에 나왔다는 말을 들은 사람은 없다. K는 경찰 조사부터 일관되게 새벽 3시 40분에 호텔에서 나왔다고 진술했다. 이와 관련해 K의 변호인은 2월 17일 기자에게 보낸 내용증명에서 앞부분 류노아의 발언에 대해 "고법 공판조서에서는 류노아가 피고인에게 전화를 하였을 때, 처음에는 안 믿는 것 같아 '장난하지 말라'고 하였고, 그 다음에는 놀라는 듯한 목소리였다고 하였다고 적시돼 있다"며 "고법 판결문에서는 류노아의 주관적인 생각을 피력한 것으로 과장되거나 곡해되었을 가능성을 배제할 수 없어 해당 취지의 말은 믿기 어렵다고 판단한 바 있다"고 밝혔다. 또 "김성재 사건에서 K는 사망시간을 1시에서 2시 반으로 특정했던 사건 초기부터 일관되게 3시 40분에 숙소를 나갔다고 진술하였으며, 육미승이 본인의 수필집을 통해 K가 5시에 나갔다고 본인에게 이야기하였다고 기재한 내용은 육미승이 사건 당시 단 한 번도 진술한 적 없다"고 알려왔다.)

변사사건 첩보 보고

취재 과정에서 확보한 당시 경찰 관련 문건을 보면, 서울 서부경찰서(서장 김판근) 형사과에 변사사건이 접수된 시각은 이날 정오였다. 앞서 오전, 정보보안과 외사계 경감 김정섭은 자신이 담당하던 스위스 그랜드호텔 직원으로부터 변사사건 첩보를 입수했다. 그러나 보고는 즉시 이뤄지지 않았다. 김정섭은 정오 무렵에야 형사과에 이를 보고했다. 사건 발생 최소 3~4시간이 지난 시점이었다. 경찰이 뒤늦게 현장에 출동하게 된 또 다른 이유였다.

관내 변사사건 발생 보고를 받은 형사과장 이석채는 곧바로 형사계장 강석환, 경위 공봉규, 경장 여인근, 김영동과 함께 사건 현장인 홍은동 스위스그랜드호텔로 출동함과 동시에 경장 오문열을 시신 안치 첩보가 입수된 여의도 성모병원으로 보냈다. 형사과 당직 경찰은 경찰청장과 서울지방경찰청장, 차장, 형사부장을 전파선으로 하는 다음과 같은 변사사건 발생보고서를 작성, 공문으로 상신했다.

○ 동년 11. 19. 17:00경 생방송 SBS TV가요20프로에 첫 출연하여 노래를 부르고 귀가 후 변사자, 백댄싱팀 5명(남2, 여3) 및 매니저 등 8명이 그 녹화테이프를 시청하였으며, 변사자가 자기들의 무대연출이 잘 되었다고 흥분하면서 테이프를 계속 시청하자고 주장하여 약 100회 가량 반복 시청한 후 치킨과 맥주를 마시고, 동료들은 각각 자기 방으로 들어가서 자고, 변사자는 거실 소파에서 취침 중 원인 미상으로 사망한 것을 매니저가 발견 신고한 것임.

당시 수사에 참여한 형사 오문열의 법정 증언과 수사 보고 등 경찰 기록을 보면, 현장에 출동한 서부서 형사들이 객실 내부를 수색했지만 외부 침입 흔적과 범죄 증거 등을 발견하지 못했다. 거실, 부엌, 화장실, 환풍기, 쓰레기통, 방 3개 침실 등과 출입문 밖 계단, 별관 밖 주차장, 정원 등을 둘러봤지만 별다른 특이점이 없었다고 했다.

이날 오후, 성모병원에 도착한 형사 오문열이 유족인 육미승과 최초 발견자인 매니저 L을 상대로 진술 조사를 벌였다. 아들 성재가 왜 죽은 것 같냐고 오문열이 육미승에게 물었다. "저희 아들이 가수 활동을 하면서 과로가 누적돼 갑자기 사망하지 않았나 생각합니다."

오문열이 성재의 지병은 없었냐고 물었다. "아들 김성재가 평소에 나이는 20대인데 몸은 40대 같이 느껴지고 무대에서 노래를 부르고 춤을 추고 나면 가슴이 답답해지고 잘 때면 가슴이 가위눌린 듯이 아프다고 하고 통증을 호소해왔습니다"라는 대답이 돌아왔다.

아직 검안이 이뤄지기 전이라 김성재의 팔에서 주사자국이 있다는 것을 경찰도 육미승도 알지 못했다. 성재가 타살로 숨겼다고 생각하지 못한 육미승은 부검은 원치 않으며 조속히 장례를 치르기를 원한다고 진술했다. 유족 입장에서 부검은 망자를 두 번 죽이는 일이었다.

돌연사에서 의문사로

성가의원 외과 전문의 이상탁이 사체 검안을 해달라는 요청을 받고 서울 영등포구 신길동의 병원을 출발해 여의도 성모병원 영안실에 도착한 시각은 오후 2시를 갓 넘긴 시각이었다.

검안(檢眼)은 변사한 시신을 검사하는 일로 검시라고도 부르는데 시체를 해부하는 부검과는 달리 육안으로 검사가 이뤄진다. 사망 시각 추정과 외상 관찰 등을 통해 변사자의 사인을 파악하는 중요한 절차다.

이상탁이 봤을 때 사체는 경직돼 있었고 사후에 시체의 피부에서 볼 수 있는 옅거나 짙은 자줏빛 반점인 시반(屍斑)은 등 뒤에만 형성 돼 있었다(이상탁 2심 단계 진술). 시반은 사후에 심장 박동이 정지되면 중력 작용으로 혈액이 몸 아래쪽 모세 혈관 내로 침강되면서 그 부분 의 외표피층이 착색돼 나타난다.

경직과 시반 외에 특별한 외상은 없었다. 다만 오른팔에만 주사자 국이 여럿인 점이 눈에 띄었다. 주사자국 주변으로 피하 출혈도 적지 않았다. 피하 출혈이 있다는 것은 살아 있을 때 주사를 맞았다는 것 을 의미했다. 검안의 이상탁은 주사자국의 수와 크기를 하나하나 쟀 다. 모두 15개(이후 부검 과정에서 28개로 늘어남)가 정맥을 따라 분포돼 있었다. 발견한 주사침 자국으로 볼 때 같은 시간에 한자리에서 연이 어 놓은 것 같았다. 동일한 시간에 놓았다면 30분이 안 걸릴 시간이 었다. 물론 동일한 주사기로 주입이 이뤄졌는지는 알 수 없었다. 또한 의도한 것인지 솜씨가 서툴렀는지 모르겠으나 정맥 주사는 전부 잘 못 놓은 것들이었다(이상탁 2심 단계 진술).

이상탁이 김성재의 몸에서 주사자국 15개를 발견하면서, 돌연사로 만 보이던 김성재의 죽음은 의문사로 바뀌었다. 김성재 살인사건의 시작이었다.

이상탁이 사체 검안서를 작성하는 동안 경장 오문열이 사체의 오 른팔(2장), 전신(상하의 착용과 나신), 상체 전면(나신), 하체 전면(나신), 상체 후면(나신), 하체 후면(나신) 등을 폴라로이드 카메라로 촬영했다

(사망한 지 반나절이 지난 오후 시간에, 그것도 폴라로이드 카메라로 사체 사진을 찍은 것은 사망추정시각을 미궁에 빠뜨리게 만든 경찰의 치명적인 실수였다). 즉석 인화된 9장의 사진을 사체 검안서와 같이 편철했다.

검안할 때 각막이 혼탁하지 않았다는 점, 시반과 사체 경직, 동공 등의 상태를 근거로 이상탁은 사망 시각을 당일 7시 5분으로 추정했다(이상탁 진술). 시반이 통상 사후 4시간 또는 12시간 이내 생성된다는 점을 근거로 김성재 사망 시각을 오전 7시 무렵으로 추정한 것이었다. 만약 검안의의 사망추정시각이 맞는다면 L이 김성재를 발견했을 새벽 6시 무렵에 성재는 살아 있었다는 얘기가 된다.

검안 시 항문 안쪽 직장 온도는 측정되지 않았다. 사망 뒤 반나절이 지난 시점이기 때문에 측정 자체가 불필요하다고 판단했을 가능성이 컸다. 법의학에선 조건이 일정하고 외부 영향이 적은 직장 온도 측정을 통해 1시간 범위의 오차로 사망 시각을 추정할 수 있다고 보고 있다. 한국 법의학의 권위자인 문국진 고려대 명예교수는 "시체의 체온과 시강, 위 내용물의 상태 같은 것들과 함께 좀 더 세밀하게 계산하면 어느 정도는 정확하게 사망추정시각을 추정할 수 있다"고 지적한 바 있다(문국진·강창래,《도끼에 맞아 죽을 뻔했다》, 알마, 2011).

피해자가 죽을 때 누구와 함께 있었는가를 판가름할 수 있다는 점에서 사망추정시각은 이후 2년 3개월 동안 이어진 김성재 살인사건 공판에서 가장 핵심적인 쟁점 가운데 하나였다. 미국 CSI처럼 사망 직후 사건 현장에 법의학자들이 출동해 검안이 이뤄졌다면 사망추정시각은 논란이 되지 않았을 터였다.

사체 검안 뒤 곧바로 서로 돌아온 오문열은 관할 서울지검 서부지청(현 서부지검)에 변사사건 발생을 보고하면서 담당 검사의 지휘를 요청하는 공문을 작성했다. 공문에는 이상탁이 작성한 사체 검안서와 발견자(L)와 유족(육미승)의 진술서, 폴라로이드 카메라로 찍은 변사자의 사진 등이 첨부됐다.

오후 늦게, 서부서로부터 변사사건 발생을 보고받은 서부지청 형사부 안원식(당시 34세, 연수원 16기) 검사는 곧바로 관할 서부지원에 시신에 대한 압수 영장을 청구했다. 안원식은 강력 사건과 조폭 사건을 주로 수사한 반항기 있는 검사였다.

영장은 이날 발부됐다. 안원식은 서부서에 다음과 같은 1차 지휘를 하달했다. "즉시 시신을 부검해 사인을 규명할 것. 시신은 부검 뒤 유족에게 인도할 것."

| 5화 사건 관련 주요 인물 |

강석환(형사계장, 서부경찰서 형사과)

오문열(경장, 서부경찰서 형사과)

신문호(육미승 친동생의 후배)

김광훈(법의학자, 국립과학수사연구소)

안원식(검사, 서부지청 형사부)

정희선(약독물과장, 국립과학수사연구소)

예단의 시작

김성재 시신에 대한 압수 영장이 발부된 오후, 서부서 형사과는 국립과학수사연구소(현 국립과학수사연구원)에 시신에 대한 부검을 의뢰했다. 국과수는 이튿날인 21일 오전 10시 20분에 부검을 하겠다고 통보했다.

사건 현장에 있던 형사과 강석환 계장에게 사체 검안에 입회한 오문열 형사로부터 연락이 온 것은 오후 4시가 넘은 시각이었다. 오문열은 사체 오른팔에서 주사자국 15개가 나왔다고 보고했다. '마약에 의한 사고사인가.' 게다가 변사자는 유명 연예인이었다. 경찰 초동수사가 마약 중독사 쪽으로 급속히 기울게 된 계기였다. 예단의 시작이었다.

같은 시각, 서부서 출입 기자들에게 김성재의 변사사건이 알려졌다. 경찰은 이날 오전 김성재가 홍은동 스위스그랜드호텔에서 변사체로 발견됐고 매니저 L의 말에 따르면 평소 심장이 안 좋았다는 진술을 볼 때, 심장마비 가능성을 배제할 수 없으며 정확한 사인 규명을 위해 국과수에 부검을 의뢰했다고 발표했다.

'그룹 듀스 김성재 씨 변사체로 호텔서… 심장마비 추정.' 당시 서부서를 출입하던 〈한겨레〉의 강남규 기자는 이 같은 제목의 스트레이트 기사를 써서 본사에 팩스로 송고했다.

김성재의 부고는 삽시간에 퍼졌다. 당대 최고 아이돌의 느닷없는 죽음에 대한민국 연예계는 발칵 뒤집혔다. 팬들은 큰 충격에 빠졌다.

저녁부터 빈소에는 여기저기 방송사, 신문사 기자들이 들끓었다.

그즈음 육미승은 성재의 시신을 보러 영안실로 갔다. 여자친구인 K도 시신을 같이 보겠다고 따라나섰다. 영안실 앞에서 경찰이 "가족 외에는 안 된다"고 하자 K는 자기도 들어간다고 했다. 그러나 막상 시신이 있는 곳의 문이 열리자 문 앞에서 움츠리고 서서 들어가지 못했다. 성재는 그곳에 누워 있었다.

'얘는 샤워를 안 하고 자는 애가 아닌데. 잠자다 죽었다면서 머리도 외출 상태 그대로고, 귀걸이도 그대로고….'

육미승은 믿을 수 없었다. 성재를 보고 '눈 좀 떠봐. 거짓말 아니니?'하고 마음속으로 물었다. 같이 들어간 사람들이 흑흑 울었다. "봤으니 빨리 나가라"고 경찰이 내쫓았다. '내 아들도 내 마음대로 못 보게 하다니.' 서러웠다. 육미승은 훗날 펴낸 책에서 당시 상황을 이렇게 기억했다.

"솔로로 데뷔하는 데 성공했다고 그렇게 즐거워하던 애가 왜? 왜? 갑자기 죽었냐 말이다. 왜? 성재야! 외국에 가 있는 동안 자신이 밥을 안 해줘 그동안 쇠약해졌을까? 이제 이렇게 건강한 청년이 돼 돌아왔는데, 혹시 심장마비는 아닐까? 아니야, 성재처럼 건강한 아이가 또 어디 있다고…."(육미승, 앞의 책)

육미승은 다시 빈소로 돌아왔다. 성재는 영안실에 있었다. 육미승은 무서웠다. 무서움은 아들의 죽음을 인정할 수 없다는 데서 흘러나오고 있었다. 성재가 죽었다는 것과 성재의 죽음을 인정하는 일은 별개의 일이었다. 그렇게 밝고 건강하던 성재가 죽었다니.

그러나 그가 인정할 수 없는 이승 너머에 아들은 가 있었다. 파악되지 않는 현존과 부정할 수 없는 부재 사이에서 육미승은 기진했다. 아들의 부재 앞에서 무서움은 좀처럼 다스려지지 않았다.

군 복무 중인 성재의 동생 성욱이도 그날 저녁 빈소에 왔다. 성재의 영정 앞에서 군복 입은 동생 성욱이 엎드려 울었다.

사건 당일 성욱은 공동 수도를 틀어야 하는 임무 때문에 새벽 6시에 일어났다. 형이 죽던 시각이었다. 우연히 하늘을 봤는데 별이 반짝거리는 모습이 꿈결 같았다고 했다. 한동안 멍하니 보다 왠지 좋은 일이 생길 것 같은 마음에 속옷까지 갈아입고 기다렸는데 형이 죽었다는 전화가 왔다고 했다.

그 시각, 현도는 비행기에 있었다. 밤새 울어 퉁퉁 부은 얼굴로 서울로 가는 비행기에 올랐다. 빨리 가서 성재를 만나야 한다는 생각밖에 없었다. 어떻게 비행기표를 구했는지 어떻게 비행기를 탔는지 제대로 기억조차 나지 않았다. 비행기는 더디기만 했다.

경찰, 매니저 L 자택 압수수색

이날 서부서는 서부지원으로부터 영장을 발부받아 숙소인 스위스그랜드호텔 별관 57호에 대해서 압수수색을 벌였다. 방 3개, 목욕탕 및 화장실 2개, 침대, 싱크대, 환기구, 쓰레기통과 여행용 가방, 각종 옷가지 및 소지품에 대한 정밀 수색을 벌였다. 사망 원인과 관련된 물건이나 의약품 또는 주사 기구 등의 특이 사항은 발견하지 못했다.

경찰은 이날 매니저 L의 자택에 대해서도 압수수색을 벌였으나 사건과 관련한 단서를 발견하지 못했다.

저녁 무렵 경찰은 매니저 L과 백댄서를 불러 조사를 진행했다. 취재 과정에서 입수한 경찰 기록을 바탕으로 주요 문답을 정리했다.

오문열은 매니저 L에게 변사자가 어떻게 사망했냐고 물었다. "(중략) 밤 9시경에 호텔에 돌아왔습니다. 생방송 녹화 테이프를 다음날 새벽 1시까지 비디오로 약 100회가량(1회 5분가량) 시청했습니다. 잠을 자고 아침에 일어나서 거실 소파에 누워 자는 김성재를 흔들어 깨우니 일어나지 않았습니다. 위험하다고 생각돼 호텔 프론트에 신고해 병원으로 운반케 했습니다. 인근에 있는 세림간호종합병원으로 옮겼는데 사망했습니다. 사망 원인은 너무 과로했기 때문이라고 생각합니다."

호텔에 돌아와 변사자가 일행들과 다투거나 싸운 사실은 없냐는 질문에 L은 "그런 사실이 전혀 없습니다"라고 답했다.

변사자의 동료들 중 개인적인 감정이나 불만을 가진 사람은 없냐는 물음에는 "(중략) 본인과 함께 생활하면서는 모두 사이가 원만했기 때문에 누구와도 다른 감정이나 불만 있는 것은 없었다"고 했다.

이날 오문열은 김성재의 모근, 소변, 혈액, 위 내용물에 대해 아편, 코카인, 헤로인, 히로뽕 등 마약류 투약 여부를 국과수에 의뢰했다. 검안 시 발견된 15개의 주사자국 때문이었다. 밤 11시 34분에는 L과 백댄서들의 동의하에 형사과 화장실에서 이들의 소변(30cc)을 각각 채취, 마약 간이 시약 검사를 실시했다. 결과는 모두 음성이었다. 이때 미국 국적인 트리키와 니콜에 대해선 마약 검사 대신 본인들의 동의하에 신체 검사가 이뤄졌다. 이들의 몸에서도 주사자국은 발견되지 않았다. 결과적으로 이날 이들에 대한 마약 검사가 이뤄지지 않은 탓에 이들의 마약 투약 의혹은 해소되지 못했다. 경찰 초동수사가 미진했던 또 다른 대목이었다.

이튿날(21일) 오문열 형사는 정확한 마약 투약 분석을 위해 L, 김진, 류노아, 김조엔로부터 채취한 각각의 소변(30cc)와 모근 30여 개를 국과수에 보냈다.

"넌 현장에 없던 거야"

당시 경찰은 여자친구 K의 존재를 모르고 있었다. 당연히 그녀가 사건 직전까지 함께 있었던 인물이라는 점도 인지하지 못했다. 경찰이 그녀의 존재를 몰랐던 데는 이유가 있었다. 이날(20일) 육미승과 기획사 대표 김동구, 매니저 L 등 일행은 사건 현장에 K가 없던 것으로 입을 맞췄다. K를 불러 "넌 현장에 없던 거야"라고 입단속도 시켰다. 성재가 애인과 호텔에서 투숙하다 숨졌다는 식으로 알려지면 좋을 게 없을뿐더러, 앞길 창창한 K를 위해서도 그게 좋겠다고 판단했기 때문이었다.

빈소에 밤이 찾아왔다. K가 육미승에게 다가와 말했다.

"부검한대요." 언론 보도를 통해 경찰이 부검을 하기로 했다는 얘기 들은 모양이었다. 육미승은 부검 얘기에 안 된다는 생각이 먼저 들었다. '죽은 애 몸에 또 상처를 내나.' 육미승은 부검을 반대했다.

시간은 21일 새벽을 향해가고 있었다. 육미승은 황망했다. 친구 진희가 "빈소에 계속 있다가 탈 난다"며 "집에 가서 눈 좀 붙이라"고 권했다. 옆에 있던 K가 여기서 자신의 집이 가깝다며 가자고 거듭 권했다. 평소 이상한 느낌이 들던 K의 집에 한번 가봐야겠다는 생각에 육미승은 따라나섰다.

여의도에 있던 K의 아파트 문이 열리자마자, 누군가 굵은 소금을 확 뿌렸다. 육미승은 너무 놀랐다. 느닷없는 봉변이었다. '세상에 사람에게 예의도 없이.' 부정 탄다고 K 집 유모 할머니가 소금을 뿌린 것이었다.

"기분 나빠하지 마세요."

K와 유모 할머니는 말했지만 그런 일을 당하고 기분 좋을 리 없었다. '아까 전화하더니 소금 뿌릴 준비를 시킨 것이었구나.'

화가 난 육미승은 '참 기분 나쁜 집'이라는 생각이 들었다(육미승, 앞의 책).

K의 방은 옷과 화장품이 가득했다. 육미승은 작은 방에 잠시 앉았다. 상한 기분이 좀처럼 가시지 않았다. 새벽 5시쯤 집을 나서면서 K에게 쇼핑백 같은 걸 하나 빌려달라고 했다. 빈소에는 팬들이 성재에게 주는 편지와 사진 같은 것들이 꽤 있었는데 집에서 나올 때 지갑만 달랑 들고나온 것이 생각났기 때문이다.

훗날 재판 중에 K는 이날 육미승이 부조금 챙길 가방을 달라고 해 검은 가방을 줬다고 진술했다(육미승, 앞의 책).

발부된 부검 영장

어김없이 아침이 밝아오고 있었다. 11월 21일 화요일 아침 6시 무렵이 었다. 부검 영장이 떨어져 국과수에서 부검해야 한다는 소식이 빈소 에 전해졌다. 경찰 조사에서 K는 당시 상황을 다음과 같이 진술했다.

"병원으로 오니까 부검 영장이 떨어졌다고 아저씨께 듣고 어머님 께 알렸습니다. 성재 어머님이 '안 된다고 했는데 도대체 어떻게 된 일 이냐'며, '절대 안 된다'고 '집에 어제 괜히 갔다'며 저를 책망하는 눈 치였습니다. '집에 안 갔으면 미룰 수 있었다'며. 그때 변 사장(변대윤 예당음향 사장)이 와서 '왜 안 한다고 약속해놓고 이러는 거야' 하니까 변사장 입에서 '어머니, 성재 팔뚝에서 주삿바늘 자국이 있답니다. 그 런데 성재는 오른손잡이 아닙니까? 그런데 어떻게 주사자국이 오른 쪽에 있나요?' 하니까 생각지도 못한 반응에 저는 성재가 항상 오락 하던 모습이 떠올라 혼잣말처럼 '양손잡이 아닌가'라는 말을 그때 했 습니다."

당초 아들의 팔에서 주사자국이 나왔다는 사실을 모르고 아들을 두 번 죽이는 것 같아 부검에 반대했던 육미승은 이때 변대윤 사장으 로부터 주사자국에 대한 얘길 듣고서 부검에 동의했다.

죽은 자와의 대화

국과수엔 유족 대표로 육미승과 친동생의 후배인 신문호가 가기로 했다. K도 따라가겠다고 나섰다.

서울 양천구 신월동 국과수에 들어선 구급차가 왼쪽 회색 건물 앞에 섰다. 국과수 본부의 법의학과동으로 부검이 이뤄지는 곳이었다. 부검실로 들어가는 문은 이중으로 돼 있었다. 첫 번째 문이 완전히 닫힌 뒤 두 번째 문을 열어야 안으로 들어갈 수 있는 구조였다. 법의학자가 죽은 자와 만나는 공간이었다.

의학(medicine)은 산 자를, 법의학(forensic medicine)은 죽은 자를 구하는 학문으로 불렸다. 망자(亡者)가 보내는 억울한 죽음의 신호를 해석하는 이들이 법의학자였다. "부검은 죽은 이들과의 대화다. 법의학자는 주검을 보고 들으면서 죽음의 이유를 찾는다"라고 한국 법의학의 대부 강신몽 전 고려대 교수는 말했다(강신몽, 《모든 죽음에는 이유가 있다》, 이다, 2019)

우리나라 사망자 수는 연간 28만 명 선. 이 가운데 원인 불명의 변사사건이 주된 부검 대상이다. 미세한 증거도 놓치지 않기 위해 부검은 반드시 자연광이 비치는 오전에 진행한다.

오전 10시 20분, 국과수 법의학과 김광훈 의사의 집도로 부검이 시작됐다. 사인과 변사자의 히로뽕 등 마약류 투입 여부가 주요 감정 사항이었다. 서부서 형사과의 오문열 경장과 안원식 검사 등이 입회했고 유족 대표로는 육미승 대신 신문호가 참관했다. 30여 명이 들어갈 정도의 참관실엔 인체 해부도와 모니터가 붙어 있었다. 참관실과 부검실 사이엔 투명한 유리창이 있었다. 부검실 안 스테인리스로 된 부검대 위에 변사자가 작은 베개를 베고 누워 있었다. 부검대 뒤편으론 선반이 있었고 전자저울 등 분석 도구와 시약 등이 놓여 있었다.

먼저 외표(외부)검사가 이뤄졌다. 신장은 180.0cm이며, 체격 및 영양 상태는 양호한 편이었다. 시강(사후 경직도)은 전관절에 남아 있었다. 좌우측 안구에서 콘택트렌즈를 착용한 상태였다. 안검(눈꺼풀) 결막에서 울혈(몸 안의 장기나 조직에 정맥 피가 몰려 있는 증상)이 발견됐다. 김광훈은 흉복부 외표 검사상 특기할 손상을 보지 못했다.

문제의 오른쪽 팔에서 주사침흔 28개소(위팔 앞 부위 3개소, 팔 오금 부위 5개소, 아래팔 전면 부위 20개소)가 발견됐다. 검안 시 발견된 15개보다 13개가 늘어난 수치였다. 주사침흔의 분포는 불규칙적이었지만 대체로 정맥을 따라서 주사를 한 흔적처럼 보였다. 피부를 절개해보니 주사침흔 하방의 피하 조직에서 광범위한 출혈이 발견됐다. 사망 전에 주사된 것을 방증했다. 근육 주사 흔적으로 보이는 것은 출혈이 많지 않았고 정맥을 따라 놓으려고 한 주사 부위에 출혈이 많은 편이었는데 정맥을 제대로 찌르지 못하는 과정에서 혈관이 손상돼 출혈이 많았던 것으로 보였다. 주사 부위의 출혈 상태를 보면 거의 같은 시간대에 집중적으로 주사된 것을 알 수 있었다. 주사침흔을 봤을 때 같은 굵기의 주삿바늘에 의한 상처로 보였다(김광훈 1심 단계 진술). 다리에서 외표검사상 특기할 손상은 발견되지 않았다.

다음은 내경(내부)검사였다. 한쪽에는 전동 톱, 칼, 가위, 핀셋 등 부검 도구들이 놓여 있었다. 도구 중엔 국자도 있었다. 먼저 전동 톱으로 두개골을 절개해 뇌를 꺼냈다. 뇌에서는 특이 사항을 발견할 수 없었다.

오장육부 속에 죽음의 이유가 있을 것이었다. 칼은 그 길을 가리키고 있었다. 김광훈은 당면한 일을 당면했다. 가슴을 열어 심장을 꺼냈다. 심장 및 좌우측 심관상동맥에서 육안 및 조직학적으로 특기할 병변을 보지 못했다.

폐에서 육안 및 조직학적 검사상 정맥의 피가 몰려 있는 울혈이 보였다. 복부를 개복(開腹)했다. 간에서도 육안 및 조직학적 검사상 고도의 울혈이 보였다.

장간막에서 장간막 임파절(림프절의 음역어. 림프절은 포유류가 가지고 있는 면역 기관 중 하나로, 림프계를 구성하는 기관. 림프관 중간 중간에 위치해 생체 내의 여러 이물질을 처리하는 역할을 함)의 종대(비대) 소견을 보였다.

비장 및 신장은 육안 및 조직학적 검사상 고도의 울혈이 보였다. 위점막에서 출혈이 보였고 위장 내에 액상의 내용물 20cc가 들어 있었다(국과수, 김성재 부검 감정서). 28개의 주사자국과 함께 눈꺼풀과 간, 폐, 비장, 신장에서 발견된 울혈이 특기할 만한 소견이었다.

부검이 끝난 것은 10시 50분이었다. 정확한 사인 규명은 1주일 이상이 소요될 것이었다. 부검이 끝날 때 신문호는 구역질을 하면서 밖으로 나왔다. 육미승은 부검이 그 정도로 심한 것인지 몰랐다.

전날 유명한 가수의 부검이 예정돼 있으니 약독물 감정을 해달라는 연락을 받은 국과수 약독물과장 정희선(당시 40세)은 이날 아침 일찍 출근했다. 부검을 마치고 나온 의사 김광훈이 정희선을 보고 "시신이 참 이상하더라"며 의아해했다.

| 6화 |

중독

정희선(약독물과장, 국립과학수사연구소)

오문열(경장, 서부경찰서 형사과)

박지호(1993년 당시 듀스 매니저)

"마약은 하루에 28방 맞지 않아요"

"부검의가 참 이상하다고 하더라고요. 주사자국이 한쪽에만 28개가 있는데 이게 다 신선하다고 하는 거예요. 원래 마약 맞는 사람들은 하루에 28방을 맞지는 않거든요. 하루 맞고 며칠 뒤에 맞고 약간의 시차를 둬야 하는데 그렇지 않고 하루에 다 맞은 것처럼 굉장히 신선하다고 하는 거예요. 어쨌든 주삿바늘 자국이 있어서 마약 환자라고 생각을 했죠."[2]

정희선이 2018년 12월 한 강연에 나와 한 얘기다. 당시 국과수 약독물과장이었던 그에게 의뢰된 건 변사자의 히로뽕 등 마약류 투입 여부를 감정해달라는 것이었다. 또 심장마비가 사인은 아니었는지도 분석 대상이었다. 당시 정희선은 변사자가 유명 연예인이라는 사실을 알지 못했다.

"연구실 책벌레여서였을까. 워낙 대중문화에 문외한이었기 때문이었을까. 젊은 사람들 사이에서 아주 유명하다는 그를 본 기억은 별로 없었

---

2 이와 관련해 K의 변호인은 2021년 2월 17일 기자에게 보낸 내용증명에서 "'마약은 하루에 28방 맞지 않아요'라는 내용은 어느 논문이나 문헌에도 검증된 적 없다"며 "법원이 (주사기를 이용한 마약의 과다 투여에 따른) 사고사일 가능성을 배제할 수 없다고 판단"했다고 밝혔다. 또 "육미승이 본인의 수필집을 통해 김성재의 살인범으로 위 K를 특정하고 모함하고자 쓴 허구의 내용을 그대로 인용하였다"며 "법원의 판결문에 적시되어 있는 바와 같이, 김성재의 부검을 반대한 사람은 육미승이 먼저였고, K는 그에 동조하였을 뿐"이라고 했다. 아울러 "경찰은 댄서팀 흑인 트리키와 니콜이 미국으로 출국하기 전 신체검사를 벌인 적이 없으며 주사자국의 유무를 밝힌 적이 없다"고 알려왔다.

다."(《동아일보》, 2013년 6월 15일)

한편, 이때 육미승과 K는 구급차를 타고 다시 성모병원으로 돌아오고 있었다. 구급차에는 부검을 마친 성재 시신이 놓여 있었다. 훗날 두 사람이 한 각각의 진술을 모두 종합하면, 이때 육미승은 K에게 "경찰이 너와 김성재와의 관계를 자꾸 물으니 어서 귀가하라"며 "이제 성재 잊고 니 삶을 살라"고 타일렀다고 한다. 경찰이 여자친구의 존재에 대해서 캐묻는 것도 꺼림칙했던 데다 인생이 창창한 K의 미래를 걱정했기 때문이다. "괜찮다"고 빈소에 있겠다던 K는 구급차가 성모병원에 도착하자 병원을 떠났다.

약물 중독사 가능성 보도

이날 서부서는 국과수로부터 김성재가 극도의 흥분 상태에서 '청장년 급사증후군'으로 사망했다는 1차 소견을 통보받았다. 이날 오전 부검 결과, 주검의 오른팔에서 숨지기 전 사흘 안에 맞은 것으로 보이는 주사자국 28개도 확인됐다고 국과수는 전했다. 경찰은 이 같은 수사 상황을 출입 기자들에게 알렸다. 이날 〈경향신문〉은 경찰의 말을 인용, 김성재의 사인이 약물 중독사일 가능성도 있다는 기사를 실었다. 이후 부검 결과가 서부서에 통보된 12월 5일까지 주요 일간지에서 김성재 기사는 자취를 감췄다. 김성재의 죽음은 그렇게 약물 중독사로 귀결되는 듯했다.

부검 마친 성재를 여의도 성모병원 영안실에 안치했다. 영안실에서 본 성재의 모습은 목덜미에 꿰맨 자국이 마치 포대 자루 같았다. '아, 그렇게 매끈하고 우람하고 튼튼한 몸이었는데… 얼마나 아팠을까' '자기 몸을 그렇게 좋아하고 상처를 싫어한 아이였는데…' 육미승은 화장을 결심했다.

"예쁘게 촘촘하게 잘 꿰매달라고 부탁했는데… 저렇게 꿰매다니…." 육미승이 말을 잇지 못하자 신문호가 울면서 말했다. "그래도 저게 터지지 않게 잘 꿰매준 거예요."(육미승, 앞의 책)

'아, 성재야…' 육미승은 울어지지 않는 울음을 삼켰다. 성재가 죽었다는 객관적 사실은 분명했지만, 성재가 왜 죽었는지 아직 알 수 없었다. 육미승은 사인이 납득될 때까지 죽음 그 자체에 대해 반사적으로 멀리하고 싶었다.

"성재야, 빨리 나와"

이날 오후, 현도가 김포공항을 통해 귀국했다. 서울엔 어둠이 내리고 있었다. 곧바로 여의도 성모병원으로 갔다. 저녁 무렵 부모님과 문상을 온 현도는 빈소에 도착하자마자 영정 앞으로 쓰러진 채 펄쩍펄쩍

뛰었다. 11월 21일 화요일 밤이었다.

빈소에 갈 때까지 현도는 성재가 일어나 맞아줄 것 같은 기분이 들었다.

"성재, 정말 너 맞니? 이 자식아, 정말 너야?"

현도의 눈에 들어온 건 성재의 영정뿐이었다. 성재의 눈동자는 살아서 현도를 보고 있는 듯했다. 현도는 성재의 영정을 부여잡고 짐승처럼 울었다.

"어머니, 성재한테 제가 잘못한 게 너무 많아요. 성재야, 빨리 나와!"

현도는 성재가 귀국하는 날 악수한다고 손을 내밀었는데 자신이 주머니에 손을 넣고 건들거리고 있어 성재가 민망해하며 내민 손을 거두었다고 울면서 말했다. 현도는 구석에 쪼그리고 앉아서 성재를 한 번만 보게 해달라고 흐느꼈다. 그 모습을 보고 있자니 육미승도 눈물이 났다.

육미승이 현도를 달래고 있는데 멀리서 큰 문이 열리며 "아버님이 오십니다"라는 소리가 들렸다. 성재 아빠였다. 육미승은 그를 보는 순간 어떻게 해야 할지 몰라 그냥 서 있었다. 7년 만이었다. 1988년 집을 나간 뒤 1992년 이주 신고를 하고 뉴질랜드로 떠난 그였다. 둘은 나란히 앉았다. 아무 말도 하지 않았다(육미승, 앞의 책).

7년 만의 해후

6년 동안의 일본 생활을 마치고 육미승과 가족이 귀국한 건 1987년이었다. 아이들은 되레 일본이 아닌 한국 생활을 힘들어했다. 그때도 남편은 늘 집에 없었다. 사실 결혼 이후 줄곧 자정 무렵 귀가한 그였다.

이듬해인 1988년, 성재 아빠는 경남 창원으로 내려가 일했다. 그즈음 성재와 함께 창원에 간 적이 있었다. 부엌에서 육미승이 일하고 있는 사이, 성재가 아빠와 앨범을 보다 우연히 한 여성과 아이의 사진을 봤다. 일본 생활 할 때 성재 아빠가 만난 내연녀와 그녀 사이에서 난 딸이었다. "누구냐"고 묻는 성재 손에서 사진을 뺏은 아버진 아무 말도 하지 않았다.

파국은 머지않아 찾아왔다. 88올림픽 때였다. 어렵게 표 2장을 구해 성재와 성욱이 둘을 보내려던 참이었다. 창원에서 갑자기 올라온 성재 아빠가 모든 가족이 함께 경기를 봐야 한다고 고집을 피웠다. 마침 성재 친구까지 와 졸지에 표 3장을 구해야 했다. 날씨가 무척 더웠다. 잠실운동장 앞에서 표를 구하러 갔다 온 성재 아빠가 갑자기 성재의 뒷덜미를 세게 내리쳤다. 자신은 고생하고 있는데 친구랑 웃고만 있냐는 것이었다. 열일곱 성재는 왜 때리느냐고 대들었다.

이날 새벽 3시 술에 취해 들어온 남편은 성재를 또다시 연거푸 때렸다. 화가 난 성재는 그날 창원에서 본 사진 얘기를 꺼냈다.

"아빠는 누구랑 있을 때 행복하세요? 그 아줌마와 아기예요? 우리예요?"

성재 아빠는 아줌마와 아기라고 했다. "그럼 가세요. 가서 그 아줌마와 아기 행복하게 해주세요. 저랑 성욱이는 엄마랑 살 거예요."

성재 아빠는 말없이 집을 나갔다. 성재는 그날 엄마에게 사진 얘기 들려주었다. 성재 아빤 그날 이후 다시 돌아오지 않았다(육미승, 앞의 책).

아버지를 지우다

1995년 5월 어느 날, 성재가 말했다.

"이제 내 마음속에서 아버지를 지우고 내가 가장 노릇을 할게. 그리고 결혼은 한 마흔쯤 돼서 할 거야."

집을 나간 아버지를 여전히 그리워하던 성재는 그날, 아버지를 마음속에서 떠나보냈다.

문득 그날의 일이 떠오른 육미승이 먼저 말을 꺼냈다.

"성재 장례를 5일장으로 할 거예요. 불교식으로 화장도 하려고요."

성재 아버지가 화냈다. "니가 그러면서 성당 다니는 사람이야?"

"성욱이한테도 물어보기로 해요."

성욱은 형이 좋아하던 불교식으로 하자고 했다. 성재 아버지는 아무 말도 하지 않았다. 성재가 죽은 지 이틀이 지나고 있었다.

여자친구에 대한 첫 조사

11월 22일 수요일 낮 12시, K는 한 통의 전화를 받았다. "K 씨죠? 서부서 형사과인데요. 오후에 서로 잠깐 나와주시죠." 국과수 부검 때 K를 눈여겨본 형사 오문열이었다(K 진술).

K가 서부서 형사과에 도착한 시각은 저녁 6시 무렵이었다. 취재 과정에서 확보한 경찰 기록을 바탕으로 문답을 정리했다.

먼저 형사 오문열이 사건 당일, 새벽 1시경 김성재와 단둘이 있으면서 뭘 했는지, 언제 호텔을 나와 몇 시에 귀가했는지를 물었다. 알리바이(현장 부재 증명)를 입증하라는 얘기였다. K는 소파에 누워 있던 김성재의 오른쪽 왼쪽 팔을 주물러주다 성재가 잠이 들자 새벽 3시 30분 무렵 호텔에서 나와 4시 5분께 집에 도착했다고 말했다.

김성재가 사망한 것을 언제 알게 되었고 그 이후 어떻게 했냐는 물음에는 집에 돌아와 잠자던 중 오전 7시 40분께 류노아의 전화를 받고 알게 됐고 즉시 육미승에게 성재가 죽었다고 알린 뒤 그길로 곧바로 세림간호종합병원으로 갔다는 답이 돌아왔다.

성재가 왜 죽은 거 같냐는 물음에는 왜 죽었는지 전혀 모르겠다고 답했다.

이날 K는 "김성재가 술 마시다가 말도 없이 없어지기도 했고 작년인가 한창 그가 마약 한다는 소문이 있어 그러지 말라고 얘길 하다가 다투기도 했었다"고 진술했다. 마약 사고사라는 경찰의 예단을 강화시켜주는 진술이었다.

조사는 저녁 9시에 끝났다. 오문열은 또 연락받으면 바로 경찰서에 나와야 한다고 했다.

이날, 백댄싱팀이었던 흑인 트리키와 니콜이 미국으로 출국했다. 두 사람은 사촌지간이었다. 지난 20일 밤, 서부서에서 이뤄진 신체검사에서 두 사람의 몸에선 주사자국이 발견되지 않았다. 그러나 경찰이 두 사람에 대해 출국 금지 조처를 하지 않은 것은 두고두고 뒷말을 낳았다.

어긋난 예상

K가 서부서에서 조사를 받던 시각, 빈소에 낯선 여자가 들어섰다. K의 동생이었다.

"무슨 일이죠?" 육미승이 물었다.

"언니가 궁금하다면서 보냈어요. 무슨 일 없어요?"

"뭐가 궁금해요? 여긴 아무 일 없으니까 언니보고 걱정 말라고 전해줘요."

빈소에 앉아 있던 이들은 K의 동생이 인사하고 나가는 모습을 보고 있었다(육미승, 앞의 책).

김성재와 K. 둘이 처음 만난 건 1993년 9월이었다. 강남구 청담동에 있던 나이트클럽이었다. 웨이터가 부킹 해준다며 당시 매니저 박지호에게 데려온 여성 가운데 K가 있었다. K에게 가족 환경과 전공을 들은 박지호는 그녀를 성재에게 소개시켰다.

2019년 10월 5일, 인터뷰에서 박지호는 그때를 다음과 같이 기억했다.

"1993년 가을께예요. 클럽에 갔는데 웨이터가 부킹 해준다고 하면서 애들을 데리고 왔어요. 그때 온 애 중 하나가 ○○였어요. '너 뭐하냐' 했더니 '학생'이랬어요. '어디 학교 다니냐' 했더니 '치대'라고 하더군요. '아버지는 개인 병원 한다'면서. '집안 괜찮네' 하면서 소개시켰죠."

박지호는 당시 D대학 치대 본과 2학년에 재학 중이던 그녀가 한때 치과의사가 꿈이던 성재와 잘 어울린다고 판단해 연결해줬다. 이날의 기억을 이현도는 자신의 책에서 이렇게 적고 있다.

"성재가 K를 만난 건 듀스 2집을 한창 준비하고 있을 무렵 강남 '젬마'라는 나이트클럽에서다. 음악 작업 하러 작업실로 가려는데 성재에게 나이트클럽인데 잠깐 들렀다 가라는 연락이 왔다. 나는 그러마 대답하곤 그길로 나이트클럽으로 갔었다. 여러 명이 함께 있었는데 그중에 K도 있었다. 사실 그때는 누구인지도 관심 갖지 않았다. 그냥 성재와 알고 지내는 여자친구인가 생각했을 뿐이었다.

(중략)

처음 만났을 때 K가 어떤 모습이었는지 별로 떠오르는 게 없다. 더구나 성재가 편하게 여자친구들과 만나서 얘기하는 경우는 있어도 여자랑

깊게 사귀는 걸 보지 못했던 나로서는 K가 애인이라고는 꿈에도 생각하지 못했다."(이현도, 앞의 책)

이현도의 예상과 달리 둘은 가까워졌다. 그해 12월 24일 크리스마스이브에 성재는 K를 엄마와 동생에게 인사시켰다. 1994년 5월에는 6박 7일간 태국 푸켓으로 같이 여행을 다녀왔다.

경찰, 매니저 2차 조사

11월 23일 목요일, 매니저 L이 서부서에서 두 번째 조사를 받았다. 당시 경찰은 김성재 오른팔에 있는 28개 주사자국을 마약 투약 흔적으로 보고 성재 동의하에 같이 투숙했던 일행 중 누군가가 주사를 놔주다 사망에 이른 것으로 의심하고 있었다. 전날 K에 이어 L을 부른 이유였다.

사실 처음 발견 시점과 관련해, L의 진술은 석연치 않은 대목이 있었다. L은 경찰 조사에서 20일 새벽 6시께 처음 거실에 엎드려 있는 성재를 깨웠다고 진술했다. 그러나 이현도는 이보다 앞선 새벽 5시께 성재 숙소로 전화해 L과 통화를 했다고 기억했다. "성재를 바꿔달라"고 했는데 깨우는 소리가 난 다음 L이 "성재가 너무 깊이 잠들었는지 안 일어난다"고 했다는 것이다(이현도, 앞의 책). L이 성재를 발견한 시점보다 1시간가량 앞선 시간이었다.

L은 경찰 조사에서 이날 새벽 이현도가 전화했다는 얘길 하지 않았다. 이현도의 기억이 맞는다면 새벽 5시에 한 번 깨웠고 이후 6시에 또다시 깨웠는데 안 일어났고 다시 6시 40분경에 위험한 상황이라는 알게 돼 구급 신고를 했다는 것이 된다. 유족 입장에서 골든타임을 놓친 것이 아니냐는 질문이 가능한 대목이다.

"성재는 마약하는 친구가 아니야"

언론과 경찰 쪽에서 성재의 죽음이 '마약에 의한 것'이라고 심증을 굳혀가고 있다는 얘길 전해 들은 유족과 기획사 쪽은 분노했다. 기획사 대표 김동구는 항의 차원에서 삭발한 뒤 육미승과 빈소에서 기자 회견을 열어 김성재의 마약 복용 의혹에 강하게 반발했다. 마약 복용설을 묵과할 수 없던 사람은 또 있었다.

"그러고 보니 입국 때 기자들도 그런 투로 질문했던 것 같다. 성재 팔에서 주삿바늘 자국이 무려 20여 곳이나 발견돼 히로뽕 상습 투약에 의한 심장마비일 가능성이 높다는 게 그들의 논리였다. 나는 또다시 흥분했다. 성재는 절대로 그런 놈이 아니다. 마약 하지 않는 건 내가 너무나 잘 안다. 수년간 거의 하루도 빠짐없이 온종일 함께 생활한 성재가 나에게까지 숨기면서 마약을 할 수는 없다. 더구나 '현진영과 와와' 시절 진영 형이 대마초 사건으로 몰락하는 걸 아주 가까이서 직접 봤던 성재가 아니었던가.

성재는 술을 좋아했지만 타락하거나 나태한 생활에 대해선 천성적으로 거부하는 깔끔한 성격의 소유자였다. 성재와 가까이 지냈던 사람들은 모두 이런 성재 성격을 잘 알고 있다. 그런 성재를 마약으로 또다시 죽이려 하다니. 이건 성재를 두 번 죽이는 일이었다. 그냥 있을 수 없었다. 하지만 그때 내가 성재를 위해 할 수 있는 일은 아무것도 없었다. '성재는 절대 마약을 하는 친구가 아니야!'라고 외치는 것밖엔."(이현도, 앞의 책)

성재와 가장 많은 시간을 보낸 이현도였다. 성재가 마약 중독자였다면 사건 전 미국에서 4개월여를 함께 살았던 이현도가 그것을 모르긴 어려웠다.

한편, 국과수 약독물과장 정희선에게 의뢰된 분석은 초기부터 난항이었다.

오문열(경장, 서부경찰서 형사과)

정희선(약독물과장, 국립과학수사연구소)

민지숙(연구원, 국립과학수사연구소 법과학부 화학분석과)

끊이지 않던 조문 행렬

단독으로 입수한 당시 부검 감정서 등을 보면, 김성재의 사체에서 분석이 의뢰된 증거물은 혈액 약 200g, 위 내용물 10g, 소변 13ml였다. 그다지 충분한 양이라고 할 수는 없었다. 정희선은 의뢰된 내용물을 가지고 우선 주변에서 쉽게 구할 수 있는 독물에 대한 실험을 진행했다. 독극물인 청산염, 농사용 살충제로 쓰이는 파라치온 등 농약류, 잠자듯 사망할 수 있는 수면제류에 관한 실험을 실시했는데 어떠한 독물도 검출되지 않았다.

> "청년의 사인 규명은 예상과 달리 쉽지 않았다. 섣부른 자신감과 기대는 곧 소독약 냄새가 밴 무겁고 차가운 공기 속으로 사라져버렸다."(《동아일보》, 2013년 6월 15일)

"처음 소식 들었을 때 거짓말인 줄 알았고 지금도 안 믿겨져요."

듀스와 같이 활동했던 잼(ZAM) 멤버 황현민이 KBS 인터뷰에서 고갤 숙이며 말했다. 같은 잼 멤버 신성빈은 "성재 형이 시작하자마자 이렇게 됐는데…"라며 말을 잇지 못했고 김현중은 "나중에 또 성재 형 봤으면 좋겠고 정말 편한 데 가서 잘 지냈으면 하는 그런 마음밖에 없다"고 울먹였다.

김성재의 빈소에는 팬을 비롯해 동료 연예인 등 문상객이 끊이지 않았다. 방송 카메라에 눈물로 범벅된 룰라 이상민의 얼굴이 잡히기도 했다. 룰라는 성재와 현도와 가까웠던 후배 그룹이었다. 신동엽, 김종서, 장혜진, 구본승 등 생전에 성재와 가까웠던 연예인들도 빈소를 지켰다.

팬들은 쪼그리고 앉아 밤을 샜다. 육미승은 그들이 마음에 쓰였지만 신경을 쓸 겨를이 없었다. 엄마의 자리에서 성재 죽음을 가슴 아파한 일밖에 다른 걸 할 여력이 없었다. 육미승은 영안실 안쪽 방에 있었다. 일부러 그를 찾아 안쪽까지 온 분들과 겨우 인사를 나눴다.

한 사람의 죽음 뒤 해야 할 일들이 얼마나 힘든 것인지 한참 지나서 알게 됐다. 성재가 죽었을 때 수고해주신 많은 분들께 고맙다는 말을 하지 못했다. 유족에게 부담 주지 않으려 말없이 도와주신 분들이 육미승은 눈에 밟혔다. 친구와 동료들, 그리고 팬들의 눈물 속에서 장례가 끝나가고 있었다.

영구차 위에 쌓이던 눈

성재를 화장하는 날은 몹시 추웠다. 예보에도 없던 눈이 내렸다. 11월 25일 토요일이었다.

영정을 든 성욱의 얼굴과 몸매는 죽은 성재를 빼다 박은 듯 닮아 있었다. 턱선이 갸름했고 귀가 컸고 키가 비슷했다. 쓰러져서 우는 성욱의 다부진 어깨와 뒷모습까지도 죽은 성재를 닮아 있었다. 육미승은 영정 속 성재 얼굴과 엎드려 우는 성욱 얼굴을 번갈아 바라봤다.

죽은 사람의 얼굴 표정이 아직 죽지 않은 사람의 얼굴 위에서, 살아서 어른거리고 있었다.

검은색 캐딜락에 시신을 실었다. 어릴 때부터 차를 좋아했던 성재였다. 대형 영정을 내건 영구차는 서서히 병원을 떠나 인근 방송 3사를 돌았다. 유족을 태운 버스와 승용차들이 영구차의 뒤를 따랐다.

여의도를 벗어난 영구차가 올림픽대로에 들어섰다. 포근하게 눈이 내렸다. '아, 성재가 눈이 된 건가?' 육미승은 생각했다. 잘들 지내라고 모두에게 눈이 돼 인사하는 것 같았다. 등촌동 SBS에서 앞에서 노제를 지냈다. 어린 팬들이 서럽게 울었다. 화장하기 위해 벽제로 향했다.

"성재야, 너 정말 죽었니?"

장지는 성재가 언젠가 살고 싶다던 문경새재였다. 점심이 지나 벽제를 출발한 장례 차량은 새벽 2시쯤에 새재에 도착했다. 그때만 해도 경북 북부인 문경은 고속도로 사정이 좋지가 않았던 데다 눈비가 내려 더욱 지체됐다.

새도 넘기 힘들다는 새재의 청명한 밤하늘에 별이 또렷했다. 한 번도 본 적 없는 하늘이었다. 어린 팬들의 부모님들도 멀리까지 와주셨다. 어린 자식이 간다 하니 함께 따라와 준 것이었다. 육미승은 성재 때문에 부모님을 속을 썩였을 많은 팬들과 그 부모님들께 고맙고 미안한 마음이 들었다.

성재 유골함은 따뜻했다. 동생 성욱은 "형의 유골이 담긴 함을 들고 가는데 너무 따뜻했다"며 "가루를 만졌을 때 보들보들하고 따스했던 그 감촉을 절대 잊을 수 없다"고 훗날 얘기했다. 방금 화장터에서 나온 것도 아니고, 눈비 오고 길이 얼어붙는 추위 속에서 벽제에서 새재까지 반나절이 넘게 걸렸는데도 유골을 올려놓은 성욱이의 무릎은 줄곧 따뜻했다. 좀처럼 식지 않는 온기에 육미승은 '성재는 참 따뜻했구나'라는 생각만 했다.

K도 그날 새재까지 함께했다. 화장하고 새재로 가는 길에 성재가 오른손잡이가 아니고 왼손잡이라는 등의 얘길했다(육미승, 앞의 책).

"엄마, 문경새재 가봤는데 너무 좋더라. 우리 나중에 거기 가서 살자." 성재 유골을 새재에 뿌리면서 육미승은 성재의 말을 떠올리고 있었다. 성재야, 니가 살고 싶어 했던 문경새재야. 좋으니? 육미승은 눈물이 났다. 시간은 일요일 새벽을 지나가고 있었다. 11월 26일이었다.

유족에 이어 친구들이 뼛가루를 한 줌씩 집어 허공에 뿌렸다. K도 뼈를 집에 뿌렸다. 뼛가루는 흰 그림자가 돼 바람 속으로 흩어졌다. 팬들이 울먹였다. 육미승도 소복 끝자락으로 눈물을 훔쳤다. 모두 편안한 얼굴로 잘 가라고, 좋은 데로 가라는 마음이었다.

돌아오는 길, 안개가 자욱했다. 평촌 집에 온 육미승은 허전함을 견딜 수 없었다. 방에서 당장이라도 성재가 나올 것 같은 기분이었다. 성재를 그렇게 보내고 왔지만 방에 가면 성재가 있을 것만 같았다. 성재는 없으면서 있었고, 있으면서 없었다. 성재야, 너 정말 죽었니?(육미승, 앞의 책)

성재의 부재를 좀처럼 받아들이지 못하는 또 한 사람이 있었다. 이현도는 자신의 몸 반쪽이 허물어지는 절망감에 괴로워했다.

"제정신이 아니었던 내가 성재 장례식을 어떻게 치렀는지 지금도 잘 모르겠다. 한참 지나 방송을 통해 성재 장례식 장면을 담은 비디오를 본 적이 있는데 그냥 보고 있을 수 없었다. 그때 그 절망과 고통으로 다시 되돌아가는 내 자신을 발견했기 때문이다.
그래서 아직까지도 성재의 죽음과 장례식 애기만 나오면 비정상적으로 보일 만치 흥분한다. 성재의 죽음과 그를 둘러싼 사람들의 이야기들… 정말 다시 생각하기 싫은 기억이다."(이현도, 앞의 책)

K를 다시 부른 경찰

한편, 이날 장례를 마치고 여의도 집에 돌아온 K는 서부서 형사 오문열로부터 전화를 받았다. 조사할 것이 있으니 서부서로 나오라는 것이었다. K가 경찰서에 도착한 때는 낮 12시였다. 성재가 숨진 지 1주일이 지나고 있었다.

취재로 확보한 당시 경찰 수사 기록을 보면, 오문열은 이날 K에게 압구정동 KFC에서 김성재 일행과 합류했을 때 지니고 있던 물건이 뭔지, 다른 소지품은 없었는지 물었다. K는 "어깨에 메는 털가방 1개를 들고 갔었는데 안에는 조금 전 말한 비디오테이프 1개와 화장품,

돈이 든 지갑, 호출기가 들어 있었다"며 "핸드폰을 들고 갔었는지 그냥 갔었는지 정확히 기억나지 않는데 손에는 털가방 1개와 밤색코트를 들고 갔다"라고 답했다.

오문열이 사건 전날 김성재를 만나기 전에 뭘 했는지, 새벽 1시까지 비디오를 시청한 것은 어떻게 기억하는지 물었다. K는 "그날 아침 12시가 다 돼 잠에서 깨 종일 있으면서 공부하다가 김성재로부터 핸드폰 연락 받고 그를 만나러 갔다"며 "비디오테이프를 보고 있을 때 김진이라는 여자가 제게 몇 시쯤 되었냐 물어 가방에 들어 있던 호출기 꺼내 시간을 보니까 밤 12시 43분이었고 잠시 후 둘만 빼고 모두 방으로 들어갔기 때문에 대략 새벽 1시쯤이었던 걸로 기억하고 매니저도 자기네들이 방에 들어갔을 때가 1시쯤 되었다고 해 그런 줄로 알고 있다"고 했다.

L은 언제 방에 들어갔는지, 김성재와 L과 함께 나눈 이야기에 대한 질문에 K는 "정확히 기억나지 않는데 L이 방에 들어갔다가 다시 나와서 세탁기(건조기의 착오로 보임. 건조기 타이머는 이후 공판 과정에 줄곧 논란이 됨) 안을 들여다보고 다시 들어갔다"며 "나눈 이야기는 없었고, L이 들어가고 제가 김성재의 팔을 주무르고 있을 때 인기척 나서 뒤돌아보니까 흑인 트리키가 저희를 쳐다보고 있더니 바로 방으로 들어갔다"고 답했다.

오문열은 이날 결국 안에 있는 누군가가 김성재를 죽인 건 아닌지 물었다. 타살 가능성과 관련한 최초의 질문이었다. K는 "외부에서 안으로 침입할 수는 없기 때문에 타살이라면 제가 죽이지 않았고 제가 그곳을 나설 때까지는 아무런 이상이 없었으므로 그 안에 있는 누군가가 김성재를 죽였다고 봐야 되겠죠"라고 진술했다.

오문열이 그럴 만한 사람이 누구라고 생각되는지 묻자 다음과 같이 답변했다. "굳이 애기를 하자면 김성재가 죽기 이틀 전쯤인가 잠자리 문제로 류노아의 머리를 손바닥으로 한 대 때리는 것을 보고 제가 말린 적이 있는데 그것으로 인해서 류노아가 감정을 가졌다고까지는 생각을 하지 않습니다. 트리키란 사람도 귀국하기 일주일 전에 만난 사람이고 류노아 소개였고 또 그 사람이 마약 주사를 맞았고 하니까 그들이 아니면 제3의 인물이 있을 게 아닌가요? 그리고 진세라도 좀 이상하고요. 성재 유골 뿌리러 가면서 김진과 이야기를 했는데 세라가 성재 오빠를 좋아했다면서 정작 그가 죽자 울지도 않고 김동구와 계약을 파기하고 돈을 돌려받고 미국에 가버렸대요."(진세라는 이듬해 2월부터 열린 1심 재판에 증인으로 출석함)

경찰은 수사의 돌파구를 찾지 못하고 있었다. 여자친구 행적이 의심스럽다는 제보를 받고 이날 조사를 벌였지만, 뚜렷한 혐의점을 발견하지 못했다. 여전히 경찰은 28개 주사자국으로 미뤄, 타살보단 약물 사고사로 기울어 있었다.

사고사로 기울어 있던 경찰

경찰이 사고사라는 육감에 매몰돼 있을 때, 국과수에선 김성재가 일반적인 마약으로 숨진 게 아니라는 쪽으로 판단을 하고 있었다. 의뢰된 소변과 혈액에 대한 마약 반응 검사 결과가 음성으로 나왔기 때문이다. 훗날 정희선은 〈동아일보〉 인터뷰에서 이렇게 회고했다.

"가장 중요한 것은 정확한 사인을 밝히는 일이었다. 여러 가지 정황으로 볼 때 청년은 약물 때문에 사망한 것으로 보였다. 위 내용물과 소변, 혈액 등 다른 증거도 충분히 확보한 상황이었다. 속으로 생각했다. '어떤 종류의 약물인지만 확인하면 된다.' 그리고 딱 하루 뒤. 눈앞이 캄캄했다. 300종류의 마약 검사를 했지만 일치하는 게 하나도 없었다. 경찰은 물론이고 언론까지 하루, 아니 한 시간이 멀다 하고 난리였다."

김성재의 사체에서 채취된 증거물은 총 4가지였다. 혈액 약 200g, 위 내용물 약 10g, 길이 약 14cm인 모발 약 40수(약 50mg), 뇨 약 3ml. 정희선은 먼저 소변을 가지고 의뢰 사항의 하나인 마약류에 집중해 실험했다. 대표적 마약인 히로뽕, 대마, 아편, 코카인 등을 검출할 수 있는 예비 실험인 면역 분석법(항원과 항체 간의 특이적 결합을 이용한 시험법)을 시도했지만 검출되는 마약이 없었다. 전체 약물류로 범위를 넓혀 혈액과 소변을 가스크로마토그래프법(기체화된 시료를 가스를 이용해 분리관을 통과시키면서 성분을 분리하는 방법)으로 분석했다. 그 결과, 혈액과 소변에서 미지의 성분 두 가지가 발견됐다. 알카리성에서 추출한 검액에서 검출된 것으로 봐서 질소화합물 종류의 약물 종류라고 판단, 실험을 계속했는데 의외로 무슨 성분인지 전혀 가늠할 수 없었다. 마약은 다 해봤자 대략 300종이기 때문에 손쉽게 알아낼 수 있다고 생각했는데, 수십 번 실험해도 마약 성분 데이터베이스와 일치하는 성분을 찾을 수 없었다.

그러나 당시의 마약류 검사 결과는 아직 경찰에 통보되지 못했고, 그사이 경찰은 마약 중독사라는 편견에 빠져 타살 가능성 등 사건을 다각도로 들여다보지 못하고 있었다.

사실 경찰 수사는 초기부터 문제가 많았다. 사건 당일인 20일, 현장에 출동한 수사팀은 마약에 집중한 나머지 사망 전날 성재가 마시고 남은 밀러 맥주병 등을 증거물로 확보하지 못했다. 백댄서 등 일행은 맥주병이 숙소에 있었는데 경찰이 수거하지 않고 쓰레기통에 버렸다고 했다(육미승, 앞의 책). 현장 보존이 안 된 것이다.

사건 발생 이튿날, 숙소에 대한 압수수색에서도 별다른 증거를 찾지 못한 경찰은 현장 주변의 정밀 수색도 사건 발생 후 사흘이 지난 23일에야 실시했다. 베갯잇에 남은 혈흔에 대해서도 약물 검사 등 제대로 된 조사가 이뤄지지 못했다. 그나마 밝혀진 혈액형이 AB형이었는데 성재 혈액형인 O형과는 차이가 있었다. 사건 당시 호텔에 함께 묵었던 흑인 백댄서 두 명에 대한 출국 금지 조치를 하지 않아 22일에 출국해버린 일도 수사 허점으로 지적됐다. 전반적으로 부실한 초동수사였다.

당시 경찰은 약물 성분에 대한 국과수 조사 결과가 나오기만을 기다리고 있었다. L과 백댄서들 등에 대해 참고인 진술을 들었지만 요식행위에 지나지 않았다. 사고사라는 '육감'에 매몰된 나머지 타살 가능성에 대한 수사는 도외시됐다.

음성으로 나온 마약 검사

11월 27일 월요일. 국과수 법과학부 화학분석과의 민지숙 연구원은 지난 21일 서부서로부터 의뢰된 김성재의 혈액 20g에 대한 혈중 알코올 농도를 분석한 시험 성적서를 작성, 법의학과장에게 상신했다. 분석 결과, 김성재의 사망 당시 혈중 알코올 농도는 0.05% 미만으로 행동 변화에 정상적인 수치였다. 사건 당시 김성재는 술에 취한 상태가 아니었다는 뜻이었다. 통상 마약 투약은 술과 함께 이뤄진다는 점에서 특이한 결과였다.

국과수는 한 해 6,000건의 부검을 진행(2018년 기준)할 정도로 경험과 공신력을 가진 기관이었다. 전두환 정권기인 1987년에 국과수는 외부의 압력에도 박종철의 사인을 경부 압박성 질식사(고문치사)로 결론 내면서 국민들로부터 신뢰를 받은 바 있다. 1995년 말, 김성재 사건을 통해 국과수는 다시 한번 화제의 중심으로 떠올랐다.

그 관심은 정희선에게 또 하나의 부담이었다. 분석 결과가 나올수록 정희선은 점점 초조해졌다. 마약이 아니라는 것은 알았지만, 김성재의 몸에서 나온 2개 물질의 정체는 도무지 알 수 없었기 때문이었다. 그녀의 시간이 흐르고 있었다.

"이때부터였다. 밤에 제대로 잠을 자지 못했던 것이. 잠깐 잠이 들었을 때 꿈에서도 연구소를 벗어나지 못했다. 당시 정희선은 연구소에서 '마약 전문가'로 불렸다. 한창 질주하던 그녀가 일에서 멈춰선 건 그때가 처음이었다."(《동아일보》, 2013년 6월 15일)

정희선은 다시 처음으로 돌아갔다. 추출 방법이 문제였나 싶어 시약을 새로 만드는 다른 방법을 시도했지만 도무지 알 수 없었다. 팀원들과 함께 3만 화합물의 데이터베이스, 5만 화합물, 10만 화합물까지 범위를 넓혀가며 모든 가능성을 찾았다. 그러나 일치하는 성분이 없었다. 스트레스가 쌓여갔다.

"제가 스트레스를 받기 시작해서, 잠깐 집에서 잠을 자는데 꿈속에서 나타나는 겁니다. '왜 내가 못 찾을까'라고 잠을 못 자고 다음 날 출근하고 (함께 일하는) 선생님한테 '잠을 못 잤어'라고 했다니 그 선생님은 자기 꿈에 제가 나타나서 '왜 못 찾냐'고 했다고 말했어요. 둘이 같이 웃었죠."(《세바시》 강연, 2018)

웃었지만 부담감은 엄청났다. 어서 진실을 밝혀 망자의 권리를 찾아 줘야 했기 때문이다. 죽은 사람도 말을 하고 법의학자는 그것을 들어 줘야 한다고 믿던 그는, 자신의 일이 결국 인간의 존엄과 관련된 것이라고 여기고 있었다.

| 8화 |

졸레틸

| 8화 사건 관련 주요 인물 |

오문열(경장, 서부경찰서 형사과)

정희선(약독물과장, 국립과학수사연구소)

김광훈(법의학자, 국립과학수사연구소)

13만 화합물 DB 뒤져

현장에서 마약류나 주사기 등이 발견되지 않았다는 점에서, 경찰은 주사를 놓아준 누군가가 그것들을 치웠을 가능성이 있다고 보고 수사를 벌였지만, 매니저와 관련자들이 일관되게 혐의를 부인하는 통에 별다른 진척을 이루지 못했다.

경찰 수사가 제자리걸음을 반복하고 있던 때, 국과수의 정희선도 답답한 시간을 보내고 있었다. 실험에 진척이 없자 그는 최신 기기를 구비한 연구소와 협력하는 방법을 강구했다. 그 연구소의 13만 화합물 데이터베이스를 통해 마침내 동일 물질 화학명을 찾을 수 있었다. 그러나 화학명만으로 물질의 정체를 알 순 없었다. 화학명조차 매우 생소했다. 이 물질이 무엇인지 밝히기 위해 당시 우리나라에서 과학 분야 문헌을 가장 많이 보유하고 있는 홍릉 산업연구원으로 달려갔다.

"당시만 해도 지금처럼 정보가 많지 않은 시대였기 때문에 정보가 많은 데 가서 찾아봐야 했어요."(《세바시》 강연, 2018년)

여자친구에 대한 세 번째 조사

11월 28일 화요일 12시 무렵, K는 서부서로부터 조사할 것이 있다는 연락을 받았다. 오후에 서에 도착한 K에게 경찰은 마약 검사를 위해 소변과 모발을 채취해야 한다고 했다.

경찰은 K가 변사자와 함께 마약을 투약한 것이 아닌지 의심하고 있었다. K는 형사과 화장실에서 소변을 받아 제출했다. 경찰이 그녀의 머리카락 30개를 채취했다.

취재 과정에서 입수한 경찰 기록을 보면, 이날도 오문열의 질문은 사건 발생 시점 K의 행적에 집중돼 있었다. 먼저 김성재와 거실에 남아서 뭘 했는지와 19일 밤 김성재가 마시거나 먹은 게 있는지 등에 대한 질문에, K는 "방송 출연에 대한 이야기를 나누다 '아침 일찍 스케줄이 있으니 어서 자라'고 한 뒤 소파에서 잠깐 자다, 독감을 앓던 때라 옷을 챙겨 호텔을 나왔다"며 "사건 전날 호텔에서 먹은 것은 없다"고 말했다.

오문열은 호텔 나서기 전 혹시 누가 깨어 있다는 느낌은 받지 못했는지에 대해 물었고 K는 누가 깨어 있었다는 답변 대신 "흑인들이 자는 옆 방문은 닫혀 있었고 L 등이 자는 방은 문이 열려 있었다"고 답했다.

이때 오문열은 진술인이 호텔을 나온 뒤 김성재가 사망했는데 어떻게 생각하는지 물었다. K는 "사건 전, 집에 올 때도 누구한테 간다는 말은 하지 않고 그냥 나왔는데 호텔 출입문은 닫히면 자동으로 잠기기 때문에 누굴 깨울 필요가 없었다"고 말했다. 경찰의 질문과 잘 안 맞는 대답이었다.

김성재의 팔을 주무를 때나 상의를 모두 벗고 있을 때 그의 팔뚝에서 주사자국을 본 사실이 있냐는 질문에는 "자세히 보지 않았기 때문에 모르겠다"는 답이 돌아왔다.

이에 오문열은 호텔을 나올 때 김성재의 건강 상태가 나빴는데 불이 꺼져서 확인을 하지 못하고 나왔다는 이야기를 한 적이 있냐고 물었다. 해당 호텔의 거실등은 임의로 끌 수 없는 구조였는데 꺼졌다고 거짓말한 적이 있느냐는 질문이었다. K는 "미국에서 하루에 한 끼만 먹었기 때문에 건강 상태가 굉장히 좋지 않은 상태라는 얘길 했다"고만 했다.

이때 오문열은 호텔을 나올 때 김성재를 봤냐는 물음과 관련해 어둑어둑해서 잘 보지 못하고 나왔다는 얘길 한 적이 있냐고 재차 물었다. K는 "그런 이야기를 한 적이 있다"고 했다.

이날 오문열은 "김성재 몸에 주삿바늘 자국이 있는데 마약 주사 놔준 적이 있느냐?"며 "의대 다니까 놓아주지 않았느냐?"고 추궁했다. K가 김성재에게 마약을 놓다가 사망에 이르게 한 것이 아니냐는 취지였다. K는 자신은 새벽에 귀가했고 성재에게 주사를 놓은 적이 없다고 부인했다.

틸레타민과 졸라제팜

"앗, 이거구나!"

드디어 정희선이 김성재 몸에 있던 물질의 정체를 알아냈다. 화학구조를 그려가며 물질을 찾던 정희선의 눈에 똑같은 분자량에 똑같은 화학구조식을 가진 물질이 들어왔다. 틸레타민(Tiletamine)이라는 이름의 동물 마취제였다. 이윽고 두 번째 물질도 확인할 수 있었다. 신경 안정제로 널리 쓰이는 벤조디아제핀유도체와 화학구조가 유사한 졸라제팜(Zolazepam)이라는 물질이었다.

정희선은 동물 마취제와 신경 안정제 계통의 약물이 왜 같이 검출됐을까 궁금해 문헌을 찾았다. 졸라제팜은 동물 마취제인 틸레타민의 작용 시간을 늘리기 위해 제조할 때 함께 혼합한다고 기록돼 있었다. 급히 직원들에게 전화해 소식을 전했다. 예상치 못한 물질의 정체를 확인하는 기쁨은 그동안의 피로와 걱정을 날려버렸다.

하지만 기쁨도 잠시였다. 이 약물을 국내에서 구할 수 있는지, 현재 시판되고 있는지 알아봐야 했다. 두 가지 약물이 혼합된 졸레틸(Zoletil)이라는 물질이 프랑스에서 수입돼 국내 동물병원에서 동물 마취제로 쓰이고 있다는 사실을 알아냈다. 같은 성분의 미국 제품 테라졸(Terazol) 또한 시판 중이었다. 정희선은 비교 확인 실험을 위해 5~6군데 동물병원에 연락했다. 의외로 제품 구하기가 쉽지 않았다. 국과수 실험용이라고 해도 팔지 않았다.

"수의사협회에서 표준품을 받아서 실험을 했더니 완벽하게 맞았습니다."(《세바시》 강연, 2018)

제품 성분이 김성재의 혈액, 소변에서 나온 성분과 일치함이 확증된 것이다. 짜릿했다. 제품을 대조군으로 삼아 혈액 중 함량 실험을 했다. 혈액 1ml에서 틸레타민 0.85µg(마이크로그램, 1/1,000,000그램)이 검출

128

됐고, 졸라제팜은 3.25μg이 검출됐다.

경찰 의뢰 사항은 마약 검출 여부였다. 팔에도 주사자국이 있었기 때문에 동물 마취제라도 마약으로 쓰였을 가능성이 있는지, 남용 사례가 있었는지 찾았다. 동물 마취제를 남용 목적으로 사용하다 사망으로 이어졌을 가능성도 있었기 때문이다. 먼저 틸레타민과 관련해 문헌 조사를 실시했다. 인체에 관한 독성은 찾을 수 없었다. 틸레타민이 펜사이클리딘(Pencyclidine) 유도체임을 감안해 펜사이클리딘을 조사했다. 펜사이클리딘은 처음엔 사람에게 사용하는 마취제로 50년대 개발됐으나 부작용 때문에 주로 동물 마취제로 사용되고 있었다. 우리나라는 물론 전 세계적으로 향정신성 의약품으로 지정·관리돼 남용 가능성이 아주 컸다.

졸라제팜 역시 인체에 관한 독성은 발견되지 않았다. 다만 졸라제팜은 대표적인 벤조디아제핀 유도체인 디아제팜보다 항불안 작용이 5~10배 강한 것으로 조사됐다. 더욱이 향정신성 의약품으로 가장 많이 사용되는 신경 안정제인 디아제팜과 화학구조와 작용이 비슷해 남용 가능성도 있어 보였다. 하지만 아무리 문헌을 뒤져도 우리나라에서는 물론 전 세계적으로 이것들이 남용된 사례를 찾을 수 없었다. 수많은 자료를 뒤진 끝에 틸레타민과 졸라제팜이 포함된 미국의 남용 약물 규제 리스트를 손에 넣게 됐다. 정희선은 남용 약물 규제 리스트에 포함돼 있으니 미국에선 마약으로 남용되는 약물일지 모른다는 생각에 미국 쪽에 문의해야겠다고 생각했다.

남용 가능성

정희선은 마침 1995년 국제학회에서 만났던 미국 마약수사청(DEA) 연구원이 떠올랐다. 급하게 연락해 두 물질이 남용된 사례가 있는지, 왜 이 약물을 규제하는지 등 궁금한 사항들을 문의했다. 이메일보다는 팩스가 익숙하던 때였다. 고맙게도 바로 답이 왔다. 미국에선 틸레타민과 졸라제팜의 혼합물질이 테라졸이라는 이름으로 1980년 초 동물 마취제로 승인받아 시판됐다고 했다. 승인 당시 미국 식약청에서 남용 가능성 여부에 관한 연구를 진행한 결과, 환각 작용과 남용 가능성이 있어 규제 대상 약물로 지정했다고 함께 전해왔다. 그러나 미국에선 테라졸을 밀수한 사례도, 남용한 사례도 없었다고 했다. 그렇다면 우리나라에서 이 약물이 남용됐을 가능성은 거의 없었다. 어떤 이유로 사망자에게 투여됐을까 하는 의문은 더욱 커졌다(정희선, 《보이지 않는 진실을 보는 사람들》, RHK, 2015).

다시 말하면, 틸레타민과 졸라제팜의 혼합물질인 테라졸이 미국에서 규제 대상 약물이 된 것은 실제 남용 사례가 있어서라기보다 남용 가능성 때문이라는 얘기다. 틸레타민은 훗날 공판 과정에서도 남용 사례 유무를 두고 치열한 공방이 이뤄졌지만, 남용 사례가 법원에 제출되진 않았다. 남용 사례를 발견할 수 없었기 때문이다.

두 물질을 발견한 11월 29일, 정희선은 1차 감정서를 작성했다. 이날 김성재 몸에서 틸레타민과 졸라제팜이 검출됐다는 사실은 서부서에 통보되지 않았다. 최종적으로 작성될 부검 감정서가 회신될 예정이었던 까닭에 정희선을 비롯한 국과수 약독물과 직원들만 알고 있었다.

이튿날 국과수 마약분석과 임미애, 이종숙 연구원은 의뢰된 김성재 혈액(170ml), 위 내용물(약 10g), 뇨(약 10ml)에서 모르핀, 코카인, 헤로인, 대마 성분 등의 마약 성분이 검출되지 않았다는 종합 마약 분석 시험 성적서를 작성했다. 특히 마약 투약 흔적이 길게는 1년 정도까지 남는다는 모발에서도 음성이 나왔다는 점을 보면, 김성재의 마약 중독설은 처음부터 사실과 거리가 멀었다. 해당 내용은 법의학과 장에게 상신됐다. 국과수 시험 성적서는 성재의 마약 중독 의혹에 대해 사실이 아니라고 말하고 있었다. 성재는 이제 마약 중독자라는 오명을 벗게 된 것일까.

한편, K의 변호인은 2021년 2월 17일 기자에게 보낸 내용증명에서 앞선 김동구 대표의 삭발과 관련해 "법원의 판결문에 적시되어 있는 바와 같이, 매니저 L과 J는 사건 당일 이상한 행적을 보였다"며 "소속사 김동구 대표가 삭발을 한 것은 사건 바로 다음날인 11월 21일로 김동구 대표가 경찰 조사를 받기 이전"이라고 밝혔다.

또 "김성재의 몸에서 발견된 틸레타민과 졸라제팜은 각각 미국에서 등록약품통제법에 따라 가장 엄격하게 제한 금지되는 분류에 속하는 스케줄1에 포함되어 있고 같은 비율로 혼합되어 동물 마취제로 사용되는 '졸레틸'과 '탈레졸'이라는 상품은 스케줄III에 포함되어 있다"며 "1987년 미국 마약청(DEA)에서는 틸레타민의 환각성과 남용 가능성으로 인해 테라졸 혹은 졸레틸을 마약류로 지정한 바 있다"고 했다. 아울러 "사건 2년 전에 작성된 UK의 1993년 자료(Ketamine and

Tiletamine Abuse in the UK, November 1993)에 의하면 틸레타민 남용이 1992년 처음 발견되었으며, 해당 성분은 테라졸과 졸레틸에 포함되어 있다고 적시하고 있다'고 알려왔다.

낯선 남자와의 통화

한편, 이날 K는 SBS 생방송 〈한밤의 TV연예〉와의 전화 연결에서 "김성재와 결혼할 사이"라며 그의 약물 복용설을 부인하는 발언을 하기도 했다.

이튿날인 12월 1일 금요일 오후, K가 여의도 S아파트 부근의 공중전화 박스에서 누군가에게 전화를 걸었다. K의 운명을 가를 전화였다. K의 이날 행적은 두고두고 다툼의 대상이 됐다.

K가 누군가와 전화 통화를 하고 약속을 잡던 그 시점, 국과수 정희선은 부검 감정서에 들어갈 분석 결과와 참고 사항 등을 작성하고 있었다. 어렵게 틸레타민과 졸라제팜의 성분과 용도를 알아냈지만 감정서를 작성하는 것 또한 만만치 않았다. 약물들의 성분명, 용도, 사용량, 동물에 나타나는 부작용 등은 쉽게 기재했지만 사람에게 나타날 부작용이나 독성 등은 기재하기 어려웠다. 사람에게 사용하지 않는 동물 마취제였기 때문이다.

정희선은 틸레타민의 경우 유도체인 펜사이클리딘의 사례를, 졸라제팜의 경우엔 화학구조와 작용이 비슷한 디아제팜을 기준으로 해 참고 사항을 기재했다. 덧붙여 미국 규제 조항을 참고해 남용 가능성을 언급했다. 그러나 이 물질들을 남용해서 사망에 이르렀을 가능성은 없을 것 같아 머릿속이 더욱 복잡해졌다. 약독물 감정서를 일단 법의학과로 넘겼다. 부검의가 모든 감정 결과를 종합해 부검 감정서를 작성했다.

이날 관련 내용을 전달받은 부검의 김광훈이 다음과 같은 부검 감정서를 작성했다. 김광훈은 감정서 끄트머리에 "타살(他殺)의 가능성을 배제하기 어려움"이라고 썼다.

이날(12월 1일) 시행된 국과수의 부검 감정서가 서부서에 접수된 것은 4일이나 지난 12월 5일이었다.

6. 본 건의 검사상 졸라제팜과 틸레타민이 혈액, 소변 및 위 내용물에서 모두 검출되며, 이러한 소견으로 미루어 경구 투여에 의한 가능성과 주사(근육 및 정맥 주사)의 가능성이 있을 것으로 판단됨.

7. 본시(本屍) 부검 소견 및 진술 조서(서부 경찰서장 1999. 11. 21. 발행 부검의 뢰서)상 1) 주사침흔이 오른쪽 상지에 국한되어 있는 점. 2) 주사침흔의 분포는 불규칙적이나 상지 정맥혈관 주행을 따라 주사하려고 노력한 소견을 보이는 점. 3) 본시(本屍)의 경우 평소 오른손잡이였다고 하며, 이 경우 본인이 직접 주사하기는 매우 어려운 점. 4) 본시(本屍)의 발견 당시 주위에 주사기를 발견할 수 없었다는 점. 5) 다수(28개소)의 주사 침흔이 있는 점. 6) 일반적으로 사용되지 않는 약물이 투여된 점 등으

로 판단할 때 타살(他殺)의 가능성을 배제하기 어려움.

8. 치사량 및 치사 농도를 산출하기 위하여 당 연구소에 동물 실험을 시
   행할 계획이며 이에 대한 결과는 추후 통보하겠음.

9. 본시의 혈액형은 추후 통보하겠음.

1995년 12월 01일

감정인 서울특별시 양천구 신월동 333-1

국립과학수사연구소 법의학과 의사 김광훈.

죽음을 예견하다

국과수에서 부검 감정서가 작성되고 있던 시각, 육미승에게 김성재가
모델로 활동한 의류브랜드 '292513=STORM' 대표이사가 연락을 해
왔다. 위로와 안부를 묻던 그는 자신이 알던 기자로부터 믿을 수 없
는 이야기를 들었다고 전했다(스톰은 1990년대 중반 선풍적인 인기를 끌던
의류브랜드. 초대 모델인 김성재 이후 소지섭, 송승헌, 김하늘은 스톰 모델로 데
뷔하면서 이후 스타덤에 올랐다. 소지섭과 김하늘은 김성재를 좋아해 스톰 모델
오디션에 도전했다고 했다).

그 이야기는 이랬다. 11월 19일 저녁, 한 무속인이 서울 마포에서
한 월간지 기자와 밥을 먹었다. 마침 TV에선 김성재 솔로 데뷔 무대

가 방송됐는데 이를 보던 무속인이 갑자기 "저 친구, 콘서트가 끝나면 죽겠군" 하면서 "저 가수가 누구냐?"고 기자에게 물었다. 의아했던 기자는 "올해 해체한 듀스라는 댄스 그룹의 김성재라는 가수인데 오늘이 솔로 데뷔하는 날인 듯싶다"고 얘기했다. 무속인이 "언제 해체했냐?"고 되물어 기자가 6월께라고 했더니 "이 가수 얼굴 본 건 그날이 처음인데 해체했다는 소리를 듣는 순간 얼굴에 죽음의 그림자가 보였다. 팀을 내년에 해체해야 했는데, 그러면 죽음을 피할 수 있었을 텐데…"라고 말했다. 기자는 무속인의 말을 도통 알아들을 수 없어 그냥 흘려보냈는데 충격적이게도 다음날 성재가 시신으로 발견됐다. 부랴부랴 무속인에게 전화를 걸었더니 '이 사건은 타살이고 약물에 의한 계획된 살인일 가능성이 높다는' 등 놀라운 얘길 들려줬다. 당시 경찰은 마약 사고사로 보고 수사하던 때였고 부검 결과가 나오기 전이라 누구도 타살 가능성에 대해 주목하지 않던 시점이었다. 우연이라고 치기에는 너무 공교로웠다(《QUEEN》, 1996년 1월호).

여기까지 전한 스톰 대표이사는 그 무속인이 만리동에서 작두신령을 모시는 박수무당(남자무당)이라며 그 무속인에게 김성재 진혼굿을 맡기면 어떻겠냐고 했다. 억울하게 죽은 혼을 달래야 한다는 것이었다.

천주교 신자였던 육미승은 대표이사가 전한 무속인의 말이 믿기지 않았다. 그러나 죽음을 예견했다고 하니 진혼굿을 하면 '성재를 죽인 범인을 알 수 있지 않을까' 하는 막연한 생각이 들기도 했다. 부검 결과가 나오지 않아 답답하던 때였다.

그렇게 하자고 한 뒤 전화를 끊었다. '타살?' 무속인이 했다는 이 말에 계속 귓가를 맴돌았다. 문득 떠오르는 사람이 있었다.

　이틀 뒤인 12월 3일 밤, 육미승은 김성재 죽음의 의혹을 보도한 KBS 〈추적 60분〉을 보다 깜짝 놀랐다.

9화

진혼

김광훈(법의학자, 국립과학수사연구소)

정해원(변호사)

김무호(무당)

성재가 타살됐을 가능성

KBS 〈추적 60분〉을 보던 육미승은 방송 도중 국과수 부검의 김광훈이 한 말에 시선이 멈췄다. 그는 변사자 오른팔에 있던 주사자국은 길어야 3일 전에 맞은 것 같다고 했다. K가 자신에게 한 말이 떠올랐기 때문이다. 성재 팔에서 주사자국을 보지 못했냐고 장례 때 자신이 물었는데 K는 "이상하게 성재가 3일 전부터 긴팔 옷을 입고 있어서 못봤다"고 했다. '얘가 뭔가를 숨기고 있구나.' K에 대한 의심이 굳어진 계기였다(육미승은 성재가 평소 잘 때 긴팔 상의를 안 입었다고 했지만 매니저 L은 사건 당일 성재가 류노아에게 긴팔 옷을 빌려서 입었다고 진술했다).

사실 이날 방송은 성재의 죽음을 계기로 연예인 등 사회 전반의 약물 복용 문제를 다루면서 "김성재가 마약 투약과 관련해 사망했다"고 단정하는 등 경찰의 말만 듣고 쓴 또 한 번의 왜곡 보도에 가까웠다. 물론 "오른손잡이가 오른팔에 주사를 놓았다는 게 말이 되느냐"는 성재 매니저 주장을 소개하며 사망 직전 함께 있었던 K에 초점을 두고 주변 인물들의 행적을 추적, 성재가 타살됐을 가능성도 배제할 수 없음을 암시했지만 방점은 마약에 의한 사고사에 찍혀 있었다. 〈추적 60분〉은 단독 입수한 국과수의 정밀 검사 결과를 근거로 "김성재가 투약한 약물은… 국내 마약 환자들에게서 발견되지 않은 신종 마약이다. 김성재는 마약 투약과 관련해 사망했다"고 결론 내렸다. 그리고 "한 가수를 죽음에 이르게 한 마약은 이제 한 연예인만의 문제가 아니다. 이제 마약과의 전쟁이 다시 시작돼야 할 때다"라는 말로 프로그램을 끝맺었다. '죽음으로 끝난 노래-마약'이라는 제목의 이 프로그램은 사건 전개에 중요한 논점을 제시하는 성과를 거뒀지만, 의욕이 지나쳐 결과적으로 '추정'에 멈춰야 할 것을 '단정'하는 잘못을 저질렀다. 부검 결과가 알려지기 전에 이뤄진 무리한 추측성 오보였다.

성재를 마약 중독자로 단정하는 방송을 본 육미승은 참을 수 없었다. '내 아들은 세상이 생각하는 그런 나쁜 부류의 아이가 아닌데…. 성재야! 얼마나 답답하고 억울하니? 얼마나 우리들이 미우니? 우리가 널 그냥 비난받도록 내버려뒀으니 얼마나 속이 상했니?' 울어지지 않는 울음이 육미승의 가슴 속에서 맴놀이쳤다.

아들의 명예를 지킬 사람은 자신밖에 없었다. 편견에 사로잡힌 경찰 수사와 언론의 무책임한 추측 보도를 용납할 수 없었다. 육미승은 아들의 죽음을 마약 투약에 의한 사고사로만 보고 타살 가능성 등에 대한 수사를 도외시하고 있는 경찰과 이를 그대로 보도하고 있는 언론에 대해 법적인 행동에 나서야겠다고 생각했다.

팬들의 항의 전화

KBS 〈추적 60분〉을 보고 분개한 것은 비단 육미승만이 아니었다. 방송이 나간 뒤 성재 팬들을 중심으로 "무책임한 인권침해다"라는 비판이 들끓었다. 성재 죽음에 대한 언론 보도 전반에 문제가 있다는 지적도 잇따랐다. "그룹 듀스의 음악을 매우 좋아하는 고교 2년 여학생"이라 밝힌 한 독자는 12월 4일 〈한겨레21〉에 전화를 걸어와 "진실은 밝혀지지 않은 채 의혹과 언론의 무책임한 추측 보도만이 난무한다"면서 〈한겨레21〉이 진실을 밝혀달라'고 '부탁'하는 등 일부 언론사들에 섣부른 마약설 거론 등 보도 태도에 항의하는 10대들의 전화 공세도 적지 않았다.

'듀스 전 멤버 김성재 씨 숨진 채 발견, 심장마비 추정, 마약류 투약 흔적 발견, 히로뽕 투여 의혹…' 등 성재가 주검으로 발견된 뒤 각 일간지가 내보낸 첫 보도의 제목들을 보면 당시 팬들의 분노를 충분히 이해할 수 있다. 사인에 대한 추측이 제각각이었던 첫 보도 편차는 그대로 이후 사태 전개의 난맥상을 예고하는 것이었다. 그리고 그 사이에는 죽은 자에 대한 섣부른 편견이 덧씌워져 있었다.

〈추적 60분〉의 단정이나 사건 첫 보도 때 상당수의 매체가 마약 중독사 가능성을 비친 것은 그해 들어서만 마약과 관련해 구속 또는 입건된 대중 예술인이 50여 명을 넘어선 사실과 '마약을 하는 연예인이 많다'는 세간의 팽배한 의혹이 무의식중에 작용한 것으로 보인다. 결과적으로 김성재 사건을 둘러싼 언론 보도와 이를 둘러싼 논란은 대중 예술인에 대한 언론의 보도 태도를 되돌아보게 했다.

믿을 수 없는 경찰

12월 4일 월요일, 육미승은 KBS를 상대로 정정 보도 요청(훗날 해당

방송에 대한 정정 보도 및 사과를 받아냄)을 낸 뒤, 서울 서초동 정해원 변호사 사무실을 찾았다. 그동안 이 사건과 관련해 자신이 듣고 본 것들을 이야기했다. 변호사는 진정서에 다음과 같은 내용을 담았다. 진정서는 오직 한 사람을 가리키고 있었다.

- 성재의 팔엔 28개의 주사자국이 있었다.
- 너무도 선명해 4~5미터 전방에서 확연히 보일 정도였다.
- 성재는 평소에도 집에서는 웃통을 벗고 다니는 습성이 있었는데 그날 밤에도 줄곧 웃통을 벗고 있었으며, 그날 SBS에서 춤 연습이나 인터뷰할 당시에도 웃통을 계속 벗고 있었다. 방송국 사람들이나 김성재 일행의 어느 누구도 그 전날 아침부터 자기 전까지 성재의 팔에 주사자국이 있었다는 것을 본 사람이 없었다(K는 검경 진술에서 김성재가 긴팔 옷을 입고 있어서 주삿바늘 자국을 보지 못했다고 진술했다).
- 그렇다면 주삿바늘 자국은 성재가 사망 당일 새벽 1시 30분 이후 사체가 발견된 새벽 6시 10분 사이에 생겼다는 결론이 된다. 김성재는 사망일 1시 30분까지 그 일행 등 8명과 함께 있었고 그들이 모두 잠자러 간 뒤 단둘이 있었으므로 최소한 K만큼은 누가 주사를 놓았는지 알고 있다고 봐야 한다.
- K는 김성재 사망 직후 일행들에게는 자기가 집으로 돌아간 시각이 3시 40분이라고 했다. 여의도 S아파트 집에 도착한 시각은 4시 8분이라고 분 단위로 정확한 시각을 이야기했다.
- 김성재가 오른손잡이인데 오른쪽 팔뚝에 주삿바늘 자국이 난 것을 이

상하게 생각하는 사람들에게 K는 "김성재가 오른손뿐만 아니라 왼손도 쓸 줄 아는 양손잡이"라고 말했다.

- K는 김성재에게 지나친 집착을 보여온 바 매니저 L, 백댄서 류노아, 이현도의 말을 들으니 김성재가 다른 여자를 만난다는 이유로 김성재를 가스총으로 쏜 적이 있고 잠든 사이에 손발을 끈으로 묶고 입을 테이프로 붙여놓은 적도 있었으며, 칼로 찌르려고 한 적이 있다고 했다(K는 검경 수사와 공판 과정에서 가스총은 실수였고 테이프로 김성재를 묶은 일이 없으며 자신과 김성재의 관계는 아무런 문제가 없었다는 취지로 진술했다). 또한 성재의 하루 스케줄을 일일이 체크하고 김성재가 저녁에 만약 연락이 안 되면 시내의 나이트클럽을 모조리 뒤져서라도 김성재를 찾아낸 후 많은 사람들이 보는 가운데 김성재를 끌고 나오는 등 병적인 집착을 보여왔다(K는 검경 수사와 공판 과정에서 이에 대해 사실이 아니라고 부인했다).

- 김성재는 K의 이러한 점들 때문에 K와 단둘이 만나는 것을 절대 피해왔고 죽기 전에도 마찬가지였다(육미승, 진정서. K는 검경 수사와 공판 과정에서 김성재가 귀국 때 자신에게 줄 부츠를 선물로 사 왔고 귀국 이후 하루를 빼고 자신을 만났으며 미국으로 가기 전 80만 원 상당의 휴대폰을 선물하는 등 연인 관계에서 아무 문제가 없었다는 취지로 진술했다).

경찰 수사가 미덥지 않은 점도 육미승이 검찰에 진정서를 낸 이유였다. 가정주부인 육미승이 보기에도 경찰의 초동수사는 부실했다. 호텔에 남아 있던 일행들은 1995년 11월 20일 11시경 스위스그랜드호텔로 나타난 경찰이 사망 사실만 확인하고 아무런 현장 보존을 하지 않았다고 했다. 경찰은 4일 후에나 다시 나타나 김성재가 죽어 있었던 소파 뒤쪽을 한 번 뒤져보고 갔을 뿐이라고 했다.

육미승은 작성된 진정서를 들고 서울지검 서부지청으로 향했다. 안원식 검사 앞으로 진정서를 접수시켰다. 12월 4일 월요일이었다. 일본으로 출국한다는 소문이 돌고 있던 K에 대해 출금 금지 요청과 함께 그녀를 살인 혐의로 수사해달라는 것, 마약 중독자라는 오명에 휩싸인 성재의 억울한 죽음을 제대로 밝혀달라는 것이었다. 안이한 경찰 수사를 뒤바꿔놓은 육미승의 싸움이 시작된 것이었다.

출국한 이현도

그즈음, 현도는 홍콩행 비행기에 올랐다. 망가지는 그를 걱정한 주위의 배려였다. 그의 당시 회고다.

"비행기에 태워져 한국을 떠나게 된 난 홍콩에 잠시 머물다 이내 미국으로 되돌아갔다. 그때부터 내 미친 사람 같은 생활이 시작된다. 하루에 몇 끼를 먹었는지, 오늘이 며칠인지 관심조차 없었다. 그냥 정신 나간 사람처럼 멍하니 바깥을 내다보다 침대에 머릴 처박고 눈물 흘리는 게 전부였다. 눈물샘은 마르지도 않는지 눈에선 눈물이 끊임없이 흘러나왔다. 오직 성재 생각뿐이었다."(이현도, 앞의 책)

산 자를 위무하다

12월 5일 화요일, 날은 춥고 맑았다. 완연한 겨울이었다. 하늘은 팽팽해서 찢어질 듯했고 만리재를 넘어온 바람은 날카로웠다. 그날 오전 서울 공덕동의 점집에서 김성재의 진혼굿이 열렸다. 진혼굿은 망자의 넋을 불러 그에게 묻고 답함으로써 이승을 떠나지 못하는 혼을 위무하는 의례다. 그리하여 결국 산 자들이 위무 받는 자리였다.

진혼굿을 승낙하고서도 전날 육미승은 무서운 생각이 들었다. 진혼굿은 본 적도 가본 적도 없었다. 친구 진희에게 같이 가달라고 부탁했다. 육미승은 밤새 혼자 앉아 있었다.

성재 친구들과 후배들 10여 명이 진혼제에 왔다. 성재는 분명 그곳에 있었다. 무당은 듣던 대로 남자였다. 이름은 김무호라고 했다. 나이는 스물한 살이었다. 키는 성재보단 좀 작았고 머리에 브리지를 한 앳된 모습이었다. 5년 전 신 내림을 받아 PC통신 하이텔 등에서 '설도령'으로 유명세를 탔던 인물이라는 말이 떠올랐다. 작두도령에게 굿을 했던 부산의 정모 씨라는 이가 있는데 도령의 말을 듣고 3천만 원짜리 복권에 당첨된 일도 있을 정도로 용한 무속인이라고도 했다. 육미승은 자신의 책에서 그날 진혼굿을 다음과 같이 묘사했다.

성재가 아니라면 알 수 없는 것

성재의 넋으로 빙의한 무당이 먼저 큰절을 하며 말했다. 육미승은 어색해 목례했다.

"죄송해요. 엄마 말 안 들어서. 엄마한테 하얀색 벤츠 사주려고 했었는데 그만 미안하고 죄송해요. 조금 있으면 외국 가실 거죠? 엄마 외국 가면 잘 돌봐드릴게."

육미승은 경악했다. 분명 아들의 말투였다. 성재는 엄마에게 벤츠를 사준다고 입버릇처럼 말하곤 했다. 그녀를 더욱 놀라게 한 것은 이듬해인 1996년 1월로 예정돼 있던 외국 여행을 무당이 알고 있다는 사실이었다. 그때 스페인에 간다는 얘기는 그 누구에게도 한 적이 없었다. 소름이 돋았다.

무당이 둘러보더니 말했다.

"성욱이는 안 왔어요?"

무당이 성욱이의 얼굴을 어떻게 알았을까. 육미승은 어느새 아들 대하듯 대답했다.

"그래. 귀대했어."

"성욱이한테 할 말이 있었는데."

"뭔데 성재야?"

"성욱이가 모델 하면 어떠냐고 의논해왔었는데, 그때 내가…. 이 생활이 얼마나 힘든지 넌 몰라. 네가 몰라서 그래. 그런데…."

"그런데?"

"그렇게 말해줘도 계속한다고 해서 내가 한 대 때렸어. 그때 때린 거 너무 미안하다고 말하고 싶었는데. 형이 용서해달란다고 엄마가 대신 말해줘."

형제만이 아는 사실을 무당은 말하고 있었다.

"알았어. 성재야. 알았어. 엄마가 성욱이한테 얘기 잘해줄게."

그녀는 눈물을 흘렸다. 흐릿한 눈앞에 아들이 있는 것만 같았다.

"두 아들 가운데 하나면 연예인 하면 됐어. 내가 너 뒷바라지 다 해줄 테니까 넌 그냥 공부해. 내가 공부하기 싫어서 이 생활하는 줄 아냐. 나도 공부하고 싶은데 이걸 하고 있으니까 공부할 여건이 안 되는 거야."

생전에 성재는 동생 성욱에게 이렇게 말하곤 했다. 성재는 늘 공부에 대한 미련이 있었다. 고등학교 때 꿈이 치과의사였던 성재는 공부를 곧잘 했다. 석 달 바짝 공부해서 한양대 관광학과에 들어갈 정도로 머리가 나쁘지 않았다. 명지대 건축학과에 다니고 있던 동생 성욱이도 공부 머리는 있는 편이었다. 형은 자신이 포기한 공부를 동생이 계속하길 바랐다.

"근데, 성재야! 네가 못다 한 일을 성욱이가 했으면 한다는데 너는 어떻게 생각하니?" 육미승이 무당에게 물었다.

"하라고 그러세요. 어떤 면에서는 성욱이가 나보다 훨씬 잘할 수도 있을 거야. 근데 성욱이가 공부한다고 하면 끝까지 공부할 수 있도록 내가 잘 도와줄게. 엄마 하는 모든 일도 내가 다 도와줄 테니까 걱정마." 무당이 말했다.

"그래, 그래 성재야…."

친구들이 옆에서 훌쩍거렸다.

"그런데, 엄마!"

"응?"

"나 엄마한테 얘기 못 했는데 무릎이 많이 아팠어."

"그랬니?"

성재의 춤은 거저 이뤄진 것이 아니었다. 연습의 결과였다. 무릎에 무리가 가는 건 당연했다. 엄마인 그녀가 그걸 모를 순 없었다. 가장 다급하지만 가장 두려운 질문이 남아 있었다.

"그런데 성재야? 너 왜 죽은 거니? 너 어떻게 죽은 거야?"

갑자기 무당이 몸을 움직이지 못하면서 괴로워하는 시늉을 했다. 알 수 없는 무엇으로부터 고통을 당하는 모습이었다. 손가락 하나 까딱하지 못하고 뒤채였다.

육미승은 눈물을 흘렸다. '아…' 탄식을 내뱉은 성재의 친구들이 발을 동동 굴렀다.

"아, 아, 답답해. 엄마…." 무당이 겨우 입을 열었다.

울면서 육미승이 물었다.

"누가 널 죽였니?"

"○○이지."

육미승의 다리가 휘청거렸다. 옆에 있던 친구가 놀라 부축했다. 정신을 차리고 다시 물었다.

"어떻게 죽였는데?"

"주사기에 약을 넣어서."

"무슨 주사약?"

"동물에 쓰는 마취제."

동물 마취제. 진혼제에 참석한 사람들은 무당의 이 말을 똑똑히 들었다. 하지만 누구도 그 말을 믿지 않았다. 당시는 국과수 부검 결과가 알려지기 전이었다. 점집에 있던 그 누구도 성재가 죽은 원인을 알지 못하던 때였다(2019년 8월 29일 이뤄진 인터뷰에서 육미승은 훗날 무당의 말을 복기하다가 사건 1년 전께 반포동물병원에 K와 함께 갔던 기억이 났다고 했다. 자신은 K의 차 안에서 기다리고 있었고 K가 병원에 잠시 들렀다가 나왔다고 했다).

| 10화 |

재수사

| 10화 사건 관련 주요 인물 |

안원식(검사, 서부지청 형사부)

신희구(차장검사, 서부지청)

오문열(경장, 서부경찰서 형사과)

기이한 너무나도 기이한

"사건은 재수사하게 될 거고 범인은 반드시 잡힐 거야. 나도 수사를 도울 거야." 무당이 말했다.

육미승은 "그래, 그래"라며 고개를 끄덕였다. 12월 5일 화요일, 공덕동 점집에서 김성재의 진혼굿이 열리고 있었다. 무당이 다시 말했다.

"엄마, 화장해줘서 정말 고마워. 정말."

"넌 몸에 상처 나는 거 싫어하는데 당연하지. 네가 좋아하니 다행이다. 정말 다행이야."

"엄마, 마마가 좀 안 좋아. 좀 있으면 돌아가셔."

성재와 동생 성욱은 외할머니를 마마라고 불렀다. 무당은 그 호칭까지 알고 있었다.

"안 돼. 성재야. 마마까지 데리고 가면 엄만 어떻게 해?"

"엄마, 그럼 내가 약속할게. 마마는 조금 더 살 수 있게 내가 약속할게."

그때 육미승의 친정엄마는 몹시 편찮았다. 건강을 회복하기 어려울 정도로 위급한 상황이었으나 다행히 이후에 쾌차했다.

기이한 일은 그뿐만이 아니었다. 무당은 진혼제에 참석한 사람들에 대해 성재가 아니면 알 수 없는 얘기들을 건넸다. 몸이 아픈 친구에겐 "야, 너 건강이 안 좋아서 어쩌니? 걱정 마. 도와줄게"라고 했고, 사업을 하는 선배에겐 "형은 너무 스케일이 커서 탈이야. 하지만 좀 기다리면 괜찮아질 거야"라고 했다. 넘겨짚을 수 없는 구체적 언술 앞에서 성재 지인들과 육미승은 몸서리를 쳤다. 무당의 몸에 깃든 넋은 분명 성재였다고 그들은 믿었다.

그날 무당은 진혼제 내내 한쪽 구석에서 우두커니 앉아 있던 육미승의 친구, 진희 아주머니를 불러 세웠다.

"아줌마, 일어나보세요."

친구가 자리에서 일어섰다.

"아줌마, 우리 엄마랑 오랜 친구시죠? 우리 엄마 잘 보살펴주세요."

"그래, 성재야. 아무 걱정 말아라. 근데 한 가지 물어봐도 되겠니?"

"네."

"내 아들이 혹시 의가사 제대로 올 수 있겠니?"

그 친구에겐 아들이 둘 있었는데, 그때 막내가 군대에 갔던 참이었다. 천식이 심해 의병 제대를 신청한 상태였는데 그 결말이 궁금해 물었던 것이다.

"네. 와요. 1주일 후에 집에 돌아와요."

거짓말처럼 그 친구 아들은 1주일 후에 제대해 집에 왔다. 성재가 살아 있을 때, 육미승은 1996년 3월쯤 이사 갈 생각이었다. 진혼제에서 무당은 8월에 이사 간다고 말했다. 그 말 때문이었을까. 육미승은 8월에 이사 갔다.

무당이 "매니저 어디 있느냐"면서 L을 찾았다. L은 성재가 안산 한인고등학교(현 경기자동차과학고등학교)에 다닐 때 만난 친구였다. 그날 성재를 처음 발견한 사람도 L이었다.

"발견했을 땐 살아 있었는데 왜 빨리 병원에 안 데려간 거지? 그때

병원 갔으면 살았을 텐데…." 성재로 빙의한 무당이 말했다.

진혼제가 끝나고 성재의 옷가지와 소지품 등을 태우기 위해 점집 뒤란으로 갔다. 망자가 필요로 하는 물건을 태워서 저승으로 보내주는 의식이었다. 성재에게 보내주고 싶은 바지 등의 물건을 태울 때 냄새가 전혀 안 났다. 연기도 나지 않고 마치 하얀 종이가 타듯이 깨끗이 타올랐다. 가죽 제품과 플라스틱 소재였는데도 참 신기한 일이었다.

5시간 동안 치러진 진혼굿에 성재 여자친구와 L은 오지 않았다. 부검일, 국과수로 가는 차편에 자리가 없는데도 무리를 하면서까지 따라온 K였다. 이곳저곳을 다 쫓아다녔으면서도 정작 성재를 만날 수 있다는 진혼굿에는 생각해보겠다며 결국 오지 않았다. 왜 그랬을까. 바쁜 일이라도 생겼던 것일까. 왜 갑자기…. 육미승은 K를 생각했다.

진혼굿이 열리던 이날, K는 서부서에서 밤늦도록 조사를 받고 있었다. 매니저 L도 다른 장소에서 또다시 조사를 받았다.

부검 감정서를 무시한 경찰

앞서 이날 오전, 서부서는 서부지청 안원식 검사에게 제출한 유족의 진정서를 전달받았다. 국과수 부검 결과가 접수된 것도 이날이었다. 타살 가능성을 배제할 수 없다는 부검 감정서 내용은 유족의 진정서를 강력하게 뒷받침하고 있었다. 우선 경찰은 시중 동물병원을 상대로 부검 감정서에 나온 졸레틸에 대해 문의했다. 그 결과, 프랑스에서 수입한 약물로 동물 수술 시 마취 및 진정·최면용으로 사용한다는 점을 확인할 수 있었다.

이날 오후, 서부서는 출입 기자들을 상대로 국과수 부검 결과를 발표했다. 여전히 사고사에 기울어 있던 경찰은 이 자리에서 부검 감정서에 나온 타살 가능성에 대해서 큰 의미를 부여하지 않았다.

형사통 검사 안원식

같은 시각, 서부지청 안원식 검사는 전날(4일) 접수된 진정서와 이날 회신된 부검 감정서를 검토하면서 김성재 변사사건을 전면 재수사하는 것으로 가닥을 잡고 있었다. 형사부에서 잔뼈가 굵은 안원식은 본능적으로 타살 가능성이 적지 않다고 느꼈다.

당시 안원식은 치과의사 모녀 살인사건 수사로 정신이 없었다. 내과 의사인 L이 자신의 아내인 치과의사와 한 살짜리 딸을 살해했다는 혐의로 구속된 이 사건은 '한국판 O. J. 심슨 사건'이라 불리며 초미의 관심 속에 공판을 앞두고 있었다.[3]

당시 치과의사 모녀 살인사건 수사로 사무실에서 매일 밤새던 안

---

3 O. J. 심슨 사건은 1970년대 미국프로풋볼(NFL)선수로 이름을 날린 심슨이 1994년 전처 니콜 브라운과 그의 연인 론 골드먼을 살해한 혐의로 기소돼 오랜 재판 끝에 형사상 무죄 판결을 받은 사건이다. 이후 전처의 유족들이 민사소송을 제기, 민사재판에서는 유족에게 패소했다. O. J. 심슨 사건은 엄격한 증거주의 재판과 관련된 광범위한 논쟁을 불러일으키며 미국 사회는 물론 세계의 이목을 집중시켰다. 미국 범죄사의 대표적 미제 사건이다.

원식은 귀가 도중 차에서 졸아 4~5번의 접촉 사고를 냈을 정도로 일에 치여 있었다. 대형 사건을 맡고 있던 터라 안원식은 김성재 사건이 자신에게 배당될 것이라고는 예상하지 못했다. 김성재 변사사건 초기에 부검 등 수사 지휘를 했었지만, 이 사건까지 맡을 여력이 많지 않았던 것이다.

그러나 슬픈 예감은 늘 틀린 적이 없었다. 당시 서부지청 차장검사였던 신희구는 김성재 사건을 형사1부 안원식에게 배당했다. 살인사건은 형사1부, 강도나 강간 등 다른 강력 사건은 형사2부에 배당하던 원칙에 따른 것이었다. 안원식은 배려가 없는 것 아니냐고 차장검사를 찾아 볼멘소리도 했지만 결국 배당을 받아들였다. 당시 세대에게 조직의 결정을 거스른다는 것은 있을 수 없는 일이었다.

사실 안원식의 삶 자체도 큰 틀에서 모범생에 가까웠다. 서울대 법대 80학번으로 1961년 수원에서 태어난 안원식은 원래 이과를 가서 과학자가 되고 싶었는데 부모님 반대로 진로를 바꿨다. 대학에서 법철학에도 흥미를 느꼈지만, 교수 되기 어려울 거 같아 포기했다. 뒤늦게 사법시험을 준비해 1984년 10월, 26회 시험에 합격했다. 사법연수원 때는 공부를 게을리해 사시 점수보다 성적이 낮았다고 한다. 연수원 성적으로 부임지가 결정되는 상황에서 판사를 택한다면 향판(지역판사)에 지원할 수 있는 점수였다. 서울 시내에서 근무할 수 있는 검사직에 지원한 이유였다. 특수부도 거쳤지만 주로 강력부에 오래 있었다. 1997년에는 법무부 장관 표창을 받기도 했다. 2006년 2월 인천지검 형사3부장을 끝으로 공직을 떠나 현재 경북 안동에서 변호사로 활동하고 있다.

검찰의 전면 재수사 지시

한편, 서부서로부터 K와 L에 대한 출국 금지 지휘를 요청받은 안 검사는 직접 법무부에 이들에 대한 출국 금지 조치를 요청했다. 당초 유족이 제출한 진정서에는 출금 대상이 K뿐이었지만 서부서는 매니저 L도 출금 지휘 대상에 포함했고 안 검사는 법무부에 이 둘의 출금을 요청, 출금이 이뤄졌다. 경찰 수사가 시작된 지 16일 만에 수사는 다른 국면을 맞고 있었다.

마포 라인 경찰서 출입 기자로 당시 서부지청에 출입하던 조선일보 기자 문갑식은 출입처에서 흥미로운 얘기를 들었다. 가수 김성재의 타살 가능성을 배제할 수 없다는 부검 결과가 나왔고 김성재의 모친이 살해 혐의자로 아들의 여자친구를 지목한 진정서를 검찰에 제출했다는 얘기였다. 문 기자는 곧바로 회사에 이를 보고하고 기사를 썼다. 타살 의혹에 대한 첫 보도가 경찰 아닌 검찰발 기사로 나온 배경이었다. 진혼제가 열리던 12월 5일 화요일 오후였다.

서울지검 서부지청 형사부(검사 안원식)는 지난달 20일 호텔에서 잠자다 숨진 채로 발견된 인기 그룹 듀스의 전 멤버 김성재 씨(23)가 타살됐다는 의혹이 제기됨에 따라 전면 재수사에 나섰다.

(중략)

김 씨를 부검한 김광훈 국과수 법의학검시관(35)은 "김 씨의 몸에서 틸레타민(마약류)과 졸라제팜(수면제) 성분이 치사량에 이를 만큼 상당량 검출됐다"며 "최종 사인은 약물 중독"이라고 말했다. 김 검시관은 김 씨의 오른쪽 팔뚝에 28차례나 집중적으로 정맥 혈관을 따라 주사를 맞은 자국이 나타났으나 김 씨가 오른손잡이여서 왼손으로 놓을 수가 없었고 다른 사람이 정교하게 주사를 놓은 것으로 보인다는 점을 타살 가능성의 이유로 늘었다(《조선일보》, 1995년 12월 6일).

뉴스를 보고 경악한 육미승

이날, 밤늦도록 경찰 조사를 받고 귀가한 K가 김성재의 백댄서였던 김진에게 전화해 "류노아와 트리키가 마약하지 않니?"라고 물었다. 김진은 "마약하는 것을 본 적이 없다"고 말했다(김진 경찰·검찰 진술). 둘은 장례 기간 동안 자주 붙어 다닐 정도로 친해진 사이였다.

다음 날인 6일, 육미승은 뉴스를 보고 경악했다. 전날 진혼제에서 무당이 말한 동물 마취제가 부검 결과 진짜 성재의 몸에서 나왔기 때문이다. 그것은 정녕 성재의 넋이었을까. 생각할수록 기이한 일이었다(국과수 부검 결과 발표보다 먼저 진혼굿이 이뤄졌다는 사실은 당시 육미승에 대한 검찰 참고인 진술 조서에서도 확인된다. 육미승은 참고인 조사에서 12월 5일 공덕동 점집에서 진혼굿을 했다고 진술한 바 있다. 당시 수사검사인 안원식에게 진혼굿 때 나온 얘기들을 말했지만 "비과학적인 것이라 증거 채택이 어렵다"는 답변까지 들었다).

검찰의 전면 재수사 방침이 정해진 이상, 경찰은 추가 조사를 벌이지 않을 수 없었다. 12월 7일 오전, 서부서 오문열 형사는 육미승을 서로 불러 진정서를 낸 경위 등에 대해 물었다. 취재 과정에서 입수한 경찰 기록을 바탕으로 주요 문답을 정리했다.

먼저 오문열이 진정서를 낸 경위를 물었다. "(중략) 부검 결과를 기다리고 있던 중에 방송이나 언론에서 아들이 마약으로 죽었다고 여러 번 보도를 해 시청자나 독자들에게 우리 아들이 마약으로 죽은 것 같은 인상을 심어주고 아들의 죽음이 마약과 전혀 관계가 없다고 지금까지도 확신을 갖고 있는데 너무 억울해서 아들 죽음에 대해 정확한 사인을 밝히고저 진정서를 제출하게 된 것입니다."

오문열이 아들 사망에 대해 의심 가는 사람은 누구냐고 물었다. "(중략) 평소 아들이 상의 옷을 벗고 생활하는 습관이 있었는데 그날 긴팔 티를 입고 죽었다고 해 K가 아들과 거실에 단둘이 있으면서 어떤 짓을 해 아들을 죽여놓고 은폐하고 있지 않나 하는 의심을 갖게 되었습니다."

K를 의심하는 이유가 있냐는 질문이 나왔다. "제가 아들이 긴팔을 입고 죽었다는 말을 듣고 K에게 언제 성재가 긴팔 입었냐고 물었더니 K 하는 말이 약 2~3일 전부터 이상하게 긴팔을 입었다는 것이었습니다. 성재는 그런 습관이 없는데 왜 긴팔 입고 죽었을까 했더니 이상하다며 잘 모르겠다고 했는데 제가 〈추적 60분〉을 보고 그때 부검

의하는 말이 오른쪽 팔뚝 주삿바늘 자국은 약 3일 전에 맞은 것 같다고 했고 신문에는 성재가 동물에 맞는 마취제 진정제를 맞고 약물 중독사로 사망했다고 했습니다. 그런 이유로 K가 치대를 졸업해 쉽게 약을 구입할 수 있고 주사를 놓을 수 있지 않나 하는 생각이 들어 의심하고 있습니다."

의심 가는 사람이 또 있냐는 질문에 육미승은 "(중략) 그날 같이 있었던 사람들 중 K가 이야기한 부분에 다른 점이 많아 K 이외 다른 사람들은 전혀 의심을 하지 않고 있다"고 했다.

확신의 함정

한편, 타살 가능성에 대한 검찰의 전면 재수사 방침이 통보됐음에도 경찰은 여전히 사고사의 가능성에 미련을 버리지 못하고 있었다. 이날, 서부서가 서울지방경찰청장에게 상신한 변사사건 수사 보고에는 이러한 기류가 반영돼 있다. 특히 부검의 김광훈이 누군가의 말을 듣고 김성재가 오른손잡이라고 알게 되었다며 부검 결과 자체를 불신하는 듯한 모습도 보였다.

경찰은 국과수의 부검 결과에도 사고사 가능성을 포기하지 않았다. 여기엔 부검 감정서에 따라 갑자기 수사 방향을 변경하면, 그동안의 수사 오류를 인정하는 꼴이 된다는 판단도 작용한 것으로 보인다. 문제는 이러한 고집이 타살 가능성에 대한 수사를 눈감는 방향으로 작용했다는 데에 있다. 취재 과정에서 확보한 당시 경찰 내부 보고용 문건엔 사고사에 대한 확신과 함께 국과수 부검 감정서에 대한 불편한 기색마저 포착된다.

4. 종합 판단

○ 유족 측에서는 변사자의 여자친구 K가 변사자가 취침 중, 독, 극약을 주사하여 살해하였을 가능성이 있다고 주장하고 있으나,

○ 변사자와 K는 결혼을 굳게 약속한 관계로 서로 사랑하는 처지였고 오히려 변사자가 K를 필요로 한다는 것이 객관적으로 확인된 점.

○ 변사자의 동의 없이는 28개소에 주사한다는 것은 불가능하고 타살의 의사로 독, 극물을 투여할 경우 1회 치사량을 주사하는 것이 이치인 점.

○ 95. 11. 21. 부검 직후 부검의사 김광훈은 주사침흔이 28개소이고 사망 전 3일 이내 본인이 직접 주사한 것으로 추정된다고 소견을 밝힌 점.

○ 부검의사 김광훈은 사체 부검 결과 회시에 변사자가 오른손잡이로 본인이 주사하기는 어렵다고 표현한 것은 부검 직후 소견과는 모순되는 점.

○ 부검의사 김광훈이 변사자가 오른손잡이라는 것을 알고 부검 소견의 의견을 개진한 것으로 변사자가 오른손잡이라는 것을 알게 된 의문 점.

○ 부검의사 김광훈이 부검 소견의 타살 혐의를 배제할 수 없다고 의견을 개진한 것은 의외의 결과로 외부의 영향을 받았을 가능성이 있다는 점.

○ 매니저 L 및 백댄싱 그룹 5명 등은 변사자가 생존하였을 경우에만 존재할 수 있고 그들의 생존과도 밀접한 관련이 있는 점과 그간 수사한 상

황을 고려할 때 변사자가 동물의 마취, 진정, 취면 작용을 하는 '졸레틸'

을 오용한 것으로 현재까지 타살 혐의 발견치 못하였으나 변사원인 규

명을 위하여 계속 수사하고자 함. 끝.(변사사건 수사 보고, 1995. 12. 6.)

사고사에 대한 집착은 타살 가능성에 대한 수사를 소홀하게 만들었

다. 경찰은 국과수의 부검 결과가 통보된 이날(5일)에서야 호텔 복도

에 설치된 시시티브이(CCTV) 필름 입수에 나섰다. 그러나 당시 필름

위에 새로운 녹화가 이뤄져 이미 지워져버린 상태였다. CCTV 화면이

있었다면 사건은 의외로 쉽게 해결될 수 있었다는 점에서 어처구니없

는 일이었다.

| 11화 |

체포

배○○(원장, 반포동물병원)

이석채(형사과장, 서부경찰서 형사과)

여인근(경장, 서부경찰서 형사과)

동물병원장의 결정적 제보

가장 기본적인 CCTV조차 확보하지 못한 경찰은 초동수사 부실을 사고사에 대한 확신으로 대체하고 있었다. 경찰의 이런 '삽질'은 이 사건을 25년이 지난 지금까지 미제 사건으로 만든 가장 큰 원인이었다. 경찰의 섣부른 예단과 그 예단에 따른 맹목이 얼마나 한심한 결과를 낳는지, 김성재 사건 경찰 수사는 여실히 보여줬다.

경찰의 국과수 부검 결과 발표를 보도한 12월 6일자 〈동아일보〉, 〈경향신문〉 기사에서도 당시 경찰의 이러한 분위기를 엿볼 수 있다. 해당 기사들엔 출입처의 시선이 강하게 반영돼 있었다. 특히 김성재의 마약 중독사 의혹을 보도했던 〈경향신문〉은 이번엔 "김성재 씨 약물 중독사"라는 제하의 기사에서 "김성재 씨 사인은 동물 마취제를 과다하게 투여한 때문인 것으로 5일 밝혀졌다"며 "경찰은 이 두 성분이 동물 마취제에만 들어 있다는 국과수 소견에 따라 김 씨가 동물 마취제를 투여하다 치사량을 넘겨 숨진 것으로 보고 있다"고 전했다. 〈동아일보〉도 타살 가능성에 대한 언급 없이 "경찰은 이에 따라 김 씨가 이 같은 성분을 함유한 약물을 과다하게 주사, 쇼크로 인해 숨졌을 가능성이 큰 것으로 보고 있다"고 했다. 당시 경찰의 달라지지 않은 수사 방향을 확인할 수 있는 대목이다.

삽질 속에서도 변화는 극적으로 찾아왔다. 12월 7일 목요일 오후, 한 남자가 반포파출소에 전화해 제보할 것이 있다고 말했다. 경찰 수사의 방향을 넘어 한 사람의 삶을 뒤바꿔놓은 결정적 제보였다. 그는 반포동물병원상 배○○(당시 32세)이었다. 반포파출소는 관할 서부서 형사과로 제보자를 연결해줬다. 배○○의 제보는 충격적이었다.

그는 평소 애완견 치료 차 병원에 드나들던 K가 자신의 병원에 와 "애완견이 갑자기 똥, 오줌을 가리지 못하는 치매증 상태로 괴로워서 볼 수가 없어 안락사를 시켜야겠다"고 해 K에게 동물용 마취제인 프랑스제 수입품 졸레틸50(분말과 희석액 각 1병씩) 1세트 및 황산마그네슘 7g과 주사기 2개(3cc용) 등을 3만 원에 판매했다면서, 12월 1일에는 K가 찾아와 이런 사실을 경찰에 알리지 말아달라고 부탁했다고 했다. 이 자리에서 K가 자신에게 부검하면 졸레틸 성분도 나오느냐고 먼저 물었다고 배○○은 말했다. K가 김성재의 애인이라는 이유로 곤경에 빠질까 두려워 자신에게 이 같은 부탁을 했다고 생각한 탓에 대수롭지 않게 여겼다던 배○○은 김성재의 몸에서 졸레틸이 발견되었다는 뉴스와 신문 보도를 보고 놀란 나머지 신고를 결심하게 됐다고 했다.

성재 몸에서 나온 동물 마취제 졸레틸을 여자친구인 K가 자신의 동물병원에서 사 갔고, 이후 자신을 찾아와 이를 경찰에 알리지 말아달라고 했다는 배○○의 신고는 K를 김성재 살인사건의 유력 용의자로 만든 가장 강력한 이유였다.

동물병원장을 만난 여자친구

취재 과정에서 확보한 K와 배○○의 경찰·검찰 진술을 바탕으로 앞선 12월 1일 K와 배○○이 만나 나눈 대화 내용을 재구성했다.

"선생님, 저 잠깐 만나 뵙고 말씀드릴 게 있는데요."

K가 수화기 너머 한 남성에게 말했다. 여의도 S아파트 부근 공중전화 박스였다.

"누구시죠?"

"만나면 누군지 알 겁니다."

그날 저녁, K는 서초구 반포동 반포현대레저타운 1층 현관 앞에서 누군가를 기다렸다. 시계는 7시를 가리키고 있었다. 레저타운 앞으로 한 남자가 걸어왔다. 그는 반포동물병원장 배○○이었다(배○○은 경찰 조사에서 12월 1일경에 K를 만났다고 진술. K도 경찰 조사에선 12월 1일이라고 했다가 이후 검찰 조사에선 11월 28일이라고 진술 번복함).

배○○이 K를 알아봤다. 서초구 반포동상가 M-14에 있던 자신의 병원에 몇 번 온 적 있던 손님이었다. 인사를 나눈 두 사람은 근처 벤치에 향했다. K가 말했다.

"듀스 사건 신문에 난 것 아세요?"

"아, 알지요."

"제가 실은 듀스 김성재 애인이에요. 자꾸 의심을 받고 있는 것 같아요. 제가 그때 약하고 주사기 사 간 것 아세요?"

"모르겠는데…."

"제가 왜 강아지 안락사시킨다고 사 갔잖아요. 네?"

"아…, 생각이 나네요."

"만약이라도 형사들이 물으면 그냥 안 팔았다고 좀 해주세요."

"아이, 뭐 그거야 부검하면 다 나오는 거 아니에요."(K 진술)

"부검하면 졸레틸 성분 같은 것도 나오나요?"

"다 나오겠죠."(배○○ 경찰·검찰단계 진술)

다시 배○○이 물었다.

"바니(K의 개)는 안락사시켰어요?"

"안 죽였어요."

"그럼 그때 그 약을 뭘 하려고 산 거예요?"

"사실은 제가 안 좋은 일이 있어서 자살하려고 샀는데 할머니에게 들켜서 빼앗겼고 할머니가 약과 주사기를 버렸어요."(배○○ 경찰·검찰 단계 진술)

이날 배○○은 K가 난처한 상황에 처했다고 생각해 "알았다"고 하면서 그녀의 부탁을 대수롭지 않게 여겼다(배○○ 경찰·검찰 단계 진술).

K가 배○○에게 자신이 동물 마취제를 사 간 사실을 숨겨달라고 한 12월 1일은 김성재 몸에서 동물 마취제가 검출됐다는 내용의 국과수의 부검 결과가 서부서에 아직 접수되기 전이었다. 따라서 그 내용을 국과수 관계자가 아닌 일반인들은 알 수 없던 시점이었다. 이는 K가 최소한 김성재의 몸에서 졸레틸 등의 물질이 검출될 것을 미리 알고 있었다는 얘기가 된다. 자신이 주사를 놓았거나 놓는 것을 보지 않는 한 알 수 없는 사실이었다(이에 대한 K 반박은 공판 과정에서 계속 이어진다).

긴급 체포된 여자친구

배○○의 신고를 접수한 경찰은 즉시 K에 대한 신병 확보에 나섰다. 형사과장 이석채는 여인근 경장과 경찰들을 K의 자택인 서울 여의도 S아파트로 급파했다.

당시 경찰은 K가 형사소송법상 긴급 체포 요건에 해당된다고 판단했다. 형소법에서는 검사 또는 사법경찰관은 피의자가 사형·무기 또는 장기 3년 이상의 징역이나 금고에 해당하는 죄를 범했다고 의심할 만한 상당한 이유가 있고, 증거를 인멸할 염려가 있거나 도망 또는 도망할 염려가 있는 경우에, 긴급을 요해 지방법원 판사의 체포영장을 받을 수 없는 때에는 그 사유를 알리고 영장 없이 피의자를 체포할 수 있다고 규정하고 있다. 단, 긴급 체포는 48시간만 유효했다. 그 안에 구속영장을 청구해야 했다. 경찰이 자신의 수사 역량을 입증해야 할 시간이었다.

저녁 6시 25분. 경찰이 자택에서 K를 긴급 체포 했다. K는 피의자 신분으로 전환됐다. 긴급 체포 당시 K는 배○○의 제보 내용에 대해 완강히 부인했다. K의 자택을 수색했지만 범죄와 관련된 증거물을 찾지 못한 경찰은 K를 서부서 형사과로 압송한 뒤 곧바로 배○○과의 대질 신문을 진행했다. K는 대질 신문에서 졸레틸과 황산마그네슘 및 주사기 등을 구입한 사실을 거듭 부인하다 4시간 만에 결국 배○○의 제보 내용이 맞는다고 시인했다(서부경찰서장에게 상신한 수사 결과 보고, 1995년 12월 15일).

대질 신문 시 4시간 동안 부인을 하고 결국 시인하게 된 상황에 대해 K는 다음과 같이 진술했다.

"시간 개념도 그때 제게는 없었고 그 상황에 계셨다면 어느 누구도 그 믿기지 않는 사실들에 대해 선뜻 이해가 되지 않았을 겁니다. '이년이 사람 여럿 죽일 년이군', '넌 살인자야', '이게 성재 몸속에서 나왔고 니가 샀으니까 넌 살인자야', '넌 살인자야 그러니까 아니라고 하는 거지' 너무도 무서웠습니다. 사랑하는 사람이 죽었다는 정신적인 충격에서 벗어나기도 전에 주변 사람들로부터 미친 사람 취급에 지금은 성재 몸속에서 약 이름도 기억나지 않는 버린 약 이름을 얘기하며 '넌 살인자'라는 말들… '내가 뭘 잘못했지', '왜 이 사람들이 이럴까' 약을 보여줬을 때도 저는 기억이 잘 나지 않았습니다. 9월 초 한 번 병원에서 언뜻 보고 봉투에 담아와서 버린 약이 기억날 리 없지요. 그러다 반포동물병원 원장이 이해가 되지 않았습니다. 이 사람은 내가 그럴 사람이 아니라는 것을 믿는 거야. 아니면 이 사람은 정말 ○○(식별 안 됨)에게 사주를 받고 있는 게 아닐까. 등등 너무나 혼란스러웠습니다. 결국 나는 약을 버렸고, 나랑 성재랑 아무 상관이 없으니까 정말 나는 성재를 죽이지 않았으니까 시인을 할 수 있었습니다."(K 진술)

반포동물병원장인 배○○을 만나 부검에 대해 먼저 물은 일이나, 경찰에게 비밀로 해달라고 한 대목에 대해선 다음과 같이 반박했다.

"부검에 대해 물은 것은 성재가 마약으로 죽었다고 저는 생각했기에 그 분도 의사니까 할 얘기도 없고 해서 물어봤습니다.

마약이 성재 몸에서 나오면, 성재가 마약으로 죽었다면 그의 명예나 저의 명예나 땅에 떨어지기 때문에 물어본 것입니다. 그 수의사는 저번 진술 시 '라디오에서 듣고서야 마취약 판 것이 기억이 났다'고 했습니다. 제가 만약 그때 약물에 대해 얘기했다면, 계속 기억하고 있었을 겁니다. 저도 기억 못한, 언뜻 보고 (병원에서) 버린 약에 대해 얘기를 했더라면 기억 못하실 리 없습니다. 저는 다만 주사기 샀던 사실 때문에 그분을 찾았고 그분께 그런 말을 할 수 있었던 것입니다. 사람을 죽이고 찾아 갔다면 저는 사람도 아니며 그분께 그렇게 부탁도 안 했을 것 같습니다. 정말 저는 순수한 뜻에서 그냥 찾아갔던 거였고 아무 생각 없이 던진 말들이 이런 결과를 초래하리라고는 상상도 못했습니다.

(중략)

정말 그들 말대로 ○○이라면 돈이라도 줬어야 할 사람이고, 그 사람을 협박이라도 했어야 했습니다. 저는 은폐하려 한 기억도 없으며 은폐할 이유도 없으며 그냥 순수한 뜻에서 그를 만났습니다. 제 모습 또한 그분 께는 그렇게 보였을 겁니다."(K 진술)

배○○과 K 중 누구의 말이 맞을까. 이날 밤, K는 서부서 유치장에 수 감됐다.

K를 체포한 다음 날인 12월 8일. 경찰은 김성재를 살해한 혐의로 김성재 여자친구인 K를 긴급 체포 했다고 발표했다. 체포는 7일에 이뤄졌지만 8일 발표가 되면서 9일자 신문에 체포 소식이 실리게 됐다.

경찰은 "K가 범행 당일 텔레비전 쇼 프로그램 출연으로 피곤해하는 김성재 씨에게 피로 회복제라고 속인 뒤 동물용 마취제를 김 씨의 오른팔에 28회 주사해 약물 중독으로 숨지게 했다"고 밝혔다. 또 "K가 지난 11월 초 서울 서초구 반포동물병원에서 동물용 마취제 1세트, 황산마그네슘 7g과 1회용 주사기 2개 등을 구입한 것으로 나타났다"며 "이 마취제 성분이 김성재 사체에서 발견된 성분과 같다"고 했다.

이날은 토요일이었다. 〈한겨레〉, 조·중·동 등 주요 일간지가 일요일자 신문에 K 긴급 체포 소식을 대서특필했다(당시는 기자들이 토요일에 출근해 일요일자 신문을 만들고 일요일에 쉬는 시스템이었다. 따라서 대부분의 일간지들은 월요일자 신문을 발행하지 않았다). 김성재를 살해한 범인이 여자친구라는 경찰 발표에 듀스 팬들과 연예계는 또 한 번 큰 충격에 빠졌다.

"약품은 치과의사 국가고시에 떨어진 뒤 좌절감에서 자살하려고 샀던 것으로 곧바로 동네 쓰레기통에 버렸어요."(K 언론 인터뷰)

이날 서부서 형사과에서 K와 출입 기자들의 일문일답도 이뤄졌다.

1995년 당시 경찰서 출입 기자들은 주요 사건 피의자와 직접 문답을 할 수 있었다. 취재 편의를 위한 관행이었는데 피의자 인권 보호가 강화된 현재는 불가능한 취재 방식이다. 언론이든 경찰이든 시대변화를 거스를 순 없었다.

이때 K는 범행 사실을 강력히 부인했다. 그녀는 "1993년 9월 서울 강남구 젬마나이트클럽에서 처음 성재 씨와 만난 뒤 서로 결혼을 약속할 만큼 아주 사랑하는 사이였고 그가 헤어지자는 말을 한 적도 없다"며 "사건 당시 김 씨가 잠든 것을 보고 곧바로 호텔을 나왔다"고 주장했다. 또 "범행을 저지를 이유가 없는데 경찰이 물증도 없이 표적 수사를 벌이고 있다"고 했다. 냉정하고 조리 있게 자신의 결백을 주장한 것이다.

이날 한겨레 사진기자 윤운식도 그 현장에 있었다. 25년이 지났지만 그날 본 K를 아직 생생히 기억하고 있다. 2020년 5월에 이뤄진 인터뷰에서 윤운식은 다음과 같이 말했다.

"20대 처녀가 애인 살해 혐의로 체포됐으면 당황하거나 긴장할 법도 한데 별로 그렇지가 않더라고. 또박또박 자신의 주장을 얘기해 놀랐지. 기자들 질문에 '내가 성재 씨를 왜 죽였겠어요?'라며 하나하나 반박하더라니까. 일반 피의자들은 전부 고개를 숙이고 앉아 있잖아. 죄송하다고 그러고. 그런데 조목조목 부인하니까 굉장히 인상적이었지. 겉모습은 앉아 있어 잘 모르겠는데 키는 한 160cm 중반대였던 거 같고 얼굴을 모자와 목도리로 가리고 있어서 그런지 예쁘장해 보였어."

1995년 12월 8일, 윤 기자가 찍은 K 사진은 아직 한겨레 데이터베이스에 남아 있다. 그녀의 나이는 스물다섯 살이었고 체구는 상당히 마른 편이었다.

경찰서와 법정에서 당시 사건을 취재했던 기자들이 미모의 여성으로 기억하고 있던 K는 전북 ○○에서 약국을 운영하는 부모와 초등학교 5학년 때부터 떨어져 살았다. 당시 기사들을 보면 K가 어렸을 때부터 피아노와 바이올린을 배웠고 특히 바이올린 솜씨는 수준급이었다고 한다. 학교 성적은 늘 상위권을 유지했고 교우 관계도 원만했던 것으로 알려졌다.

긴급 체포 이후 돌변한 경찰

당시 경찰은 K가 범인이라는 확신에 차 있었다. 김성재 사인을 환각성 약물 투약에 의한 사고사라고 믿었던 그 모습 그대로였다. 전광석화와 같은 태도 변화였다.

언론은 K 긴급 체포를 보도하면서 초동수사에 실패한 경찰을 비판하는 해설 기사를 함께 실었다. 유족의 요구에 마지못해 재수사에 나섰다가 결정적 제보를 받고 피의자를 검거했다는 내용이었다. 경찰은 초동수사부터 면밀하게 진행해왔고 유족의 요청을 받고 재수사에 들어간 것이 아니라 처음부터 자·타살 병행 수사를 해왔다고 해명했다. 그러나 이는 사실과 달랐다.

K가 긴급 체포 되기 반나절 전인 7일 오전, 이틀 연속 조선, 동아 등 주요 일간지에 타살 가능성이 잇따라 제기되자, 경찰은 내부 보고용 해명 자료를 만들었다.

"매니저 및 애인 K 등이 주사자국을 보지 못했다고 주장하고 있으나 이는 변사자의 약물주사를 도와주었을 가능성에 대한 추궁을 피하기 위한 진술로 추정됨.

(중략)

애인 K는 변사자와 결혼을 약속한 사이이고 (중략) 외부 침입 흔적 전혀 없는 점 등을 종합할 때 변사자는 약물을 오용해 사망한 것으로 추정되나 누군가 변사자의 약물 주사를 변사자의 동의하에 놓아주었을 가능성 및 타살 가능성에 대해서도 계속 수사 중임."(형사과 보도 사건 진상 보고, 1995년 12월 7일)

체포 전까지 경찰은 여전히 사고사에 방점을 찍고 있던 것이다.

| 12화 |

물증

| 12화 사건 관련 주요 인물 |

박영목(변호사, K의 변호인)

이석채(형사과장, 서부경찰서 형사과)

강석환(형사계장, 서부경찰서 형사과)

안원식(검사, 서부지청 형사부)

4시간의 대질 신문

경찰이 기자들에게 김성재 여자친구의 긴급 체포 소식을 전하던 시각, 배○○은 컨디션이 좋지 않아 병원을 찾았다. 전날 경찰 신고에 이어 K와 4시간 동안 대질 신문을 받은 일로 극도의 피로감을 느낀 탓이었다. 병원에 다녀온 그를 〈일간스포츠〉가 인터뷰했다. 배○○은 인터뷰에서 "옳고 그른 것은 가려야 한다는 믿음으로 신고했다"면서도 "착잡하다"고 했다. 다음은 인터뷰 전문이다. 12월 8일 금요일이었다.

-제보를 결심하게 된 계기는?

지난 1일 저녁 6시 45분께 김 양이 병원으로 전화를 한 뒤 밖에서 만나자고 했다. 현대레저타운 앞에서 만나 얘길 들었다. 자신이 바로 김성재의 여자친구 K양이라고 밝힌 뒤 불리한 상황에 처했다고 털어놓았다. 1개월 전쯤 가져간(배○○은 1심 공판과정에서 K에게 졸레틸 등을 판매한 시기를 9~10월로 번복함) '졸레틸'은 자기 할머니가 버렸다고 해서 별다른 의심은 품지 않았다. 그러나 이후 신문·방송 보도를 유심히 지켜보다 국과수 검사 결과에 졸레틸이란 약명이 처음 나온 것을 보고 곧바로 반포파출소에 신고했다. 김 양이 찾아오지만 않았어도 무심코 넘겼을 것이다.

- 김 양이 졸레틸을 구입한 시기와 이유는?

지난 10~11월 초라고 기억된다(배○○은 1심 공판 과정에서 K에게 졸레틸 등을 판매한 시기를 9~10월로 번복함). 8~9세가량의 노쇠한 자기집 애완견(슈나우저종)을 안락사시켜야겠다며 약을 요구했다. 4년 전부터 우리 병원에 다닌 김 양이 치의학을 전공한 것을 알고 있었으므로, 처음엔 황산마그네슘만 권했다. 일반인에게는 절대 판매하지 않는 약품이지만 안락사용으로 황산마그네슘 티스푼 2개 분량을 주고 이어 개의 큰 몸집을 고려해 5mg짜리 졸레틸 1병(증류수 포함)과 주사기 2대를 줬다. 졸레틸 0.1mg은 체중 1kg당 마취량에 해당한다.

– 현재 심정은?

옳고 그른 것은 가려야 한다는 믿음으로 신고했다. 착잡하다. 며칠간 쉬어야겠다.

이날 서부서에서 K와 대질 신문을 받은 육미승은 K를 보고 놀랐다. 평상시 화장한 얼굴과 너무 달랐기 때문이다. 평소에 자신을 어머니라고 부르며 따랐던 K였지만, 그날따라 인사도 하지 않았다고 한다. 자신을 성재 엄마라고 부를 땐 어이가 없었다고 했다(육미승, 경찰 단계 진술서).

대질 신문을 마친 육미승은 국과수 부검 당일, K가 자신에게 했던 말이 갑자기 떠올랐다고 했다. 그날 K가 검사에게 돈 줘서 부검 결과를 심장마비에 의한 자연사로 하라고 했다며 이 얘긴 유족 대표로 국과수에 간 신문호도 함께 들었다고 했다. 이날 육미승은 이 내용을 자필 진술서로 작성, 경찰에 제출했다(2심 재판부는 이날 K가 했던 말은 사실이지만, 이는 육미승이 먼저 부검을 반대했기 때문에 이에 동조한 발언이라고 봤다).

경찰 출신 변호사 선임

육미승이 서부서 자술서를 제출하던 시각, 변호사 박영목은 한 통의 전화를 받았다. 서대문 수사과장으로 있던 후배였다. 후배는 아는 사람의 자식이 억울하게 누명을 썼다며 변호를 좀 맡아줄 수 있겠냐고 물었다. 그러면서 듀스 김성재 사건을 아느냐고 했다. 박영목은 신문 보도를 통해 이 사건을 흥미롭게 지켜보던 중이었다. 후배는 그 사건 피의자가 아는 사람 딸이라며 부모님을 사무실로 보낼 테니 잘 좀 해달라고 했다. 이윽고 K의 부모가 서울 서초동에 있는 박영목의 사무실을 찾아왔다. 구속 소식을 듣고 부랴부랴 상경한 이들은 전북 ○○에서 오랫동안 약국을 운영해온 약사 부부였다. 특히 엄마 고기점은 약독물학을 알고 있는 약사라는 점에서 훗날 딸의 공판 과정에서 졸레틸과 관련된 논문을 찾아내는 등 결정적인 역할을 했다. 박영목을 만난 고기점이 딸을 살려달라고 애원했다. 박영목은 수임계를 작성했다.

박영목은 경찰 출신 변호사였다. 서울대 다닐 때 행정고시와 사법고시를 연달아 붙은 뒤 경찰에 투신했다. 당시는 영등포서 수사과장을 끝으로 경찰 생활을 접고 변호사로 개업한 지 6개월 되던 무렵이었다. 경찰 수사 단계에서 경찰 출신 전관 변호사가 수임된 것이다.

박영목은 곧바로 유치장에 구금돼 있던 K를 만나러 서부서로 향했다. 당시 서부서장은 김판근 총경이었다. 인사할 겸 서장실을 찾았더니 이석채 형사과장과 강석환 형사계장이 와 있었다. 같은 경찰 출신이라고 수사팀과의 안면 틀 자리를 만들어준 김 총경의 배려였다고

박영목은 기억한다. 서장은 직원들을 시켜 그 자리에 K를 데려오라고
했다. 그 자리에서 이석채 과장이 K를 회유했다. "니가 죽였지? 내가
보니까 증거도 많고 또 죽일 만해. 얼른 인정하고 감형받자."

박영목은 이날 K를 따로 면회했다. K는 김성재를 죽이지 않았다며
결백하다고 주장했다. 박영목은 K에게 김성재와 사귀게 된 경위부터
사건과 관련 내용 일체를 자필 진술서로 작성하도록 했다. 사건 전모
를 파악하기 위함이었다.

경찰, 구속영장 청구

12월 9일 토요일 11시 35분.

긴급 체포 만료인 48시간을 7시간 앞둔 시점. 서부서는 살인 혐의
로 K에 대한 구속영장을 서울지검 서부지청에 요청했다. 구속영장 청
구서에는 다음과 같은 범죄 사실이 적시됐다. 주요 내용만 간추렸다.

피의자는 1995년 2월 초순경 D대학교 천안캠퍼스 치과대학 본과를 졸업

하고 1995년 1월경 치과국과고시에 불합격해 1996년 1월경에 실시 예정인

치과국가고시를 준비하고 있는 자로서, 1993년 9월경 강남구 소재 '젬마

나이트클럽'에 놀러갔다가 웨이터 소개로 당시 '듀스'라는 예명으로 듀엣

가수 활동을 하던 김성재를 알게 돼 수 회 만나는 도중 서로 사랑하게 되

었고, (중략)

1995년 7월 20일, 김성재가 '듀스'를 해체하고 미국으로 건너간 후 두 사람의 처지가 소원해졌고, 매일 1~2회씩 미국에 있는 김성재에게 전화를 하면서 관계 복원을 시도했으나, 김성재의 소극적인 태도로 사랑이 멀어져가고 있음을 느끼게 됐고, 김성재가 자기를 버리려고 하는 데 대해 응징하겠다는 범의를 키워오다 급기야 머지않아 귀국하게 될 김성재를 살해할 생각을 갖고, (중략)

미리 준비해두었던 '졸레틸'과 황산마그네슘 및 주사기를 소지하고 살해 기회를 노리던 중, 마침 김성재가 1995년 11월 19일 17:00경 에스비에스 생방송 티브이 가요 20 프로에 출연 후 피의자에게 전화하여 서울 강남구 압구정동 케이에프씨 켄터키치킨에서 저녁 식사를 마치고, 동일 21:00경 김성재 숙소인 서울 서대문구 홍은3동 201의 1 소재 '스위스그랜드호텔' 별관 57호에 임하여 (중략) 익일 01:00경 김성재 일행들은 각각 자기 침실로 돌아가고 평소 피해자 김성재가 취침하는 거실 소파에 피해자와 피의자 단둘이 남아 있던 기회를 이용해 익일 01:30경 피로에 지쳐 있는 피해자 김성재의 오른팔에 1차 주사하여 마취시킨 후, 계속 27회 주사해 독살하고 피해자가 사망한 것을 확인 후 03:00경 그곳을 빠져나와 도주한 자로 증거 인멸 및 도망의 염려가 있는 자임.

서부지청의 안원식 검사는 서부서가 낸 청구서를 바탕으로 곧바로 서울지법 서부지원에 구속영장을 청구했다.

안원식은 사체에서 발견된 졸레틸을 반포동물병원장 배○○으로부터 K가 구입한 점, 이를 배○○에게 숨겨달라고 한 점, 평소 김성재에게 집착적인 행동을 한 점 등을 볼 때 혐의가 충분히 소명됐다고 판단했다.

그러나 주사기와 졸레틸 약물 등 피의자가 김성재에게 주사했음을 입증할 직접 증거는 제시되지 못했고 피의자가 혐의를 강력하게 부인하고 있는 점 등을 볼 때 구속영장이 기각될 가능성도 전혀 없다고는 할 수 없었다.

그날 오후, K는 서부서 유치장에서 영등포구치소로 이감됐다. 관할 서울지법 서부지원은 혐의가 소명되었다고 판단, K에 대한 구속영장을 발부했다.

서부서는 보강 수사를 통해 피의자를 상대로 설득 자백을 유도하는 한편, 압수수색 영장을 발부받아 K의 여의도 자택을 재수색할 계획을 잡고 있었다. 또 매니저, 백댄싱팀, 호텔 관계인 등을 상대로 계속 탐문, 증거를 확보하기로 했다. 호텔 쓰레기의 처리와 관련해서도 당일 청소부 등을 상대로 계속 수사를 벌이기로 했다.

언론의 싸늘한 반응

K의 구속으로 경찰은 쾌재를 불렀지만, 언론의 반응은 싸늘했다. 언론은 경찰을 연일 강도 높게 비판했다. 초동수사 실패로 물증 확보에

실패한 데다, 피의자를 검거한 것도 수사가 아닌 결정적 제보로 얻어 걸린 형국이었기 때문이다. 주요 일간지들은 물증 없이 심증과 정황만으로 구속이 이뤄졌다며 향후 치열한 법정 공방이 벌어질 것이라고 예상했다. 혐의 입증 자체가 쉽지 않을 것이란 전망도 적지 않았다.

언론의 우려는 타당한 측면이 있었다. 사실 김성재 사건은 '심증은 있지만 물증이 없는' 대표적인 사례였다. 피의자가 주사를 놓았을 정황은 있지만 직접 증거나 목격자는 없는 상황이었다. '의심스러울 땐 피고인의 법익으로!' 대한민국 형사사법의 대원칙이었다. '아홉 명의 범인을 놓치더라도 한 명의 억울한 이를 만들지 말라'고 법관들은 사법연수원에서 배웠다. 여기에 사법부의 전반적 분위기도 엄격한 증거재판주의로 이동하고 있었다. 이러한 기류는 상급심으로 갈수록 더 짙게 나타나고 있었다.

특히 '듀스 수사, 물증 확보가 열쇠'라는 제하의 〈중앙일보〉 사설은 당시 사법부의 이러한 경향을 포착하고 있었다. 중앙 일간지 가운데 유일하게 김성재 사건으로 사설을 쓴 〈중앙일보〉는 물증 확보가 되지 않을 경우 법원에서 '심증은 가나 물증이 없다'는 이유로 무죄판결이 내려질 수도 있음을 시사했다. 징후적이었다. 사실상 김성재 사건의 역사적 의미를 미리 짚은 것으로 과학·물증 수사의 중요성과 그것을 위한 수사 기관의 쇄신이 필요하다는 점을 내다본 셈이었다.

실제 당시 경찰은 과학 수사와 거리가 멀었다. 국과수 부검 감정서 통보를 받은 이후에도 서부서는 생소한 동물 마취제 졸레틸의 환각성 여부에만 신경을 곤두세우는 모습을 보였다. 이때까지도 경찰은 '타살 가능성은 1%'라며 '본인이 약물을 주입하지 않았더라도 최소한 동의를 얻은 다른 사람이 주사했을 것'이라는 판단을 굽히지 않았다. 자기 확신의 함정이었다. 그러나 동물병원장 배○○의 결정적 제보로 상황은 완전히 뒤바뀌게 됐다. 경찰로서는 뼈아픈 대목이 아닐 수 없었다.

경찰 초동수사가 부실했던 한 원인에는 1995년의 시대적 한계도 분명 작용했다. 그때는 장비, 인력이 부족했고 과학 수사 개념이 본격 도입되기 전이었다. 특히 변사사건 처리와 관련해서도 당시엔 기본적인 규칙조차 마련돼 있지 않았다.

변사사건 처리 규칙은 2019년 3월에야 경찰청 훈령으로 제정됐다. △ 변사사건 처리 과정에서 변사자와 유족 등의 명예가 훼손되지 않도록 유의, △ 변사사건 현장에 출동한 경찰관은 현장 감식, 유족 조사, 검안, 주변 CCTV 확인, 목격자 탐문 등 객관적인 자료로 폭넓게 수사, △ 타살 의심이 드는 변사사건이나 부검 고려 사건이 발생했을 때 검시 전문 인력이 변사사건 발생지에 나와 검시하도록 요청하라는 등의 내용이 담겼다. 하나같이 김성재 사건 초동수사에서 필수적으로 요구받던 사항들이었다.

역설적으로 김성재 살인사건은 경찰 수사 전반에 과학 수사가 뿌리내리는 계기가 됐다. 이러한 상황을 감안하더라도 경찰의 초동수사 실패가 김성재 살인사건을 또 하나의 미제 사건으로 만든 가장 큰 원인이었음을 부인할 순 없었다.

기자 회견을 자청한 K 어머니

경찰의 부실한 초동수사에 대해, 피의자 부모도 할 말이 많을 수밖에 없었다. 딸을 면회한 뒤 무죄를 확신한 K의 어머니 고기점이 변호사 박영목과 함께 마포서 기자실에서 기자 회견을 자청한 이유였다. 12월 11일 월요일 오후였다. 기자실엔 마포서 출입 기자들이 대기하고 있었다. 이 자리에서 박영목은 유족과 변호인이 의심하는 진범에 관한 이야기를 기자들에게 흘렸다. 사건 이후 미국으로 돌아간 흑인 백댄서에 대한 의혹도 아울러 제기했다.

여러 정황으로 볼 때 평소의 트러블 등으로 인해 의심 가는 부류가 있기는 하지만 매우 예민한 부분이기 때문에 이 자리에서 밝힐 수는 없음을 양해해주십시오. 또 현장에 함께 있었던 흑인들은 조사를 안 한채 그다음 날 바로 출국하게 한 것도 문제라고 생각합니다. 이번 사건과 관련이 있는 마약 언급 녹음 테이프도 법정에 증거로 제출하겠습니다. 따라서 ○○양이 무죄임을 확신할 뿐 아니라 김성재 사망 현장에 있었던 다른 사람들을 제외하고, 약물 성분이 우연히 일치한 사실로 K양만 구속 수사를 하는 것은 옳지 않으므로 12월 18일 구속적부심을 신청할 것입니다(박영목,《물살을 가르며》, 초록문화, 1998).

이어 K의 엄마 고기점이 말했다. 그는 딸을 향한 의혹을 하나하나 쟁점별로 방어하기 시작했다.

○○이 사건 현장에 있었고 국립과학수사연구소에서 발표한 약물 일부와 ○○이 구입한 약이 일치하며, 약물을 구입한 동물병원 의사를 만나 사 갔다고 말하지 말라고 했다는 3가지 사실로 경찰이 ○○에게 혐의를 두고 있는 것은 이해할 수 있습니다. 그러나 몹시 의심 가는 부분과 사실이 아닌 부분이 엉뚱하게 왜곡되고 있는 이유를 풀어야 합니다. 성재와 ○○이 계속 만나왔고 성재는 검은 부츠(육미승 쪽은 이 부츠는 백댄서들의 부츠와 같은 것이라며 K가 돈을 준다며 하도 선물을 사 오라고 해서 백댄서들의 무대 의상을 사면서 함께 산 것이라고 반박했다. 그 사실을 알고 K는 부츠를 신지 않았다고 주장했다)를 선물로 건네 오는 등 사이가 좋았기 때문에 상대방을 살해할 만한 아무런 심리적 동기가 없습니다.

| 13화 |

엄마 vs 엄마

"치사량이 될 수 없다"

딸에 대한 고기점의 변호는 이어졌다.

지난해 8월 말경 폐렴에 걸린 애완견 '샬랄라'를 치료하기 위해 동물병원에 다니던 중 샬랄라가 죽었다는 소식에 울고 돌아온 ○○이 국가고시 시험에서 낙방. 인생에서의 첫 실패로 괴로워하며 죽고 싶다는 말을 자주하던 시기인 만큼 자살을 시도하기 위해 졸레틸을 구입했던 것입니다. 그 무렵 샬랄라를 안락사시키는 게 좋겠다는 수의사의 진단이 있었던 터였습니다.

약 구입 시기에 대해 반포종합동물병원장은 11월이라고 진술했으나 ○○은 9월 말이라고 말했습니다. ○○은 그때 동물병원에 찾아가 '선생님! 강아지 안락사 약 주세요'라고 요청해 졸레틸 2병(배○○은 분명 2병들이 '졸레틸50' 1세트를 팔았다고 경찰에 진술했다. 고기점의 2병 발언은 2병들이 1세트에 대한 착오가 아니면 K의 진술을 그대로 옮긴 것일 수 있다. 이 상황을 기록한 박영복의 오기일 가능성도 있다), 황산마그네슘, 주사기 2개를 3만 원에 구입했습니다. 그걸 가지고 집에 돌아와 옷장 밑에 놓고 죽을까 생각하던 끝에 엄마, 아빠 생각도 나고 세상에 대한 미련도 남아 그다음 날 바로 버렸습니다. 청소차들이 실어 운반하는 녹색 쓰레기통에 버렸기 때문에 찾고 싶어도 찾을 수 없어 안타깝습니다.

○○이 가스총으로 성재를 위협했다는 것 역시 거짓말입니다. 그랜저를 구입한 뒤 고급차를 타고 다니면 부유층으로 보기 때문에 보호용 가스

총을 구입해 사용법을 알려주는 과정에서 일어난 오발사고였습니다.

사건 당일 김성재는 긴팔 옷을 입고 잤습니다. 증거 필름을 통해서도 확인할 수 있습니다.

듀스의 전 멤버인 이현도가 SBS를 통해 '○○이 묶어놓는 바람에 비행기를 못 탄 적이 있었다고 성재에게 들었다'는 내용도 사실과 전혀 다릅니다.

우리 가족은 살인 누명을 감수할 수 없습니다. ○○은 집 안에서 기르는 붕어 한 마리만 죽어도 양지 바른 곳에 묻어주고 기도한 후 돌아오는 착한 아이였습니다. 애완동물을 너무너무 좋아하는 아이가 살인을 했다는 건, ○○를 범인으로 몰고 가기 위한 계획적 의도에서 나온 것 같습니다(박영목, 앞의 책).

이때 박영목이 경찰 수사의 맹점을 집중적으로 파고들었다.

증거로 볼 때 졸레틸 5cc는 치사량에 해당하지 않는 것으로 아현동물병원장도 밝힌 바 있으며, K양이 반포동물병원에서 졸레틸과 함께 구입한 것으로 알려진 황산마그네슘은 김성재의 사체에서 검출되지 않았습니다(이후 마그네슘염 검출. 국과수는 황산마그네슘이 인체에 투여될 때 황산과 마그네슘으로 분리된다고 분석함).

정황으로 보더라도 스위스그랜드호텔 별관 57호는 문만 열면 함께 투숙하고 있는 일행이 누구나 나올 수 있는 공개된 장소라서 여자 몸으로 28바늘을 찌를 수 없는 곳입니다.

(중략)

○○양은 그 병원에서 자신이 주사기를 구입한 사실이 밝혀지면 더욱 의심을 받을 것 같아 무서운 마음에 미리 안 사 갔던 걸로 해두려 했던 것뿐입니다.

(중략)

여러 정황으로 볼 때 평소의 (기획사 대표와의) 트러블 등으로 인해 의심가는 부류가 있기는 하지만 매우 예민한 부분이기 때문에 이 자리에서 밝힐 수는 없습니다. 또 현장에 함께 있던 흑인들은 조사를 안 한 채 그다음 날 바로 출국하게 한 것도 문제라고 생각합니다.

이번 사건과 관련이 있는 마약 언급 녹음 테이프도 법정에 증거로 제출하겠습니다.

(중략) (박영목, 앞의 책)

박영목이 말한 졸레틸의 치사량 부분은 이후 1심과 항소심에서 K의 변호인들이 내세운 가장 핵심적인 변론 가운데 하나가 됐다. 경찰 수사의 빈 공간을 노린 박영목의 안목이었다.

이날 기자 회견에서 기자들의 시선은 치사량이 아닌 다른 곳을 향했다. 미국으로 돌아간 흑인 백댄서 두 명이 마약을 투약했다는 의혹이었다. 〈한겨레〉, 〈경향신문〉, 〈동아일보〉 등 주요 언론은 이마저도 짧은 1단 기사로 처리했다. 이날 박영목 변호사는 흑인 백댄서가 마약 투약을 했다는 언급이 담긴 녹음 테이프를 추후 법정에 제출하겠다고 했지만, 구속적부심과 이후 1·2심 공판 과정에서도 녹음 테이프의 제출은 이뤄지지 않았다.

"끔찍한 범죄 저지를 성격 아니야"

이틀 뒤인 12월 13일 수요일에 이뤄진 한 잡지와의 단독 인터뷰에서 고기점은 그동안의 언론 보도에 대해 강한 불만을 표출했다. 김성재 측 음모 때문에 딸이 살인 누명을 쓰고 있다며 분노를 터뜨렸다. 딸이 김성재와 사귄다는 것을 1993년 연말에 알았다는 그는 지난해부터 헤어졌다고 해 그대로 믿었다고 했다.

먼저 딸이 사건과 관련돼 있다는 사실은 언제 알게 됐고 딸을 만나 어떤 얘기를 나눴냐는 질문에 그는 "11월 30일 TV 방송을 보고 처음 알게 됐다. 놀라고 떨리는 마음으로 즉시 서울로 올라와 아파트에 있던 딸을 만났다"며 "혹시 사건과 관련된 것 아니냐고 다그쳤다. 딸은 그럴 리가 없다고 맹세했다. 딸은 그간 성재와의 사이에 있던 일을 소상히 밝혔다. 두 사람은 진짜로 사랑하고 있다고 말했다. 두 사람 사이에 불화라든가, 미움은 전혀 없었다고 했다"고 말했다. 딸의 무죄를 확신하는 이유에 대해선 "딸의 말을 믿는 건 부모로서 당연한 것 아닌가. 25년을 길러오며 지켜본 딸애는 살인처럼 끔찍한 범죄를 저지를 만한 성품이 아니다"라고 했다. 부모가 자식을 완전히 알 수는 없고 부모 몰래 성재를 사귄 것처럼 딸의 성품 중 모르는 부분이 있을 수도 있지 않은지, 초등학교 5학년 때부터 떨어져 살지 않았느냐는 질문에는 "성재를 몰래 사귄 것은 여자로서 이해할 수 있다. 부모의 뜻은 거역할 수 없고, 그렇다고 사랑하는 사람과 헤어질 수도 없었을 테고… 그것 자체가 딸애의 착한 성품을 보여주는 것이라고 생각한다. 또 딸이 초등학교 5학년 때부터 떨어져 살았다고 하지만 한참 동안을 내가 서울로 올라와 살다시피했다. 지방에서 하고 있는 약국 때문에 자주 못 만나기 시작한 것은 몇 년 전부터일 뿐"이라고 했다.

두 딸과 돌봐주던 할머니가 함께 살던 S아파트는 44평형으로 시가가 5억 원 정도인데 너무 물질적인 풍요 속에서 자란 것은 아닌지 묻는 질문에는 "S아파트는 몇 년 전 군산의 약국을 정리하고 서울에서 모두 모여 살기 위한 목적으로 구입했다. 두 딸을 위해 산 것은 절대로 아니다. 지금까지도 약국 때문에 못 올라온 것이 후회스러울 뿐"이라고 했다.

육체적인 관계가 이 사건에 얽혀 있는 것은 아니냐는 질문에는 "(고 씨는 이 대목에서 눈물을 흘리며 잠시 침묵을 지키다가 분노하며 입을 뗐다) 앞날이 창창한 애다. 억울한 누명을 쓴 것만도 기가 막힌데 그런 추측을 해도 되는 것인가. 신문, 잡지, 방송 등의 보도 태도도 마찬가지다. 어떻게 그런 일방적인 보도 태도를 보일 수 있는지 분통이 터진다. 딸애의 일을 마무리하는 대로 법적으로 문제를 삼을 작정을 하고 있다"고 했다. 고기점은 "전 재산을 다 털어서라도 딸의 결백을 밝히겠다"는 말로 인터뷰를 끝마쳤다(《레이디경향》, 1996년 1월호).

피의자 엄마 vs 피해자 엄마

김성재의 죽음을 사이에 두고 두 엄마는 이처럼 각기 다른 자리에서 싸움을 치르고 있었다. 고기점의 자리는 정확히 육미승의 반대편에 있었다. 두 사람의 운명은 얄궂었다. 서로 모르고 살던 두 명의 여자가 자식들의 인연 때문에 마주 섰다. 한 엄마는 죽어서 말할 수 없는 아들을 대신했고, 한 엄마는 갇혀서 말할 수 없는 딸을 대신했다. 자식을 위한 엄마들의 싸움이 시작된 것이었다. 양보할 수 없고 피할 수 없는 다툼이었다. 비켜 서 있다면 상대방의 입장을 이해할 수도 있었을 것이다. 부모라면 누구라도 자식의 명예를 지키기 위한 또 다른 부모의 마음자리를 헤아릴 수 있을 테니 말이다. 그러나 그것이 내 자식의 명예를 양보하는 일이라면, 내 자식의 이름이 더러워지는 것이라면 그것을 받아들일 부모는 많지 않았다.

엄마들은 자식을 향해 쏟아지는 세상의 무정한 비난을 대신 맞아주고 싶었다. 약물 중독자와 살인자라는 오명을 용인할 수 없었다. 기자 회견을 자청한 고기점이나 검찰에 진정서를 낸 육미승 모두 자식을 위하는 일이라면 더한 것도 할 자신이 있었다. 두 엄마가 치르는 전쟁은 이제 겨우 시작이었다.

극약인 황산마그네슘

"김성재의 몸에선 반포동물병원장 배○○이 K에게 팔았다는 황산마그네슘이 검출되지 않았다. K가 주사했다면 다 검출돼야 하는 거 아닌가? 환각 성분이 있는 졸레틸만 검출됐다는 점에서 약물 중독에 의한 사고사가 명백하다. 따라서 K는 결백하다."

당시 K의 변호인 박영목은 언론을 상대로 이런 취지의 무죄 주장을 하고 있었다. 기소를 위해서라도 경찰은 이를 반박해야 했다. 경찰이 다시 국과수에 협조를 의뢰한 배경이었다. 서부서 형사과 경장 여인근이 보낸 협조 공문에는 다음과 같은 요청 사항이 담겨 있었다. 12월 12일 화요일이었다. 다시 정희선의 시간이 다가오고 있었다.

○ 생체와 사체 간 정맥 주사흔이 다르게 나타나는지 여부(녹화 테이프 판독사진 6매 첨부)

○ 사체 주사흔 부위 피부 조직을 검사해 같은 날 생긴 주사흔인지 여부

○ 황산마그네슘의 용도, 독극물 여부

○ 변사자의 피부 조직 검사 결과 황산마그네슘의 검출 여부

○ 사체에서 검출된 약성분과 감정물과의 동일 성분 여부 등

틸레타민과 졸라제팜이 반반씩 섞인 졸레틸50이 마취제라면, 황산마

그네슘은 중추신경 억제제, 근육 이완제로 일종의 극약이었다. 동물을 안락사시킬 때 졸레틸50을 주사한 뒤 황산마그네슘을 투여하면 근육의 일종인 심장이 이완돼 결국 죽음에 이르게 된다. 김성재의 몸에서 인체 내부에 존재하는 황산마그네슘량보다 비정상적으로 많은 황산마그네슘이 검출된다면, 외부에서 투여된 것으로 볼 수 있다는 점에서 황산마그네슘은 김성재의 사인을 밝히는 데 일종의 '트리거' (기폭제) 역할을 하는 물질이었다.

의뢰를 받은 정희선은 곧바로 수의사가 팔았다는 졸레틸50 1병과 백색 분말 형태의 황산마그네슘 약 2.3g에 대한 분석에 착수했다. 변사자에게서 검출되는 성분이 이들과 동일한지 여부와 더불어 황산마그네슘이 쓰이는 용도 등에 관한 분석이 주요 과제였다.

그러나 수의사가 팔았다는 황산마그네슘이 변사자에게서 검출된 것과 동일함을 증명하는 일은 녹록지 않아 보였다. 사람의 몸에는 원래 황산마그네슘 성분이 미량으로 존재하고 있기 때문이었다. 외부에서 투입된 황산마그네슘과 내부에 있는 황산마그네슘을 구별하는 일이 쉽지 않다는 뜻이었다. 사망하면 몸 안의 이온 평형이 깨진다는 점, 황산이온이나 마그네슘염의 농도 판정을 하기에는 혈액이 시료로서의 가치를 상실한다는 점 등도 문제였다.

정희선은 증거물 중에 소변이 있다는 걸 깨달았다. 소변에서 배설된 황산이온과 마그네슘이온을 측정한다면 분석이 가능할 것도 같았다. 먼저 정상인 소변에서 배설되는 황산이온과 마그네슘이온 수치를 조사했다. 변사자의 소변에서 황산이온과 마그네슘이온을 측정한 뒤

정상인의 수치와 비교했더니 변사자 쪽이 월등히 높았다. 외부 투입 가능성이 높다는 방증이었다. 정희선은 진실에 한발 또 다가가고 있었다.

K에 대한 보강 수사

서부서는 이때 K에 대한 피의자 조사를 벌이고 있었다. 질문은 사건 당일 행적과 기존 진술에 대한 의문점으로 귀결됐다.

경장 여인근이 방송 인터뷰에서 현장인 거실이 캄캄해서 아무것도 못 봤다고 한 적이 있냐고 물었다. K는 "그것은 방송국 사람이 협박하며 새벽까지 전화를 해서 녹음 안 하는 거냐고 묻고 경황이 없어 얘기하다 보니까 그런 건데 어떻게 그렇게 말꼬리를 잡을 수가 있냐?"라고 답했다. 여인근은 실제 거실이 캄캄했냐고 다시 물었다. K는 "스탠드가 2개 켜져 있어서 밝은 편은 못 되고 걸어 다니며 넘어질 정도는 아니었다"고 했다.

이때 집에 돌아왔을 때 본 경비는 어떻게 생긴 사람이었냐고 여인근이 물었다. "경비 아저씨는 두 분이 교대해 근무하는데 제가 키를 맡긴 아저씨는 두 사람 중 키가 작은 사람이었습니다. 경비실 앞에 도착해 안을 들여다보니 경비 아저씨가 방에 누워 자고 있길래 창문을 두드리니 일어나 창문을 열었습니다. 제가 '아저씨 키요' 하니까 '네' 하고 받더니 도로 눕는 것을 보고 안으로 들어갔습니다."

여인근은 아파트 경비원은 사건 당일 피의자가 차 열쇠를 맡긴 기억이 없다고 하더라며 되물었다.

"아닙니다. 제가 확실하게 줬어요. 분명히 창문 두드리고 '아저씨 키요' 하니까 자다 말고 일어나서 창문을 열고 열쇠를 받고는 다시 자는 것을 제가 직접 보고 집에 올라갔으니까요." K가 진술했다.

여인근은 집에 돌아오는 차 안에서 라디오를 들었냐고 물었고 K는 "듣지 않았다"고 답했다.

호텔에서 아파트까지는 어떤 도로를 이용해서 갔냐는 질문에는 "연희동으로 해서 연대 앞을 지나 신촌로터리에서 서강대 방면으로 가다 서울대교를 건너 아파트로 갔다"는 답이 돌아왔다.

아파트까지 가는 동안 공사를 하는 곳이 있었다든지 특별히 기억나는 것이 있냐고 여인근이 구체적으로 물었다. "지금 특별히 기억나는 것이 없습니다."

아파트에 도착했을 때 다른 차량이 들어오거나 나가는 것을 보지 못했냐는 질문에는 "제가 도착했을 때는 다른 차량을 보지 못했습니다. 주의가 고요했습니다"고 진술했다.

여인근이 호텔 나설 때 본 것은 없었냐고 물었다. "아무것도 없었던 것 같습니다."

여인근이 압구정 KFC에서 김성재를 만날 때 가지고 간 털가방은 현재 어디 있냐고 물었다. K는 "집에 있는데 필요하다면 제출하도록 하겠다"고 답했다.

경찰은 K의 검은색 털가방을 예의 주시 하고 있었다. 털가방 안에 동물 마취제와 주사기가 들어 있다고 보고 있었지만, 그 털가방의 소재조차 파악하지 못하고 있었다(이때 피의자가 제출한다고 했던 털가방은 끝내 제출되지 않았다).

당시 경찰은 육미승을 비롯해 김동구, 안성진(김성재 솔로 앨범 촬영 사진작가), 이상만(매니저), L, 정재문(뉴스 선임 매니저), 류노아, 김진 등 김성재 주변 인물들을 연이어 참고인으로 불러 김성재와 피의자의 관계에 대해 조사했다. 피의자의 살해 동기를 규명하기 위한 보강 수사였다. 육미승은 경찰 조사를 받는 매니저 L을 보며 의구심이 들었다.

| 14화 |

매니저

| 14화 사건 관련 주요 인물 |

강석환(형사계장, 서부경찰서 형사과)

여인근(경장, 서부경찰서 형사과)

안원식(검사, 서부지청 형사부)

정희선(약독물과장, 국립과학수사연구소)

골든타임

육미승은 매니저 L이 기민하게 대처했다면 성재를 살릴 수도 있었을 거라는 생각을 지울 수 없었다. 그는 성재가 이상한 자세로 엎어져 있던 것을 가장 먼저 보고서도 성재가 위급한 상황이라는 걸 알아차리지 못했다. 1시간 뒤 성재를 발견한 백댄싱팀 류노아가 119에 신고해 병원으로 옮길 수 있었지만, L의 주장대로라도 그때는 이미 성재를 처음 발견한 시각으로부터 1시간 10분 정도가 지난 때였다. 만약 성재가 살아 있었다면 골든타임을 놓쳤다는 얘기다.

그는 경찰 조사에서 성재를 깨웠는데 일어나지 않아 그대로 두었다고 진술했다. 그 얘기를 육미승은 좀처럼 납득할 수 없었다. 성재는 잠잘 때 옆에서 누가 살짝 건드리기만 해도 깰 정도로 예민했다. 누가 지나가기만 해도 깨곤 했다. 거의 매일 붙어 지낸 매니저가 성재 잠버릇을 모를 리 없다고 육미승은 생각했다. '자기가 책임진 가수에 대해 그 정도는 알지 않을까. 흔들어도 일어나지 않는다며 자는 줄 알고 그냥 둔다는 게 말이 되나.' 육미승은 L이 원망스러웠다. '바로 119에 신고를 했다면 성재를 살릴 수 있지 않았을까. 더군다나 옷도 그대로 입고 샤워도 하지 않은 상태로 엎드려 있었다는데…. 성재는 엎드려 자지 않는다.'

육미승이 L을 이해할 수 없던 대목은 또 있었다. 육미승은 수사 과정에서 성재 죽음의 진실을 밝힐 수 있도록 그가 성의 있게 진술해주길 바랐다. 그러나 그는 육미승에게 지쳤다면서 더 이상 아무것도 생각하고 싶지 않다고 말했다고 한다. 육미승은 매니저 전에 아들 친구로 믿었던 그에게 실망했다. 팩트스토리와 나는 L의 해명을 듣기 위해 여러 방면으로 접촉을 시도했으나 연락이 닿지 않았다.

1병의 졸레틸과 치사량

당시 경찰은 김성재 주변인들에 대한 참고인 조사와 함께 수의사들을 중심으로 졸레틸50 1병이 치사량이 될 수 있는지 조사하고 있었다. 졸레틸50 1병이 치사량이 아니라는 변호인 박영목의 주장을 반박하기 위해서였다.

건국대 수의학과 정병현 교수는 경찰 조사에서 "일정량 과다 주사로 심장의 박동이 급격히 상승되므로 운동 직후, 음주 후에 마취 주사가 치명사에 이르게 할 수도 있다"며 "졸레틸50은 동물 마취제로 인체 마취약과 비교할 때 마취 사고의 안전성이 있지만 일정한 기준 초과 시 치명사에 이르게 될 수 있다"고 진술했다. 송순만 백년동물병원장도 "졸레틸 5cc를 사람에게 투여했을 때는 사망에도 이르게 할 수 있는 아주 많은 양"이라고 했다.

전문가들은 졸레틸의 치사량에 대해 단언할 수 없다고 했다. 정 교수는 "졸레틸50은 동물 마취용으로 사용되고 있으나 인체에는 시험한 사실이 없어 인체에 마취 효과는 정확히 판단할 수 없다"고 했다. 송원장도 "졸레틸은 동물 마취제로 희귀 약품이고 동물도 종류와 체질에 따라 효능 및 치사량 등이 다르며 지금까지 졸레틸을 인체에 실험한 적은 없다"며 "학계에 보고된 사례가 없기 때문에 사람에게 투여했을 때 정확한 치사량은 알 수 없다"고 진술했다. 송원장은 다만 "근육 주사 때보다 정맥 주사가 약물 효과가 더 크다"고 덧붙였다. 결론적으로 정확한 치사량은 알 수 없지만 졸레틸50 1병을 인체에 주사할 경우 치명적일 수도 있다는 진술이었다.

참고인 조사를 마친 경찰은 기소 의견으로 검찰 송치를 결정했다.

기소 의견 검찰 송치

"피해자의 변심으로 인한 보복 살해의 범의로 독살한 점 등이 인정되므로 기소하심이 옳다고 생각됩니다."

12월 15일 금요일, 서부경찰서 형사과 강석환 형사계장은 경장 여인근으로부터 이 같은 내용의 수사 결과를 보고받고 이를 서부서장과 형사과장에게 상신했다. 배○○의 제보와 피의자 및 참고인 조사 등을 통해 도달한 최종 결론이었다.

이튿날인 16일 서부서는 서울지방경찰청장과 서울청 형사과장에게 'K에 대한 살의 피의 사건 수사 결과, 범죄 혐의 인정돼 1995년 12월 16일 서울지검 서부지청으로 구속 송치'했다는 내용의 살인 피의 사건 수사 결과 보고를 상신했다. 이제 수사는 경찰에서 검찰로 넘어갔다. 형사통 검사 안원식의 시간이 시작되고 있었다.

팬들의 언론 비판

12월 16일 토요일, 일부 언론의 잘못된 보도에 대한 사과와 진실 규명을 촉구하는 긴 편지와 함께, 서울 ㅎ여고 학생 606명의 연서 명부가 〈한겨레21〉에 배달됐다. 그들은 편지에서 "(김성재의) 약물 복용에 대해 일부 언론이 그저 가능성이라 말하면서도 그의 죽음이 우리 사회에 경종을 울렸다느니 연예인들의 각성이 필요하다느니 하는 말로, 그의 죽음을 한 마약사범의 비참한 최후로 몰아갔다"고 비판했다. 그러나 그들이 보기에 "고 김성재는 연예인이기 이전에 한 가정의 구성원"이었다. 그러므로 언론은 "그를 잃은 가족의 슬픔은 돌아보지 않고 그저 사람들의 흥미를 충족시키기 위한 보도가 얼마나 많은 사람들에게 상처를 주었는지 반성해봐야 한다"고 충고했다.

그들은 "이런 모든 일이 우리나라 언론이 발전해가는 과정에서 일어날 수 있는 시행착오라 생각한다"면서 "그러나 모든 잘못은 그에 대한 반성과 시정이 이루어져야 발전의 발판으로 거듭날 수 있는 것"이기 때문에, "그(김성재)의 사인이 무엇이든 간에 근거가 부족한 추측과 가능성에 기대 그릇된 보도를 한 언론은 지금이라도 유족과 보도를 들은 모든 이에게 사과해야 한다"고 촉구했다(〈한겨레21〉, 1995년 12월 28일).

당시 〈한겨레21〉 편집기자였던 고경태는 당시 상황을 지금도 반복되는 언론의 무책임한 보도 행태에 대한 젊은 독자들의 발칙한 일침이었다고 기억한다(듀스와 김성재 팬들의 팬심은 1심과 항소심 법정의 방청으로 이어졌다. 1심에 환호하던 팬들은 2심 판결이 나오자 법정에서 재판부와 피고인을 맹비난하기도 했다).

아들에게 보내는 편지

한편, K가 검찰로 송치됐다는 소식을 들은 육미승은 아들이 딱하고 불쌍했다. 가닿을지 모르겠지만 아들에게 편지를 써야겠다고 마음먹었다. 엄마는 아들에 대한 애틋한 그리움과 남모를 대견함을 편지에 적었다. 성재 유년 시절을 엿볼 수 있는 일화들이 담긴 이 편지는 담담하면서도 의연한 어조가 인상적이다.

성재에게 보내는 편지
성재야, 어디 있니? 어느 곳에서도 너의 모습을 볼 수가 없고 네 해맑은 미소도 네 목소리도 어디론가 사라져버렸구나. (중략) 가벼운 듯 경쾌하고 고운 너의 목소리가 엄마 귓가에서 살아 맴도는데, 성재야 네가 없구나.
넌 어려서부터 너무 건강하고 밝은 장난꾸러기였잖니? (중략) 네 성적표 보면서 (집 정리하다가 나왔어) '아쭈, 우리 성재 잘 했었네' 하면서 피식 웃었단다. 동경한국학교(중3)에 전학 가서 첫 시험에 수학이 100점이었던 건 너무너무 놀라운 사실이었단다. (중략)
역마살이 있는 아빠 덕에 (중략) 전학을 다반사로 해야 했고 급기야는 외국으로 가야 했지. 일어를 하나도 모르는데 일본학교에, 영어 ABC도 모르는 널 외국인 학교에 전학시켜버려서 (중략) 선생님이나 친구들의 표정이나 제스처로 짐작해가면서 (중략) 수업을 해야 했었지. 정말 가슴 아픈 일이었단다.

넌 친구를 최고로 좋아했었지. 어디로 전학해도 첫날부터 넌 친구를 주위에 모여들게 했고 항상 뭐가 그리 좋은지 함박웃음 웃으면서 힝힝거렸어. (중략)

그 외국인 학교에서 널 'BEST BOY'라고 불렀던게 잊히지 않는구나. 항상 네가 친구들 사이에서 인기가 최고고 지도력이 있고 운동과 공부도 잘해서 정말 좋다고 하시던 부라더 루이스 선생님의 그 천진스럽던 표정도. (중략)

성재야, 그 모든, 널 아끼고 사랑하는 사람들 마음속에 얼마나 네가 순수하고 멋있게 간직되어 있는지 이제 확실하게 알았지? 넌 정말 행복한 녀석이더구나. 아름답고 고운 순결한 눈물과 마음의 행렬이었던 팬들의 정성, 끝까지 믿어주고 지금도 널 위해 무언가를 하고 싶어 하는 그 순수함에 엄마는 너무너무 큰 빚을 지고 있는 것 같단다. (중략)

성재야, 영안실에서 오열하는 팬들의 모습을 봤니? 순결한 흰 국화향기 속에서 넌 행복했지? 영안실에서 나와서 까아만 캐딜락을 타고 가는 너는 이 엄마 눈에는 모든 일에 성공한 자랑스러운 사람이었단다. (중략) 넌 성공한 삶의 소유자였었어.

(중략) 널 이젠 가슴에 묻지 말고 좋은 곳으로 보내야 한다고, 답답해서 절대로 한자리에 못 있을 널 가슴에 묻거나 땅속에 묻는 일은 엄마는

못해. (중략) 그래서 널 화장하기로 한 거란다. (중략)

그런 널 마약으로 몰아붙인 그 모든 어른들 마음이 얼마나 더럽고 추한지 넌 위에서 잘 봤니? 널 아는 어느 누구도 의심 없이 끝까지 마약이 아님을 알기에 부검 결과가 나오는 것을 조용히 기다렸지. (중략) 나의 귀엽고 사랑스런 아들을 그 따위로 몰아붙이다니 그것도 사실 확인도 안 한 채 무책임한 행동을 해놓고서는 입 딱 다물고 팬들이 전화 걸면 욕이나 한다니 이건 있을 수 없는 일이야. 오랜만에 엄마 화났어.

성재야. 엄마는 성욱이와 세련되고 멋지게 그리고 꿋꿋하게 살아갈 거야. 네가 짧은 스물세 해를 보내고 가면서 남긴 삶의 멋을 우리도 맛보면서 말야.

성재야. 아주아주 좋은 데로 가거라. 고옥. 나중에 다 만날 수 있을 거야. (중략) 네가 행복해하는 웃는 얼굴로 열심히 지금껏 해왔던 생활을 하면서 살 거란다. 외출할 적에 무슨 옷을 입나 네 도움말이 없어 성욱이와 엄마는 머-엉해질 때가 있긴 하지만 그런 것쯤이야. 그치?

널 다시 만나는 그날까지 안녕.

1995. 12. 17.

널 무지무지 사랑했던 엄마가(《여성동아》, 1996년 1월호)

성재는 혼자 죽었다. 죽었을 때 그는 혼자였고 죽고 나서도 그는 혼자였다. 그를 좋아하고 그의 그늘에 있던 사람들이 행복한 일상을 보낼 때 그는 혼자 저승에 가 있었다. 이승과 저승을 가르는 강은 넓고도 깊은 것이어서 한번 건너간 이들은 이쪽으로 돌아오지 못했다. 강 건너의 그를 잊고 모두가 자기 자리로 돌아갔다. 성재는 가끔 흔적으로 이승에 있는 사람들을 뒤숭숭하게 할 뿐이었다.

그렇게 죽어갈 때 얼마나 외로웠을까. 육미승은 성재에게 넌 혼자가 아니라고, 널 사랑한 이들이 네 곁을 지키고 있다고 말해주고 싶었다. 자신이라도 아들의 옆자리를 지켜야 했다.

피의자에게 보낸 편지

"○○아, 춥지는 않은지 모르겠구나."

이때 육미승은 아들의 살해 용의자로 구속된 K에게도 이같이 편지를 썼다. K가 했다는 말에 대한 반문이 주를 이룬 편지에는 조언도 담겨 있었다. 육미승은 "네가 결백한 걸 증명하는 일은 딱 두 가지 뿐인데, 넌 왜 네가 사랑했다면서, 결혼 상대자였다면서 이렇게 많은 쓸데없는 일들을 얘기하며 시간을 끄는 거니"라며 "그렇게 하고도 '성재가 널 사랑했다'는 걸 증명할 수 없는 네가 불쌍하구나"라고 썼다. "자살하려고 샀다가 사용 안 하고 버렸으면 그걸 찾아내게 하면 되잖니? 3시 40분쯤 나가서 집에 4시 5분에 도착했다면 널 본 사람이 있을 거야. 그것만 정확하면 되는 거야." 육미승은 "네가 나한테 이 모든 일들을 얘기해줬으면 좋겠어. 너만 알고 있는 일들이니까. 진심으로 얘기해줄 수 있니?"라고 물으며 긴 편지를 끝냈다.

또 하나의 증거

한편, 경찰이 K를 기소 의견으로 검찰에 송치하던 와중에도 국과수 약독물과장 정희선은 황산마그네슘과 마지막 분투를 벌이고 있었다. 마약 검사용으로 의뢰된 소변 30종과 다른 사인으로 사망한 사람에게 채취한 소변을 가지고 마그네슘이온을 측정해, 변사자 소변에서 검출된 마그네슘의 농도와 비교했다. 황산마그네슘이 외부에서 투여됐음을 좀 더 확실하게 증명하기 위해서였다.

그 결과 살아 있는 사람 소변에서 검출된 마그네슘 농도가 변사자 시료보다 2~15배 낮았다. 또 다른 부검 사체 소변도 변사자에 비해 비교해도 현저히 낮았다. 사람마다 무엇을 먹느냐에 따라 마그네슘 농도 편차가 심해 단정하기는 어렵다. 그러나 이러한 실험 결과는 변사자의 몸속이 아닌 외부에서 황산마그네슘이 투입됐을 가능성을 가리키고 있었다. 더욱이 황산마그네슘은 중추신경 억제, 골격근 이완, 경련 진정 등 마취제와 비슷한 작용을 하기 때문에 졸레틸과 황산마그네슘이 같이 검출됐다면 약물의 상승 작용이 있었으리라 예상됐다. 이런 내용을 종합해 감정서를 작성해 서부경찰서로 보냈다. 12월 18일 월요일이었다.

취재 과정에서 입수한 국과수 감정서에는 김성재로부터 채취한 시료와 대조 사체에서 채취한 시료 및 살아 있는 사람으로부터 채취한 시료, 문헌에 보고된 마그네슘염의 함량이 다음과 같은 표로 제시돼 있다.

시료 종류	생체시료의 종류			
	혈액		뇨	
	마그네슘 확인시험	마그네슘염의 함량(ppm)	마그네슘 확인시험	마그네슘염의 함량(ppm)
1) 변사자(김성재)의 시료	양성	67.8	양성	281.5
2) 대조 사체에서 채취한 시료	양성	48.4-59.7	양성	18.2-51.8
3) 살아있는 사람에서 채취한 대조시료	양성	15.0-20.1	양성	28.5-128.5
4) 문헌에 보고된 함량	양성	12.0-31.2	양성	24.0-144.0

이 표를 보면, 김성재 소변에서 나온 마그네슘염의 함량이 대조 사체에서 채취한 시료의 함량(18.2~51.8ppm)에 비해 5~15배나 더 많이 검출(281.5ppm)된 것을 알 수 있다. 살아 있는 사람에게 채취한 대조 시료 함량(28.5~128.5ppm)에 비하면 2~9배나 더 많은 수치였다. 사망 후에는 모든 이온의 평형이 깨진다는 점, 황산이온이나 마그네슘염의 농도 판정을 하기에는 혈액이 시료로서의 가치를 상실한다는 점을 감안해서, 혈액 농도를 제외하고 소변의 농도만 봤을 때도 대조군에 비해 압도적으로 높은 함량을 보인 것이다. 또 하나의 증거가 K를 향하는 순간이었다.

15화

황산마그네슘

정희선(악독물과장, 국립과학수사연구소)

안원식(검사, 서부지청 형사부)

박영목(변호사, K의 변호인)

배○○(원장, 반포동물병원)

김광훈(법의학자, 국립과학수사연구소)

황적준(법의학자, 고려대 교수, 검찰 측 증인)

약물의 상승 작용

악마는 디테일에 숨어 있었다. 언제나 디테일 뒤에서 정의와 부정의가 싸우는 것을 악마는 구경했다. 졸라제팜, 틸레타민, 황산마그네슘이 악마의 디테일이었다. 이 디테일을 장악하는 자에게 악마는 결과적 정의를 선사할 것이었다. 정의가 승리하는 것이 아니라 승리하는 것이 정의라는 것을 악마는 잘 알고 있었다.

그 디테일을 찾아낸 것은 국과수의 정희선이었다. 김성재 살인사건에서 과학 수사가 이뤄졌다면, 그것은 온전히 정희선의 노력 덕분이었다. K가 반포동물병원에서 구입한 졸레틸과 황산마그네슘 중에 졸레틸은 이미 검출됐고 여기에 황산마그네슘의 외부 투여 가능성까지 높게 나오면서, 피의자의 일관된 부인에도 불구하고, 졸레틸50과 황산마그네슘이 모두 김성재에게 투여되었다는 가설은 더욱 힘을 얻게 됐다.

특히 정희선이 김성재의 피부와 혈액, 뇨에서 발견한 황산마그네슘은 중추신경을 마비시킬 수 있는 극약이었다. 취재 과정에서 입수한 국과수 감정서는 황산마그네슘에 기능에 대해 이렇게 적고 있다.

(중략) 5. 황산마그네슘은 피하 또는 정맥 내에 주사하면 혈중의 마그네슘 이온이 증가하여 칼슘과의 평형이 깨지고 중추신경계의 억제와 골격근 이완을 일으킨다고 하며, 중추신경을 마비시킴으로써 진정 작용이 있으므로 파상풍의 항경련약으로서 10%액 10~20ml를 주사하며, 임신 시 대

사산물 장애로 인한 독성증상 치료 또는 경련발작 등에 사용되고, 이 약에 의한 중독은 드물게 나타나나 대량투여 시 전심의 열감(熱感), 혈액강화, 심기능 억제 및 중추신경 억제 등을 일으키고 사망한 예도 있다고 보고되어 있음.

황산마그네슘의 사용상 주의사항을 약학정보원 홈페이지는 다음과 같이 게시해놓고 있다. 약학정보원은 대한약사회 등이 출연해 설립한 비영리재단이다.

3. 다음 환자에는 신중히 투여할 것.

 1) 장내기생충질환의 소아

 2) 심질환 환자

(중략)

 5) 대량투여에 의해 마그네슘중독을 일으켜 열감, 갈증, 혈압저하, 중추신경억제, 심박동수억제, 호흡마비 등이 나타날 수 있다. 해독에는 칼슘제를 정맥 주사 한다.

(중략)

5. 상호작용

 1) 상호금기

 (1) 바르비탈산염, 마약 및 기타 최면약(또는 전신마취제): 중추신경억

제효과를 증강시킬 수 있다.

(중략)

(3) 혈중 마그네슘 5~7.5 mmol/L: 호흡억제

(4) 혈중 마그네슘 10 mmol/L: 심장정지

(중략)

주의사항에는 △ 최면약 또는 전신마취제와 함께 사용할 경우 중추신경 억제 효과를 증강시킬 수 있고 △ 혈중 마그네슘 10 mmol/L(몰농도: 용액 1리터 속에 녹아 있는 용질의 양)을 주사할 경우 심장정지가 올 수 있다는 내용이 있다. 육미승은 김성재가 평소 심장이 안 좋았다고 사망 당일 경찰 조사에서 말한 바 있다.

이와 관련해 K의 변호인은 지난 2월 17일 기자에게 보낸 내용증명에서 "김성재의 몸에서 황산마그네슘을 찾아냈다고 하였으나 김성재의 몸에서 황산마그네슘은 발견되지 않았다"며 "법원은 김성재의 주검에서는 황산마그네슘이 투약되었음을 인정할 아무런 증거가 없으며, 피고인이 구매한 것으로 알려진 황산마그네슘 3.5g은 치료약의 범위 내로 인체에 아무런 해를 주지 않는다고 판단하였다"고 밝혔다. 그러나 항소심 재판부도 김성재의 몸에서 황산마그네슘이 검출된 것 자체에 대해서는 인정을 한 바 있다. 다만 그것이 외부에서 투입된 것인지는 알 수 없다는 입장을 피력한 것이다. 따라서 황산마그네슘이 검출된 적이 없다는 K 변호인의 주장은 동의하기 어렵다.

또한 K 변호인은 "K가 반포종합동물병원을 방문한 시기는 11월 초순경이 아니라 9월 초순경(김성재가 사망하기 약 2개월 전)"이라며 "K가 배○○으로부터 구매한 약품은 졸레틸1병과 황산마그네슘 약 3.5g"이라고 했다. 아울러 "판결문에 나타나 있는 바와 같이 K는 김성재와 단둘이 있던 상황에서 조작 실수로 가스총이 발사되어 벌어진 것으로서, 가스총은 K가 총포사로부터 빌린 샘플용으로 당시 가스총에는 시험탄인 물탄이 장전되어 있었다"며 "시험탄인 물탄은 인체에 아무런 해가 없고 눈에만 약간 매운 정도에 불과하다"고 주장했다. 또한 "법원은 '결박 사건'에 대하여 실제로 일어난 일이 아니라, 김성재가 장난스럽게 생각되는 가스총 사건과 관련하여 만들어냈을 가능성이 높다고 판단한 바 있다"고 했다.

아울러 "법원 판결문 내용에서 보듯, 기자가 증인으로 듣고 있는 국과수 약동물학과장 정희선 역시 황산마그네슘 3.5g은 치료약 범위로 인체에 아무런 해를 주지 않는다고 법원에서 진술한 바 있으며, 법원은 김성재의 몸에서 검출된 마그네슘염의 양은 정상범위로 마그네슘이 K에 의하여 김성재에게 투여되었다고 단정 짓기 어렵다는 취지로 판단하였다"고 알려왔다.

압수수색과 털가방

정희선이 김성재의 몸속에서 비정상적인 수치의 마그네슘염을 발견한

12월 18일 저녁, 서부지청은 피의자의 여의도 자택을 압수수색 했다. 피의자가 사건 당일 들고 있었다는 검은색 털가방 등 직접 증거를 찾기 위해서였다. 안원식은 털가방 안에 주사기와 졸레틸 약병 등이 들어 있을 것으로 추정했다.

안원식 검사실의 수사관이 안원식에게 다음과 같이 압수수색 영장 집행 결과를 보고했다. 보고서에 따르면 피의자 부모들은 자진 제출한다고 했던 털가방에 대해서 모른다는 태도로 일관되게 수사에 비협조적이었지만, 친족에 대해선 증거인멸죄를 적용할 수 없는 까닭에 현장 수사관은 이들에 대해 설득 이상의 조치를 취할 수 없었던 것으로 보인다.

□ 압수수색 영장 집행 결과 보고

-집행일시 및 장소: 1995. 12. 18. 17:30~같은 날 21:45경 사이, 서울 영등포구 여의도동 ○○의 1 ○○아파트 2동 206호

수색 과정에서 전화 통화로 연결되어 같은 날 20:30경 변호사 사무실에서 귀가한 피의자의 부모들을 상대로 털가방 제출을 요구하였지만 이들 역시도 며칠 전 자진해서 털가방을 제출토록 하겠다던 태도를 바꾸어 가방이 어떤 것인지도 모르겠으니 마음대로 수색해서 찾아가라고 하므로 다음날 부모님이 직접 갖다 주지 않으면 변호사를 통해서 제출토록 하겠다던 털가방을 이제 와서 모른다고 하면 되는 건지, 혹시 변호사에게 주

었다거나 어디에 치워 놓은 것은 아닌지, 본건에 대해서 그렇게 당당하고 떳떳하다면 수사에 적극 협조해서 털가방에 대한 약물감정을 받아야 하는 것이 아닌지 여부와 갑자기 위와 같은 태도를 보이는 것은 결과적으로 처음부터 증거인멸을 목적으로 이를 감추고 제출하지 않는 것이 아니냐고 추궁하며 재차 협조를 부탁하였지만 (중략) 끝내 이의 제출을 거부하고, 집 안 수색으로도 털가방을 발견치 못해서 압수하지 못하였기에 보고합니다.

그러나 이날 검찰은 피의자의 집에서 끝내 털가방을 찾지 못했다. 사건 발생 한 달 만에 이뤄진 검찰의 압수수색은 허탕으로 끝이 났다.

앞서 수사 당국은 12월 9일 K에 대한 구속영장을 청구하면서 언론을 통해 K의 자택에 대한 압수수색을 예고했지만, 실제 압수수색은 2주 뒤에나 이뤄졌다. 느닷없이 불시에 이뤄져야 할 압수수색이었지만, 너무 굼떴다. 경찰에 이어 또 한 번의 늑장 대응이란 비판을 피할 수 없는 대목이다. 직접적 물증을 검찰도 확보하지 못하게 되면서 공판 과정의 치열한 공방은 더더욱 불가피해졌다. 그렇게 털가방은 사라졌다.

12월 19일, 육미승은 관할 서울지검 서부지청 안원식 검사실 앞으로 2차 진정서를 제출했다. 진정서에는 K가 경찰 수사에서 진술한 내용들에 대한 반박과 K가 김성재에게 보였다는 행동들을 편집증으로 규정한 이유 등을 제시했다. 이 진정서 내용은 훗날 1심과 2심 공판에서 치열한 법정 다툼의 대상이 됐다.

피부에서 검출된 마그네슘염

성재가 세상을 떠난 지 한 달째인 12월 20일 수요일, 정희선은 사체에서 또 하나의 중요한 증거를 찾아냈다. 김성재의 피부 조직 약 20g에서 175.9ppm의 마그네슘염을 발견한 것이다. 사망 뒤 이온 평형이 깨져 시료로서 가치를 상실해 당초 비교 대상에서 비켜서 있던 혈액 함량을 제외하더라도, 김성재의 소변(281.5ppm) 외에 피부 조직에서도 적지 않은 마그네슘염이 검출된 것이다. 정희선은 이 같은 내용의 결과를 앞선 18일 마그네슘염 함량 비교표 아래쪽에 기입해 법의학과장에게 상신했다(시험성적서, 국과수 약독물과 1995년 12월 20일).

경구 투여한 약물은 주로 위에서 검출된다는 점을 볼 때, 피부 조직에서 마그네슘염이 발견됐다는 것은 주사로 황산마그네슘이 투여되었음을 보여주는 유력한 증거였다. 서울대 의대(마취과) 교수를 지낸 한 전문의는 2020년 7월 2일 이뤄진 기자와의 인터뷰에서 "피부 조직에서 마그네슘염이 검출됐다는 것은 주사로 투입됐을 가능성을 강력히 시사하는 것"이라며 "만약 황산마그네슘이 졸레틸50과 병용 투여됐다면 각 시료의 함량을 떠나 그 상승 작용에 주목해야 한다"고 지적했다. 그는 "실제 수술에서 황산마그네슘을 사용하면 마취제를 덜 쓸 수 있다. 황산마그네슘은 마취제의 효과를 더 증가시키기 위해서 사용한다. 병용 투여했을 경우 충분히 사망에 이를 수 있는 위험한 물질"이라고 덧붙였다. 훗날 1심 공판에 변호사측 증인으로 참석한 법의학자 이광수는 마그네슘염의 치사량을 260~420ppm이라고 증언한 바 있다.

훗날 벌어진 공판에서 김성재의 피부 조직에서 마그네슘염이 175.9ppm이나 검출되었다는 사실은 제대로 논의되지 않은 것으로 보인다. 1·2심 공판 기록과 판결문 어디에서도 관련 내용을 찾을 수 없는 데다, 당시 수사 관계자도 이 사안에 대해 기억이 나지 않는다고 답변하고 있다. 혐의 입증의 책임을 진 검찰이 중요하고 핵심적인 증거 하나를 간과해버린 걸까. 의문은 풀리지 않았다.

취재 과정에서 입수한 경찰 수사 결과 보고를 보면, 반포동물병원장 배○○은 K에게 졸레틸50과 황산마그네슘을 판매하면서 사용법을 알려주었다. 기르던 개를 안락사시키려고 한다는 K에게 약을 주면서 "개가 움직이니까 졸레틸을 근육에 주사하고, 마취되면 황산마그네슘을 정맥에 주사하라"며 "졸레틸은 사람도 마취할 수 있고 정맥에 주사 시 30초면 마취되나 근육은 시간이 걸린다"고 말했다.

한편, 육미승은 이러한 사실을 알지 못한 채, 이날 SBS의 〈깊은 밤 전영호쇼〉에 출연했다. 춤부터 노래, 의상 디자인에 이르기까지 다재다능했던 김성재의 삶과 연예계에 데뷔하게 된 사연, 그의 죽음에 관한 의문점 등에 대해 허심탄회하게 이야기했다.

빈틈을 메우다

12월 21일 목요일, K의 변호인 박영목은 서울지법 서부지원에 피의자 K에 대한 구속적부심을 청구했다. 박영목은 청구서에서 "김성재가 지난달 15일 미국에서 귀국하면서 K의 선물을 사오는 등 두 사람이 줄곧 원만한 관계를 유지해와 별다른 살해 동기를 찾을 수 없다"면서 "K의 구속은 부당하다"고 주장했다.

같은 시각, 검찰은 김성재 주변인인 류노아와 김진, 사건과 관련해 결정적 제보를 한 반포동물병원장 배○○, 부검의 김광훈을 불러 밤늦도록 참고인 조사를 벌였다. 경찰 조사에서 미진했던 사인과 살해 동기와 관련된 빈틈을 메우는 과정이었다.

특히 배○○은 훗날 1심 공판에서 이날 검찰 조사와 이전 경찰 조사 시 자신이 했던 주요 진술들을 번복한다. 90년대 분위기에서 주요 참고인이 진술을 번복하면 수사 당국에 불려가 그 배경에 대해 호되게 추궁을 받는 것이 일반적이었지만, 배○○이 검찰에 불려가 이런 고초를 겪었는지는 확인되지 않았다. 취재 과정에서 입수한 검찰 기록을 바탕으로 주요 문답을 정리했다.

– 피의자는 1995년 8월경 진술인으로부터 졸레틸 등을 구입했다고 했다가 다시 9월 초순경에 구입했다고 하는데 어떤가요?

"글쎄요, 저도 경찰 조사 시 피의자가 8월경에 구입했다고 한 것은 들었는데, 저는 처음에 1995년 11월 초순경으로 기억해 경찰에서 그렇게 진술했고, 그 판매한 날은 메모한 것이 아니라서 정확히 기억나는 것은 아니나 피고인을 나중에 만난 날보다 약 한 달 정도 전 무렵으로 기억됩니다. 그래서 경찰에서도 1995년 11월 초순경 또는 10월 말 무렵이라고 했습니다."

　- 경찰 조사 시에는 3cc 주사기 1개를 팔았다고 했나요?

"그때 제가 1개 내지 2개 팔았다고 진술한 것으로 기억나고 진술서에도 그렇게 쓴 기억이 납니다. 그런데 경찰 조사 받고 나서 곰곰이 생각해보니 2개를 판 것이 맞고, 더군다나 마취제와 극약을 팔면서 주사기를 1개만 주었을 리도 없습니다."

(중략)

　- 피의자가 진술인에게 국과수 약물 검사에 관한 것도 이야기했다는 말인가요?

"예, 피의자가 제게 국과수에서 부검하고 검사하면 약물이 확실히 나오느냐고 물었습니다."(부검하면 약물이 검출되느냐는 취지로 피의자가 물었다는 이 부분은 항소심 판결문에서 다뤄지지 않았다)

　- 피의자가 구입 사실을 말하지 말아 달라고 한 것이 약품인가요, 아니면 주사기인가요?

"주사기 얘기는 없었고, 약품 사 간 것을 말하지 말아달라고 했습니다."

　- 피의자는 진술인으로부터 주사기 산 것으로 인해 김성재 몸에 난 주사자국으로 의심받을까 봐 진술인에게 주사기 산 것을 말하지 말아 달라고 했다고 하는데 어떤가요?

"제게는 약품 사 간 것을 말하지 말아달라고 했지, 주사기 얘기는 하지 않은 것으로 기억됩니다."

– 그 외에 어떤 대화를 했나요?

"피의자가 처음에는 사정 설명을 하면서 전에 약 산 것을 경찰에게 말하지 말아달라고 하였습니다. 그러던 중 제가 바니(피고인의 개)를 안락사시켰느냐 라고 문자 피의자가 안 죽였다고 하여 제가 그 약을 무엇 하려고 산 것이냐고 물어봤습니다. 그러자 사실은 자기가 안 좋은 일이 있어서 자살하려고 샀는데 할머니에게 들켜서 빼앗겼고 할머니가 약과 주사기를 버렸다고 했습니다."

경찰과 검찰 조사에서 이같이 진술한 배○○은 1심 공판에서 변호인의 반대 심문 도중 졸레틸 등 구입 시점과 이유 등에 대해 진술을 번복한다. 공판 참석 이후 배○○은 캐나다로 돌연 이민을 갔다.

　김성재를 부검한 국과수 법의학자 김광훈도 이날 출석해 조사를 받았다. 김광훈은 검찰 참고인 조사에서 김성재의 사인을 '졸레틸과 황산마그네슘에 의한 중독사'라고 분명하게 진술했다. 취재 과정에서 입수한 검찰 기록을 보면, 먼저 사체에서 나온 틸레타민과 졸라제팜의 치사량에 대해 김광훈은 "김성재 몸에서 검출된 틸레타민 양 그 자체만으로도 사망에 이르게 할 수 있고, 졸라제팜은 제 감정서에 나와 있듯이 유사한 다이아제팜보다 5~10배 강한 약효를 갖고 있는 것이라 김성재 몸에서 검출된 졸라제팜 양 그 자체만으로도 역시 사망에 이르게 할 수 있고, 이러한 2개의 약물이 함께 치사량으로 검출돼 양자의 복합에 의해 더 빨리 사망에 이르게 될 수 있다"고 진술했다.

황산마그네슘에 대해선 정희선 약독물과장과 같은 입장을 피력했다. 변사자에게 황산마그네슘이 투여된 것으로 볼 수 있고 이것이 졸레틸과 상승 작용을 일으켜 죽음에 이르게 했다는 것이다.

양측성 시반을 토대로 본 사망추정시각에 대해선 "여러 견해를 망라해 사체의 체위를 변경한 시간으로부터 짧게는 4시간부터 길게는 12시간 이내에 사망한 것으로 판단된다"며 "여러 견해를 망라해도 최대 11월 19일 19시부터 최소 11월 20일 3시경 사이의 시간대에 사망했다고 추정된다"고 진술했다.

시반이란 시신이 바닥과 닿는 부위를 중심으로 중력에 의해 적혈구가 모여서 생기는 자줏빛 반점이다. 양측성 시반은 사망한 시신의 체위를 변경했을 때, 처음 시반은 약해지고 변경 이후 생기는 시반은 강하게 형성돼 시체 양면에서 시반이 모두 관찰되는 경우를 말한다.

검찰 쪽은 김광훈과 황적준 등의 감정 증언을 바탕으로 사체에 양측성 시반이 남아 있었고 이를 바탕으로 사망추정시각을 계산하면 새벽 1시에서 2시 50분 사이가 된다고 주장하고 있었다. 피의자가 호텔을 떠났다고 주장한 새벽 3시 40분 이전이었다. 사망 추정 시간대에 김성재와 함께 있었던 사람은 피의자 K가 유일했다. 변호인 쪽 입장에선 양측성 시반이 존재했다는 검찰쪽 주장을 반드시 물리쳐야 했다. 공판 과정에서 치열한 다툼이 벌어진 이유였다.

| 16화 |

칼날

전초전

12월 21일, 이날 검찰은 백댄서 류노아, 김진을 불러 살해 동기와 관련한 수사도 벌였다. 검찰이 이날 다각도의 수사를 벌인 데에는 이튿날(22일)에 피의자에 대한 조사가 예정돼 있었기 때문이다. 피의자 조사를 진행하기에 앞서 참고인들에 대한 조사를 마쳐야 했다.

류노아는 사건 당일 김성재를 최초로 발견한 사람 가운데 한 명이었다. 119에 구조 신고를 한 것도 그였다. 무엇보다 미국에서 김성재와 함께 생활했다는 점에서 김성재가 피의자를 어떻게 대했는지 옆에서 지켜봤던 인물이었다. 취재 과정에서 입수한 검찰 기록을 바탕으로 류노아의 주요 진술을 종합했다.

(중략)

- 피의자는 그날 언제 나갔나요?

"그것은 피의자가 알지 저는 모르겠습니다. 나중에 김성재가 안치된 여의도 성모병원에서 피의자가 제가 언제 나갔는지 묻지도 않았는데 그날 3시 30분경에 나갔다고 말했습니다."

(중략)

- 피의자는 진술인으로부터 연락받고 김성재 어머니에게 전화해 알려주었다고 하는데 어떤가요?

"그것은 이상한데요. 그 당시 저는 피의자에게 김성재 어머니에게 알려달라고 부탁했기에 그것을 물어봤는데 피의자가 제게는 김성재 어머니에게 안 알렸다고 해 그러면 김성재 어머니에게는 매니저나 누구 다른 사람이 알려주었겠지 하고 생각했었는데요."(육미승은 자신이 쓴 책에서 사건 당일 오전 7시 무렵 K로부터 김성재가 사망했다는 전화를 받았다고 했다)

   – 김성재 사망 사실을 피의자에게 알려주었을 때 피고인의 반응이 어땠나요?

   "피의자는 제가 김성재가 죽었다고 알려주자 바로 '성재가 죽어!' 하더니 막 슬피 울었습니다. 그래서 전 애인이 죽어서 슬퍼서 그런가 하고 불쌍하게 생각했습니다. 그런데 피의자가 세림병원에 도착했을 때 보니, 이상하게 얼굴 화장을 진하게 하였고 운 흔적이 없었습니다. 제가 보기에 샤워를 한 것 같은데 머릿결이 깨끗하여 전화 받을 때 울던 태도로는 도저히 상상할 수 없었습니다. 깨끗하고 화장을 한 모습으로, 그것도 전화한 지 30여 분 만에 나타나서 놀랐습니다. 절 보자마자 저를 껴안고 울었는데 우는 목소리는 큰데 눈물을 흘리지는 않았습니다. 그때는 좀 의아했을 뿐인데 돌이켜 생각해 보니 이상합니다."(2심 재판부는 이러한 피고인의 의심스러운 정황이 유죄의 증거는 될 수 없다고 판단했다)

   – 피의자는 진술인으로부터 위 사망 사실을 연락받았을 때는 믿기지 않았고 오히려 김성재 모 육미승에게 전화로 알려줄 때 울었다고 하는데 어떤가요?

   "그것은 이상한데요. 제 전화를 받자마자 너무 울어서 제가 위로해 주다가 당황했는데, 그러고 보니, 제가 생각하기에는 자기 애인이 죽었다고 하면 처음에 믿지 않을 것 같아요. 그런데 제가 성재 형이 죽었다고 하자 바로 '성재가 죽었어!' 하면서 막 심하게 울었습니다. 또 화장도 진하고 모습도 깔끔한 것이 마치 모델대회에 나가는 사람처럼 하고 나와 좀 의아했었습니다."

(중략)

– 진술인의 진술대로 김성재가 피의자와 헤어지려고 했다면 왜 그렇게 자주 만나고 오랫동안 같이 있었나요?

"검사님도 생각해보십시오. 그전에 사귀었던 사람이고 아무리 싫어져도 여자가 일주일 있으면 동경으로 떠나니 그동안만 잘해달라고 한 것입니다. 더군다나 피의자가 질기게 쫓아다니는 사람인데 일주일만 참고 잘해주면 일본으로 가버려 완전히 김성재 인생에서 없어지는데 그동안 만나주는 게 무엇이 어렵겠습니까. 그리고 김성재가 마음이 매우 약한 편입니다. 피의자를 그렇게 지겨워하고 헤어지려고 했음에도 피의자와 통화가 돼 그 문제를 이야기하면서 우는 모습을 보인 일을 봐도 김성재 마음이 약하다는 것을 쉽게 알 수 있습니다."(2심 재판부는 김성재가 귀국 후 가장 먼저 피고인을 만나고 줄곧 같이 있었다는 점, 선물을 사다준 점 등으로 미뤄 피고인과 헤어지려고 했다는 주장은 사실이 아니라고 판단했다)

안원식과 류노아의 문답은 이어졌다.

– 김성재가 전화를 할 수 없을 정도로 돈이 없었나요?

"그건 도대체 무슨 말인지 모르겠습니다. 미국에서 저희와 생활할 때 술도 자주 마시고 팁도 잘 주었으며 차도 기사를 두고 리무진을 타고 다니는 등 여유 있게 지냈습니다. 제가 김성재에게 듣기로는 듀스로 인기를 얻어서 큰돈은 못 벌었지만 어느 정도 돈을 벌어두었다는 말도 들었는데, 전화를 할 수 없을 정도로 돈이 없었다는 것이 무슨 말인지 모르겠습니다."

의도된 친절

동물병원장 배○○과 백댄서 류노아, 김진에 대한 조사를 마친 검찰은 이튿날인 12월 22일 피의자 K를 서부지청으로 불러 조사를 벌였다. 피의자를 가장 마지막에 불러 조사를 벌이는 것은 수사의 기본이었다. 사안의 중요성에 따라 안원식이 직접 피의자를 신문했다. 변호인 박영목이 조사에 입회했다. 안원식은 피의자를 편하게 대해줬다. 진술조서도 직접 고치라고 해주고 본인이 하고 싶은 대로 진술하라고 했다. 수사 경험이 많은 계장들이 '그러면 안 된다'고 말려도 강압적이지 않도록 배려했다.

의도된 친절이었다. 안원식은 K가 말하는 것을 가만히 듣고 있다가 납득되지 않는 부분이나 경찰 단계 진술과 다르다고 느껴지는 부분들을 날카롭게 파고들었다.

공격하는 검사와 방어하는 피의자가 물러섬 없이 팽팽하게 맞섰다. 하나의 진실을 두고 검사와 피의자가 날카로운 공격과 치열한 방어를 주고받았다. 둘만의 전투였다. 자유로운 분위기에서 진술이 이뤄졌지만, 실제로는 칼날 위의 시간이었다. 취재 과정에서 입수한 진술조서를 봐도 당시 분위기를 알 수 있다. 일종의 전초전으로 훗날 공판 과정에서 전투는 끊임없이 반복됐다. 중복되는 답변을 생략하고 새로운 진술 위주로 두 사람의 공방을 정리했다.

묻는 자와 답하는 자

11월 19일 호텔에서 피의자는 뭘 했냐는 질문으로 안원식이 포문을 열었다. K는 자신이 녹화해온 솔로 데뷔 방송 영상을 다 함께 시청하면서 이야기를 나눈 뒤 성재와 류노아가 대화를 했다고 진술했다. "김성재가 소속된 기획사 사장 김동구 얘기를 하면서 동구 그 새끼 오늘 저녁 식사비도 제대로 안 준다는 식으로 김동구에 대해 욕하는 것을 들었습니다."

　이후 벌어진 일에 대해선 "그러다가 김성재는 거실 긴 소파에 누워 있었고, 저는 그 옆에 앉아서 김성재 손, 등 등을 지압식으로 마사지해주고 얼굴도 마사지해줬습니다. 그러다 보니 정확한 시간은 모르겠으나 다음 날인 1995년 11월 20일 1시 무렵에 다른 사람들은 각자 방으로 나뉘어 자러 들어갔고, 거실에는 저와 김성재만 남아 있었습니다. 서로 이런저런 이야기를 나누다가 거의 비슷하게 잠이 들었습니다. 그러다가 깨어 보니 시간이 많이 지났고 김성재가 계속 잠들어 있기에 그냥 나왔습니다."

애초 K는 경찰 조사에서 김성재의 오른팔과 왼팔을 주물렀다고 진술했지만 이날은 손과 등을 주물러줬다고 진술했다. 김성재의 오른팔의 주사자국을 보지 못했다고 한 자신의 앞선 진술에 부합하려는 취지로 해석되는 대목이다. 숙소를 나온 시간에 대한 문답이 이어진 뒤 안원식이 집에 돌아와서는 무엇을 했는지 물었다. "귀찮고 늦어서 세수도 안 하고 화장도 안 지우고 그냥 잠옷만 갈아입고 잤습니다. 그날 아침 7시 40분경으로 짐작되는데 류노아로부터 김성재가 죽었다는 연락을 받고 처음에는 믿기지 않았습니다. 전화를 끊고 김성재 어머니 육미승에게 전화를 하여 김성재가 죽었다는 이야기를 하였습니다. 그때는 울음이 나와서 울면서 김성재 죽었다고 육미승에게 알려주고서 옷을 주섬주섬 입고, 김성재의 시신이 있다는 세림간호종합병원으로 택시를 타고 갔습니다."

빈틈으로 칼을 겨누다

이후 긴장 속에서 안원식과 K의 문답이 이어졌다. 틈새를 파고드는 추궁과 빈틈을 허용하지 않는 반박이었다.

- 택시 안에서는 울지 않았나요?

"택시 안에서는 믿기지가 않아 울지 않았습니다."

– 피의자는 육미승에게 전화하면서 운 뒤 화장을 고쳤나요?

"택시 타고 가는 안에서 화장을 고쳤습니다."

– 화장을 고칠 여유가 있었나요?

"김성재가 죽었다는 사실을 안 믿었으니까요."

– 류노아로부터 김성재 사망 사실을 연락받았을 때는 믿기지 않았고, 그 뒤 육미승에게 전화로 김성재 사망 사실을 알릴 때는 김성재 사망 때문에 눈물을 흘렸고, 그 뒤 택시를 타고 병원에 가면서는 오히려 믿기지 않아 눈물 자국을 지웠다고 하는 것이 앞뒤가 안 맞지 않나요?

"택시 타고 가는 중에는 제가 운전한 것이 아니라 시간이 남아서 화장도 고치고 한 것입니다."

– 피의자 진술대로 사랑하고 결혼까지 할 사람이 죽었는데 화장을 고치고 할 여유가 있었나요?

"눈물 자국 지우는 것은 콤팩트로 두어 번 얼굴을 두들기면 되는 것이고, 그때 제가 경황이 없어 자고 난 머리도 빗지 못해 부스스했고, 옷차림도 엉성했습니다."

이어 안원식은 반포동물병원에서 피의자가 구입한 졸레틸50과 황산마그네슘의 구입 시점에 대해 물었다. 병원장 배○○과 K의 진술이 서로 엇갈리고 있었기 때문이다.

– 배○○은 진술인에게 위 졸레틸 등을 1995년 11월 초순 또는 10월 말경에 판매했다고 해 피의자의 진술과 차이가 나는데 어떤가요?

졸레틸 등의 구입 시점이 사건 발생일과 차이가 날수록 K의 혐의는 상대적으로 옅어진다. 동물병원장 배○○은 당시 거래를 장부에 기입하지 않아 날짜를 특정할 수 없다고 했다. 또한 1995년은 지금처럼 신용카드 사용이 일반적이지 않았고 전산화도 안 됐던 때였다.

"아닙니다. 제가 기억하기로는 개가 죽고 얼마 안 되어서라 1995년 9월 초순경에 구입한 것이 맞습니다. 1995년 9월 말부터 성재가 올 무렵인 1995년 11월경까지 천안에 있는 제 ○○대학교 ○○캠퍼스 세미나실에서 공부를 하던 때입니다."

– 배○○은 1995년 12월 1일경에 피의자를 만났다고 하고, 피의자도 그날 만났다고 하지 않았나요?

"그때는 만난 날이 그때가 맞는 줄 알았는데 생각해보니 경찰서 갔다 온 날인 11월 28일경입니다."

이때 안원식이 K의 약한 고리를 파고들었다.

– 피의자가 진술하는 11월 28일경이나 배○○이 진술하는 12월 1일경이나 모두 김성재 몸에서 졸레틸이 검출되었다는 국과수 감정 결과가 알려지지 않은 때 아닌가요?

"그런 것 같고, 저는 당시 졸레틸이 나왔는지 무슨 약물이 나왔는지 몰랐습니다."

– 김성재 몸에서 피의자가 구입한 졸레틸이 검출된 것이 알려지지

도 않고, 그 감정 결과가 나오지 않은 상태인데, 피의자는 왜 배○○을 만나서 위 졸레틸 등 구입 사실을 비밀로 해달라고 요구했나요?

"제가 주사기를 산 것이 맞고 성재가 마약으로 죽었다는 소문이 있어 제가 마약을 놓아준 것으로 오인받을 것 같아 그랬습니다."

– 그 당시 김성재의 몸에서 졸레틸이 검출되었다고 알려졌으면 오해를 받을까 봐 그랬다고 하더라도 김성재의 몸에서 어떤 약물이 검출되었는지 알려지지도 않은 상태인데 그런 걱정을 할 이유가 있나요?

"저는 제가 주사기를 구입한 것이 문제가 될 수도 있다고 생각했습니다."

피의자의 진술은 다시 말해, 성재 몸에서 검출된 졸레틸 등이 알려지기 전이기 때문에 그 약품에 대해서 몰랐고 다만 주사기에 대해서만 배○○에게 비밀로 해달라고 했다는 것이다. 안원식은 물러서지 않았다. 경찰 조사와는 다른 집요함이 있었다.

– 그렇다면, 굳이 배○○에게 부검 결과 약물이 검출되는지 물어볼 필요가 있었나요?

"김성재의 몸에서 마약 성분이 나오면 김성재나 저나 명예가 땅에 떨어질 것 같아서 걱정돼 물어본 것입니다."

이때 안원식이 빈틈으로 칼을 겨눴다. 안원식이 피의자의 논리적 빈틈을 파고들며 계속 물었다.

– 당시 김성재의 몸에서 어떤 약물이 검출되었는지 알려지지 않았고, 더욱이 어떤 식으로 검사가 진행되는지 알려지지 않았으며, 일부 소문은 마약을 주사했을 가능성이 있다는 식으로 난 정도며, 피의자가 구입한 건 동물 마취제 및 극약으로 마약이 아니어서 피의자가 범행하지 않았다면 굳이 미리 겁을 먹고 거리낄 상황이 아닌데도, 배○○에게 부검 결과 약물이 검출되는지를 묻고, 아울러 약물 및 주사기를 산 것을 형사들에게 말하지 말라고 한 것은 피의자가 위 약물로 김성재를 살해하고서 부검 결과 약물이 검출될까 봐 겁이 나 판매한 배○○에게 부탁한 거 아닌가요?

"그런 것이 아니고 김성재에게서 마약이 검출되면 제가 주사기 산 것으로 인해 난처한 지경으로 될까 봐 그런 것입니다."

– 마약과 진술인이 구입한 동물 마취제, 극약은 엄연히 다른 것이라 오히려 혐의를 받지 않게 될 것이 아닌가요?

"저는 주사기 때문에 제가 혐의를 받을 것이라고 생각했습니다."

– 피의자가 혐의를 받을까 봐 배○○에게 부탁을 하는 상황인데, 오히려 자살하려 구입했다 맘을 바꾸어버렸다면, 그대로 말해 동정받는 게 유리할 텐데 굳이 할머니에게 들켜서 빼앗겼다는 식으로 거짓말한 것은 무엇 때문인가요?

"왜 그랬는지 모르겠습니다."

– 피의자는 그때그때의 편의를 위해 수시로 거짓말을 하나요?

"그런 것은 아닙니다."

잠시 적막감이 감돌았다. 안원식이 다시 물었다. 살해 동기와 관련한 질문이었다.

– 김성재와의 사이는 어떠했나요?

"김성재와 사이가 좋았고, 적극적으로 사귀는 상황이며, 일종의 동거를 하는 식이었습니다. 저는 김성재와 결혼할 수도 있지만 더 좋은 남자가 나타나면 달리 생각할 수도 있었고, 김성재는 저와 결혼하려고 했습니다. 1994년 12월경 한때 저를 좋아하던 신○○이 김성재가 있는 자리에서 결혼하자고 전화를 해와 그 이후 김성재가 제가 신○○과 사귈까 봐 불안해하는 태도를 보이기도 했습니다. 그 일로 김성재가 제게 결혼하자고 했습니다. 그리고 금년 4월경에도 이러한 일이 벌어져 김성재가 질투해서 싸운 일도 있습니다."

– 김성재가 헤어지려고 한 것은 아닌가요?

"아닙니다. 김성재는 오히려 제가 떠날까 봐 걱정하는 것을 느끼게 한 경우가 종종 있었지, 헤어지려는 태도를 보인 적이 없습니다."

– 김성재 주변 인물 말로는 피의자가 김성재로부터 연락이 없는 경우 친구들에게 일일이 전화를 걸어 소재를 확인하고 서울 시내 나이트클럽을 찾아다니며 김성재를 찾아 밖으로 끌어내어 따지고 창피를 주었다는데 어떤가요?

안원식의 질문에 K가 강하게 부인했다.

| 17화 |

미궁

안원식(검사, 서부지청 형사부)

박영목(변호사, K의 변호인)

K(김성재 여자친구)

"그들이 거짓말을 한 것입니다"

K의 답변이 이어졌다.

"그런 것이 아닙니다. 1994년 9월경인지 10월경인지 그 무렵에 김성재가 미국 갈 일이 있었습니다. 그때 김동구 사장이 김성재 서류 같은 것을 제대로 신경 써주지 않아 김성재가 믿었던 김동구에게 실망했다며 분개한 적이 있었습니다. 그 후 김성재가 PD들에게 불려 다니며 술 시중 드는 등의 자존심 상하는 일로 번민하다 그 무렵에 자살한다고 약 2일간 잠적했기에 제가 걱정되어 찾아 나선 것입니다. 강남에 있는 치치 나이트클럽에서 놀고 있는 것을 찾아서 제가 걱정돼 울면서 하소연한 적이 있을 뿐이지, 김성재 행실이 의심스러워서 찾아다니고 싸워서 망신 주고 한 일은 없습니다."

12월 22일, 서울지검 서부지청 안원식 검사실. 팽팽한 긴장 속에서 안원식이 피의자 신문 조서를 작성하고 있었다. 연락이 안 되면 강남 나이트클럽을 다 뒤져 김성재를 찾아내 망신을 주지 않았느냐는 안원식의 질문에 피의자는 당시의 상황을 밝혔다.

이와 관련해 당시 전담 헤어디자이너로 성재와 가까웠던 오화랑은 2019년 9월 30일에 기자와 한 인터뷰에서 자신의 목격담을 전한 바 있다. 그는 "나이트고 가라오케고 김성재 여자친구가 이태원서부터 강남 일대 나이트클럽을 다 뒤져서 찾아왔다"며 "새벽 1시쯤 통화를 한 거 같은데 2~3시간 있다가 느닷없이 찾아왔다"고 했다. "한번은 앙드레김 의상실 근처 가라오케에 갔는데 인사도 안 하고 들어오더니 서서 노려보더라고요. 집착이 심했어요. 연락이 안 되면 거의 미쳤어요."

넓은 서울 시내를 다 뒤진다는 게 말이 안 되는 것 같다는 질문에 그는 다음과 같이 말했다. "몇 군데 없으니까요. 5군데 정도 뒤지면 되니까. 줄리아나, 힐탑 등 나이트클럽에 있다가 가라오케로 2차 가면 쫓아왔어요. 놀고 있으면 불쑥 들어왔어요. 룸으로 들어온 거죠. 나중에 알고 보니 웨이터한테 물어서 온 거더라고요."

유족과 김성재의 지인들이 주장하는 가스총 발사와 테이프 결박 등에 대한 문답이 이뤄진 뒤 안원식이 다시 물었다.

– 유족 등 주변 사람들 진술과 피의자 진술이 서로 다른 점이 많은데 이는 어찌된 일인가요?

"제 말이 진짜고, 그들이 거짓말을 한 것입니다. 성재는 제게 잘 대해주었습니다. 제가 그를 죽일 이유가 없습니다."

– 그것에 대한 근거가 있나요?

"L, 류노아, 김진 등은 김동구의 지배하에 있는 사람들이고, 류노아는 가수로 데뷔하기 위해 김동구의 말을 들어야 되고, 김동구는 김성재와 사이가 안 좋았습니다. 김성재가 솔로 앨범을 내고 애인에게 죽었다면 음반 판매 이익을 크게 남길 수 있으니, 김동구가 다른 현장에 있는 사람들을 시켜서 김성재를 죽이고 제게 뒤집어 씌울 가능성이 있습니다."

– 김동구는 김성재에게 투자를 한 입장이고, 김성재가 이번 데뷔에서 성공하고 계속 인기가 올라가면 유리한 입장이고, 백댄싱팀, 매니저 등은 김성재가 없어지면 자기들 할 일이 없어져서 난처한 입장인데 그들이 김성재를 살해할 이유가 있나요?

"김성재가 김동구로부터 이익 배분을 별로 못 받아서 성공하면 김동구와 헤어지려고 했습니다. 백댄싱팀은 김성재가 없으면 오히려 솔로로 더 빨리 연예계에 데뷔할 수도 있으니, 그들이 죽일 수도 있습니다."

"저는 이현도가 싫습니다"

미국에 있을 때 이뤄진 김성재와의 수백 통 전화 통화에 대해서도 문답이 이뤄졌다.

– 김동구 직원인 임경숙은 피의자에게 김성재의 집 전화번호인 818-752-2882를 피의자가 알려달라고 해 알려주었다가 김성재로부터 피의자에게 그 집 전화번호를 알려주었다고 야단맞았다고 하는데 어떤가요?(경찰 조사에서 피의자에게 김성재의 미국 집 연락처를 알려준 일로 김성재로부터 야단을 맞았다고 진술한 임경숙은 1심 공판에선 김성재가 자신에게 왜 전화번호를 가르쳐주었냐고 화를 냈다고 하면서도 자신은 피고인에게

김성재 집 전화번호를 알려주지도 않았고 피고인도 자신에게 묻지 않았다며 진술을 번복했다)

"김성재가 그런 행동을 했을 리 없고 집 전화번호를 김성재가 제게 알려준 것입니다."

– 김성재가 미국에 있을 때 피의자와 김성재 간에 전화는 누가 얼마나 했나요?

"김성재는 도착했을 때 몇 번 하고 귀국할 무렵 귀국한다고 몇 번하고 거의 제가 전화를 김성재에게 했습니다. 전화를 많이 한 편입니다."

– 그 전화 통화한 상태를 보면, 오히려 피의자의 진술과는 반대로 피의자가 김성재를 좋아해 적극적으로 따라다니는 상태로 보이는데 어떤가요?

"그것이 아니고, 성재가 돈이 없어서 제가 전화를 한 것입니다."

– 부모가 약사이고 치과대학생인 피의자가 그랜저를 타고 다닐 정도인데 경제적으로 매우 여유 있는 집안이 아닌가요?

"경제적으로 어려움은 없는 편입니다."

– 또한 김성재 미국 숙소의 전화 통화 내역을 보면 피의자가 김성재에게 많은 전화를 했고 어떤 날은 하루에도 여러 차례씩 전화를 했는데 이러한 식으로 전화한 형태는 어찌된 이유인가요?

"성재가 진로 문제로 인해 심적으로 매우 불안한 상태로 떠났기에 걱정됐습니다. 성재가 연락이 안 됐을 때는 제가 걱정돼 여러 차례 전화를 한 것입니다."

– 그렇게 김성재가 걱정된다면 자동응답기에 전화해달라는 내용을

남겨서 김성재로 하여금 전화를 하게 하는 등 응답하도록 방법을 강구하는 것이 인지상정이지 이런 식으로 하루에도 몇 차례씩 사람 추적하는 식으로 전화를 한 것은 비정상적이지 않나요?

"성재와 같이 사는 이현도가 제가 자동응답기에 남긴 말을 들을 수가 있어 자동응답기에 제 메시지를 남기지 않고 그냥 계속 전화했습니다."

– 이현도는 김성재가 그룹 활동도 같이 했고, 미국에서 같은 집에서 같이 살았으며, 피의자와 김성재의 관계도 잘 아는 처지인데, 김성재에게 연락해달라는 정도의 메시지를 남길 수 있는 것 아닌가요? 혹시 이현도가 들으면 안되는 거북한 이야기라도 있었나요?

"저와 이현도는 사이가 안 좋습니다. 저는 이현도 얼굴도 보기 싫습니다."

그 이유를 묻는 질문에 K는 이현도의 여자친구를 두고 오해가 생겨 관계가 틀어졌다고 진술했다. K와 관련해 성재와 가장 많은 시간을 보낸 이현도의 회고도 크게 다르지 않았다. 이현도는 처음부터 K가 마음에 들지 않았다고 했다. 나중에는 K 때문에 성재에게 싫은 소리를 했을 정도였다고 한다. 그의 회고다.

어쩌다 우리가 함께하는 자리에는 꼭 K가 있었다. 나이트클럽이건 작업실이건 가리지 않았다. 심지어 콘서트장은 물론, 공개방송 때까지 따라왔다. K에게 관심조차 두지 않았던 나였지만 상황이 이렇게 전개되자

화가 났다. 성재가 그 애랑 사귀는 것도 마음에 들지 않았고 공적으로도 듀스 활동에 지장 받는 걸 용납할 수 없었다.

그래서 성재에게 일할 때는 물론이고 사적인 자리에서도 그 애가 내 눈앞에 보이지 않게 해달라고 했다. 성재도 그 이후부터는 나를 의식해서 내가 있는 자리에는 될 수 있는 한 K를 데려오지 않았다.

그래도 웬일인지 성재는 K와의 관계를 끊지 못하고 계속 만났다. 왜 그랬는지는 나도 자세히 모르겠지만 아마도 냉정하지 못한 성재의 성격 탓이 컸을 것 같다. 나는 그럴수록 K가 성재의 그런 성격을 이용한다 싶어 더 냉정해졌다. 한번은 성재가 그 애를 데리고 나타났다. 나는 바로 그 앞에서 성재에게 "나는 저 애가 싫으니까 지금 저 애를 데리고 같이 나가거나 너는 있을 수 있으면 있고 저 애는 보내라"고 했다. 할 수 없이 성재는 그 애를 보냈다.

또 언젠가는 일본과 미국에서 오래 있다가 성재랑 같이 한국에 귀국했을 때였는데 거의 4개월 만에 본 건데도 K와 나는 "안녕하세요?"라는 인사조차도 나누지 않았다.

그 가운데서도 K는 줄기차게 성재를 따라다녔다. 다른 친구들도 성재의 얼굴을 봐서 그 애를 대우해주기는 했지만 썩 그리 반기는 편이 아니었던 걸로 봐서 모두 나와 같은 마음이었던 것 같다(이현도, 앞의 책).

"이 사건 미궁으로 끝날 것"

K가 검찰 조사를 받고 있던 시각, 그의 가족과 친척 10여 명은 SBS 사옥 앞에서 피켓 시위를 벌이고 있었다. 이틀 전 육미승이 출연한 〈깊은 밤 전영호쇼〉에 대한 항의 차원이었다. 이들이 든 피켓에는 '내 딸을 살인자로 몰아가는 SBS는 사과하라', 'SBS는 김성재 사건을 더 이상 상업적으로 이용하지 말라'라는 글귀와 함께 육미승을 비난하는 내용도 있었다. 추운 날씨에도 이들은 상당히 격앙돼 있었다. 1주일 전 SBS 〈한밤의 TV연예〉가 방송한 '사건 당일 5시경 K 양이 호텔에서 나오는 모습을 봤다고 주장하는 사람이 있다'는 내용을 예로 들면서 방송이 K를 유죄로 몰아가고 있다고 분노했다.

SBS 고위 관계자와 프로그램 담당 PD를 면담하고 나온 고기점은 "우리 딸이 5시에 거기서 나온 걸 본 사람이 있다면 신원을 밝혀야지요. 밝히지도 못하면서 그런 사람이 있는지 확인도 안 되는 상황에서 방송을 할 수 있는 겁니까?"라고 말했다. 그는 "점을 보고 굿하고 무당에게서 들은 얘기를 방송에서 다루면 어떻게 합니까. 과학적인 근거도 없는 얘기를 가지고 우리 딸을 몰아가면 어떻게 하느냐구요. 무당 말대로라면 범인이 남자와 여자 둘이라는데 그러면 우리 딸은 범인이 아니겠네요. 법정에서 유죄로 확정되기 전에 이럴 수가 있는 겁니까"라고 분통을 터뜨렸다(《스타채널》, 1996년 1월호).

한편, K 가족으로부터 육미승과 함께 공분을 산 무속인은 김성재의 죽음을 예견한 것으로 알려진 뒤 김성재의 진혼굿까지 맡았던 김무호였다. 그즈음 한 잡지와 한 인터뷰에서 그는 인상적인 이야기를 했다.

"이 사건은 미궁으로 끝날 것입니다. 범인에 대한 정신과적인 이유와 공범이 증거 자료를 모두 없앴기 때문에 오는 2월경이면 재판에 가서 무죄로 마무리될 수도 있어요."(《퀸》, 1996년 1월호)

그의 얘기를 더 들어보자.

"하지만 범인은 밝혀질 거예요. 성재 군의 혼도 마약으로 죽었다는 누명이 벗겨진 것만으로도 만족한다 말하고 있어요. 성재 군의 혼과는 계속 교류하고 있습니다."

신통방통했던 그의 말은 어디까지 맞았을까.

변호인의 언론 인터뷰

그즈음, 박영목도 한 잡지사와 구속적부심, 변론 등과 관련해 전화 인터뷰를 했다. 그 내용을 보면 당시 변호인의 고민과 검찰의 기류, 피의자의 근황 등을 확인할 수 있다.

적부심 결과와 재판부에 제출한 새로운 사실 등에 대해 박영목은 "솔직히 말하면 이번 구속적부심에서 김 양이 풀려나리라고는 크게 기대하지 않는다. 그렇지만 기대가 아주 없는 것도 아니다"라고 말하면서 "김 양이 1993년 수면제를 과다 복용해 자살을 기도했다가 천안의료원에서 치료를 받은 기록을 입수했다. (중략) 또 김 양은 사건 훨씬 이전에도 개를 치료하러 동물병원에 들렀다가 수의사로부터 '안락사시키라'는 권유를 들은 적이 있다"고 말했다. 피의자가 졸레틸과 황산마그네슘을 구입한 이유로 내세운 자살과 애완견 안락사가 전혀 근거 없는 얘기는 아니라는 것이다.

현재 검찰이 이 사건을 어떻게 보고 있느냐는 질문에는 "담당 검사가 김 양이 유죄라고 단정 짓고 있다는 인상을 강하게 받았다. 전반적으로 검찰은 김 양의 진술을 잘 믿지 않는 게 사실"이라고 했다. 해당 잡지사와 이현도가 한 인터뷰 등 김성재 주변인들이 하나같이 김성재와 피의자의 관계에 대해서 부정적으로 진술하고 있는 점에 대해서는 "(이현도 씨의 인터뷰 중에) 가스총이나 노끈 같은 대목을 언급하면서 김성재가 조심스레 털어놓았다는 부분은 듣기에 따라 그럴 수도 있겠다는 생각이 들게 했다"면서도 "김성재는 귀국 후 매일 김 양을 만났다. 이렇게 되면 싫어도 싫은 내색을 하지 않은 것이 된다. 다시 말해 김 양은 김성재가 자신을 멀리하려 한다는 사실을 몰랐다는 의미다. 그렇다면 왜 죽일 생각을 했겠는가"라고 반문했다.

구속적부심을 앞둔 변호인 박영목은 당시 한 잡지와 이뤄진 전화 인터뷰에서 사건과 피의자에 대한 자신의 관점을 비교적 솔직하게 얘기했다.

그는 인터뷰에서 한때 이현도를 증인으로 신청할까 고려한 적이 있다고 밝히기도 했다. 피의자에 대해 좋게 얘기하는 사람이 없는 점이 "약간 고민스럽다"던 박영목은 "김 양의 동생과 일하는 할머니는 김 양과 김성재의 사이가 매우 좋았다는 증언을 하고 있다"며 이들을 우호적인 증인으로 꼽았다. 피의자의 근황에 대해선 "매일 본다. 항상 얼굴이 밝고 대화도 잘한다. 밥도 잘 먹고 있다. 내가 검찰에서 밝히는 부분에 대해 물어보면 시원스레 답변해준다. 현재 김 양 주위에 있는 교도관들은 김 양이 범인이 아니라고 생각한다. 경찰서 유치장에서도 같은 말이 나왔었다. 김 양을 가까이서 겪어본 사람들은 하나같이 김 양의 짓이 아닌 것 같다고 말한다. 나도 같은 의견이다. 그녀의 눈빛이나 태도에서 무죄를 확신한다"고 했다(《스타채널》 1996년 1월호).

서부지법 313호 법정

조서 분량이 많아 검토할 시간이 더 필요하다는 재판부의 요청과는 달리 구속적부심은 신청 이틀 만인 12월 23일에 열렸다. 오전 10시, 서부지원 313호 법정이었다. 살인 혐의로 구속된 피의자 K에 대한 인정 심문 뒤 변호인 박영목이 변론을 시작했다.

적부심은 변호인이 내용을 파악한 후 길게 물으면 그것에 대해 동의하는 식으로 문답이 이뤄졌다. 취재 과정에서 입수한 법원 기록을 바탕으로 주요 문답과 내용을 정리했다. 앞선 진술과 중복되거나 훗날 공판과정에서 반복되는 진술들은 생략하고 새로운 진술들 위주로 간추렸다.

　– 피의자는 1993년 9월 이 사건 피해자(이하 김성재라 함)를 처음 만
난 이후 이 사건 당일까지 자주 만나며 연인 관계로 원만한 사이를 유
지해왔죠?

"네."

　– 피의자는 김성재와 연인 관계였으며 장래 결혼을 약속한 사이였
기 때문에 나쁜 감정이 전혀 없으며 김성재에게 상해를 가하거나 살해
한다는 것은 상상도 못하고 있을 뿐만 아니라 그렇게 할 아무런 이유
가 없죠?

"네."

(중략)

　– 피의자는 김성재가 1995년 11월 15일(수) 귀국하는 날부터 11월
20일 새벽 사망하던 날까지 5일 동안 4일 저녁을 함께 만난 사실이
있죠?

"네."

(중략)

　– 피의자는 김성재가 귀국한 1995년 11월 15일부터 사망한 11월
20일까지 5일 중 4일간을 만났는데 그때마다 김성재가 피의자 집으로
전화 연락을 해 특정한 곳을 지정해주며 "나와달라"는 부탁받고 만나
게 된 것이죠?

피의자 K가 입을 열었다.

"네."

| 18화 |

적부심

박영목(변호사, K의 변호인)

김완섭(고등법원 판사 출신 변호사, K의 변호인)

배용범(대법원 재판연구원 출신 변호사, K의 변호인)

안원식(검사, 서부지청 형사부)

K(김성재 여자친구)

놓칠 수 없는 기회

12월 23일, 서부지원 313호 법정에서 피의자 K에 대한 구속적부심이 열렸다. 말 그대로 구속이 적법하냐 부당하냐를 다투는 심리였다. 그 결과에 따라 석방될 수도 있는 까닭에 피의자 입장에선 놓칠 수 없는 기회였다.

둘 사이가 나쁘지 않았기 때문에 살해할 이유가 없다는 문답이 오간 뒤 귀국 이후 하루 빼고 매일 만날 때 김성재의 연락을 받고 나간 것이 아니냐는 변호인의 질문이 나왔다. 피의자는 "네"라고 답했다.

이어 사고 당일의 행적과 이튿날 김성재 사망 소식을 듣게 된 상황에 대한 문답이 이어졌다. 피의자를 용의선상에 올려놓은 사항에 대한 질문이 기다리고 있었다. 반포동물병원장 배○○을 만난 이유에 대해 박영목이 물었다.

(중략)

– 그때까지 피의자는 피의자가 사 간 약이 '졸레틸'이란 것도 모르고 있었고, 그냥 마취제였고 안락사하는 약으로만 알았죠?

"네."

– 동물병원 원장 배○○도 경찰에서 졸레틸인지는 모르고 극약인 황산마그네슘을 판 것으로 알고 신고했다고 하는 말을 들었죠?

"네."

(중략)

– 당시 그 가루약을 주면서 '황산마그네슘'이라고 말한 사실도 없죠?

"네."

– 그러더니 "우리는 이것만 사용하지만 초보자는 개가 움직이면 주사가 곤란할 것"이라면서 종이 상자에 들어 있는 약을 주고는 "마취제인데 여기 있는 증류수로 가루약을 녹여서 근육 주사해 마취시킨 후이 가루를 물에 타서 IV(Intra Vainous: 정맥 주사의 의학 용어) 하면 된다"고 사용법을 가르쳐준 사실이 있죠?

"네."

(중략)

– 피의자는 그다음 날 11시경 이런 약을 집에 둔다는 것이 너무 끔찍한 생각이 들어 당장 내다버리기로 하고 아파트 앞에 놓아둔 쓰레기청소차량 적재함 속에 비닐 봉지째 버린 사실이 있지요?

"네."

– 부검하기 위해 여의도 성모병원에서 국과수로 이동한 후 부검실밖 대기실에서 김성재의 외삼촌이 "형사들 만나서 얘기 좀 하고 돈 좀주어야 되겠다"라고 말했고 외삼촌 친구라는 사람도 "수고하는 사람들돈 좀 쥐여 주어야지"라고 말했으며 김성재 어머니도 "우리 성재가 평소에도 심장이 좋지 않았다"는 등의 말을 하는 것을 들은 사실이 있지요?

"네."

(중략)

– 피의자는 그와 같은 말 끝에 김성재의 어머니의 걱정을 덜어드린다는 생각에서 "어머니, 돈 좀 주어서 어머니 뜻대로 잘 되도록 하면 어

떨까요. 어머니는 성재가 마약으로 사망한 걸로 되는 것을 원치 않으시 잖아요?"라고 말한 것이 왜곡돼 피의자가 부검을 반대했고 "부검의나 검사를 매수해 사인을 조작하자"고 말한 것으로 진술되고 있는 것을 경찰 조사 과정에서 알게 되었지요?

"네."

(중략)

– 피의자는 1995년 9월 초 자살을 생각하고 동물 마취제인 졸레틸 을 샀다가 그다음 날 곧바로 버린 것이 사실인데 어떻게 해서 김성재의 몸에서 그 약의 성분이 검출되었는지 도무지 이해를 못하고 있지요?

"네."

– 피의자가 좋아하고 있고 김성재 또한 피의자를 아껴주고 있는 사 이라서 서로를 해칠 아무런 이유가 없지만 만약 경찰의 주장대로 피의 자가 김성재를 살해하려 했다면 반포동물병원 원장의 설명대로 '졸레 틸'로 마취시킨 다음 치사약인 '황산마그네슘'을 주사했어야 마땅할 것 으로 생각되지요?

"네."

(중략)

– 피의자는 치과대학을 다니면서 본과 4학년 때 환자 실습을 하면 서 구강 안에 간단한 마취 주사를 놓는 실습을 했을 뿐 혈관 주사는 놓아본 적이 전혀 없지요?

"네."

피의자와 미국에 체류 중이던 김성재 사이에 이뤄진 수백여 통의 전화는 전화 요금을 낼 형편이 안 됐던 김성재의 요구로 이뤄진 것이라는 피의자의 답변이 나온 뒤 박영목이 다시 물었다.

– 피의자는 이 사건 이후 구속까지 되면서 매니저 측 사람들이 한결같이 피의자와 김성재의 관계를 "나빴었다"고 말하고 "가스총으로 3번이나 쏘고, 끈과 테이프로 묶었다"는 등의 진술을 하고 있는 점에 대해 '성재가 죽은 것과 관련해 무슨 말 못할 사연이 있는지' 도무지 납득할 수 없어서 발을 동동 구르고 있지요?

"네."

(중략)

– 피의자는 이 사건에 관해 절대 결백함을 모든 사람은 물론 하늘에까지 맹세할 수 있지요?

"네."

변론을 마친 박영목은 △ 7명의 동료들이 자고 있는 호텔방에서 여자의 몸으로 28회의 주사를 놓는 것은 불가능하다 △ 피의자가 자살하기 위해 구입한 졸레틸이 김성재 몸에서 나왔다고 해서 같은 물질이라고 단정할 수 없다 △ 김성재 시신에서 검출된 졸레틸 양이 치사량이라고 볼 수 없다 △ 둘의 사이가 안 좋았다면 싫어하는 여자가 놔주는 주사를 순순히 맞았을 리가 없다는 등의 내용이 담긴 변호인 의견서를 재판부에 제출했다. 박영목은 수사 과정에서 이미 정황 증거는 모두 수집 보전돼 있어 증거를 인멸할 우려가 없고 수사에 적극 협조할 것을 다짐한 피의자는 도주의 우려도 없기 때문에 불구속 상태에서 공평한 수사를 받을 수 있도록 석방해달라고 요청했다.

이날 오후, 서울지법 서부지원 민사 합의2부(부장판사 김기수)는 김성재를 살해한 혐의로 구속된 K의 변호인이 낸 구속적부심 청구를 "이유 없다"며 기각했다.

"경찰 출신이라 사건 현장도 가"

사건 이후 25년 만인 2020년 3월 16일과 24일에 이뤄진 인터뷰에서 K의 변호인 박영목은 인상적인 회고담을 들려주었다. 먼저 박영목 변호사는 당시 경찰의 초동수사와 유족의 대응에 문제가 없지 않았다고 회고했다.

  - 사건 당시 언론 인터뷰 등을 보면 경찰 출신이지만 이 사건의 초동수사에 대해 비판을 많이 했는데?

"초동수사의 상식인 현장 보존을 제대로 못 했고 호텔 내 CCTV 녹화 테이프도 확보하지 못한 점, 사건 뒤 곧바로 출국한 흑인 댄서들을 조사하지 못한 점, 시신을 매니저들이 임의로 옮기도록 방치한 점 등이 문제였다. 내가 경찰 출신이라 다른 변호인과 달리 사건 현장이랑 당시 K가 살던 여의도 S아파트도 갔다. 기억나는 건 당시 경찰 초동수사가 문제가 많았다는 거다. 주사기 이런 증거물을 확보 못 했다. 가장 먼저 확보했어야 할 CCTV도 뒤늦게 갔더니 지워져 있었다. 둘째, 김성재 어머니도 실수한 게 있다. 의혹이 있으면 장례를 치르면 안 된다. 그런데 사건이 있고 나서 곧바로 여의도 성모병원에서 장례식을 치렀다. 수사가 다 끝난 뒤 장례를 해야 하지 않았을까. 또 K가 의심되면 당장 수사 의뢰를 했어야지. 어머니가 사건 당일 여의도 K 집에서 샤워하고 하룻밤 묵은 건 좀 이상하다."

– 수사를 지휘했던 안원식 검사와는 연수원 동기였는데….

"연수원 16기로 동기인 데다 대학도 서울대로 같았다. 그러나 개인적으로 아는 사이는 아니었다. 수임하고 만나러 갔더니 K를 범인으로 보는 이유 두 가지를 얘기하더라. 첫째, 김성재가 주사에 대한 공포가 있었는데 어떻게 28방을 맞냐고 했다. 둘째, 국제전화를 168번 하는데 30초 미만이 절반, 1분 미만이 절반이라고 하는 거다. 게다가 주로 이현도가 받아서 끊어버렸다면서 결국 변심했다는 거였다. 그래서 죽였다는 것이었다. 검찰 이야기를 듣고 다시 K를 면회했다. 검찰이 이렇게 주장한다 그랬더니 K의 방어 논리가 '성재는 돈이 없어서 우리 집 전화로 국제전화를 한 거다. 빨리 끊은 건 부재중이어서 그런 거다. 시차로 시간이 안 맞아서. 한국이 저녁 6시면 거긴 새벽 2시라고. 그리고 요금 많이 나오는 줄 알고 그랬다'는 거라고 하더라. 둘째, 동물병원에서 산 졸레틸과 황산마그네슘에 대해 물어보니 K가 '자살하려고 산 거'라고 얘기했다. 사실 내가 봤을 때 애완견은 없었다. 본인이 자살하려 산 거라고 나한테 이야기했다. 경찰은 K가 버렸다는 그

약품 찾으려 난지도를 뒤졌는데 결국 못 찾았다."

— 적극적으로 변호에 나섰지만 결국 구속적부심은 기각됐다.

"쉽지 않을 거라고 봤다. 다만 내가 변호사로서 훌륭한 게 K가 그전에 자살 시도 한 적이 있는지 입증하려고 K의 어머니한테 그전 자살 시도 한 적 있으면 기록을 달라고 했더니 있다고 하더라.(웃음) 성적 떨어져 수면제 먹은 적 있다며 병원 자료를 줘서 그걸 법원에 제출했다. 또 김성재가 K랑 사귈 때 사준 김성재 명의의 핸드폰 요금 영수증과 김성재가 미국에 가기 전날인 1995년 7월 20일에 K에게 주었다는 사진 및 자필 메모(삭발한 머리 스타일의 김성재 전신 사진 뒷면에는 '너를 만나서 너를 사랑하기까지, 그 험한 과정 끝에 너와 사랑하게 돼서 너무나도 기뻐서 날 뛰던 게 어제 같은데, 지금은 정신병자가 되어버린 나, 널 너무 사랑하기 때문에… 멋진 성재가…'라고 쓰여 있는데 날짜는 적혀 있지 않다. 확인 결과, 김성재가 삭발했던 시기는 듀스 2집에 실린 '약한 남자' 활동할 때로 시기는 1994년 8월이었다. K가 주장한 시기와 1년 가까이 차이가 나는 셈이다), K의 보모 할머니에게 감사의 인사로 건넨 달러 등의 증거를 찾아서 제출했다. 경찰 수사하듯이 변론을 준비했다."

— 피의자 K에 대해 기억나는 건?

"당시 K가 많이 말랐다. 수갑을 채우면 손이 빠져나갈 정도였다. 자신의 결백을 냉정하고 차분하게 얘기하더라. 당돌하다는 인상을 받았다."

구속적부심이 기각되고 18일 뒤인 1996년 1월 11일 박영목은 사임계를 제출했다. 그는 "사임 뒤에는 전혀 관여 안 했고 1·2심 결과도 보도로 알았다"고 말했다. 박영목이 사임된 이후에는 고등법원 부장판사 출신 김완섭(연수원 4기), 대법원 재판연구관 출신 배용범 변호사(연수원 10기)로 변호인이 변경됐다. 구속 단계에선 경찰 출신 전관 변호사를, 재판 단계에선 판사 출신 전관 변호사를 선임한 것이다.

한국판 O. J. 심슨 사건

한편, 당시 안원식은 자신이 수사한 '치과의사 모녀 살인사건' 공판으로 바쁜 나날을 보내고 있었다. 내과 의사인 L이 자신의 아내인 치과의사와 한 살짜리 딸을 살해했다는 혐의로 구속된 이 사건은 '한국판 O. J. 심슨 사건'이라 불리며 초미의 관심 속에 1심 공판이 진행되고 있었다.

원래 이런 대형 사건의 경우, 인원 많은 지청이라면 주임검사에 보조검사 붙이고 수사관 두 명 정도 배정했을 사안이었지만, 안원식은 이 사건을 파견 경찰관 두 명과 함께 수사하고 있었다. 예산이 빠듯하던 시절, 안원식은 사비를 들여 검찰 직원들과 파견 경찰관들에게 밥술을 먹이며 수사비를 충당했다. 검사의 권위는 수사를 잘 지휘하는 것에서도 나오지만, 많은 경우는 팀원들을 얼마나 잘 먹이느냐에서 판가름 나던 시절이었다.

당시 서부지청에 근무했던 검찰 출신 변호사에 따르면 서부지청장이 그때 방을 2개 썼는데 대형 사건을 2개씩이나 맡고 있던 안원식은 방을 3개나 썼다고 한다. 참고인만 수십 명에 달하는 등 드나드는 사람이 많은 탓이었다.

안원식이 치과의사 모녀 살인사건에 이어 김성재 사건까지 연이어 맡았던 데에는 두 사건이 가진 유사성도 한 이유가 됐다. 5개월의 시차를 두고 발생한 두 사건은 양측성 시반 형성 등 사망추정시각의 다툼과 살해 동기 여부, 경찰 초동수사 부실로 인한 직접 증거 부재 등의 문제에서 너무나도 흡사했다. 사건 발생지도 각각 은평구 불광동과 서대문구 홍은동으로 인접해 있었다. 더욱이 결정적 물증 없이 공판이 이뤄지고 있다는 점에서 치과의사 모녀 살인사건은 김성재 사건과 판박이였다. 치과의사 모녀 살인사건의 전말을 들여다봐야 하는 이유다.

칼과 방패

사건은 경악할 만했다. 1995년 6월 12일 오전 9시 40분께 서울 은평구 불광동 ㅁ아파트 708호에서 불이 났다. 안방에서 시작된 불길은 방 천정 등을 태우고 진화 작업 7분여 만에 꺼졌다. 욕실에서 최○○(당시 30세, 치과의사)와 어린 딸(1세)이 욕조에 잠긴 채 시신으로 발견됐다. 남편 L(당시 33세, 외과의사)은 이날 오전 7시께 집에서 나와 8시

10분께 서울 강서구 L외과의원에 도착했다. 이날은 L이 외과를 개원하는 날이었다.

은평서 수사팀은 가정 불화와 아내의 외도 끝에 남편 L이 일가족을 살해하고 불을 질렀을 가능성이 높다고 판단했다. 경찰은 L을 유력한 용의자로 지목, 구속영장을 청구했고 결국 L은 9월 2일 구속됐다. 10월 12일 열린 첫 공판에서부터 검찰과 변호인은 L의 혐의를 두고 치열한 법정 공방이 벌어졌다.

검찰 쪽 주장은 이러했다. 검찰은 법의학자들의 피해자의 사망추정시각이 모두 "최소한 남편의 출근 이전"으로 일치한다고 밝혔다. 아내와 딸의 주검을 더운 물에 담가놓은 건 시체 강직 시간을 늦추려는 의도며 장롱 안에 불을 놓아 천천히 타게 한 건 알리바이를 만들려는 남편의 속임수라는 게 검찰 주장이었다. 또 아파트 현관문이 안으로 잠겨 있어, 외부인 침입 흔적이 없다는 점(김성재 사건과도 유사한 지점이다)도 검찰은 중시했다. 당시 검찰은 "범행 수법이 비디오(《위험한 독신녀》)와 흡사한데, 이 씨가 이 비디오를 두 차례나 빌려 봤다"며 "거짓말 탐지기 검사에서도 양성 반응이 나왔다"고 밝혔다.

반박도 만만치 않았다. 변호인 쪽은 검찰 쪽 주장을 하나하나 논박했다. 변호인 쪽은 "검찰 주장은 단지 정황 증거들일 뿐"이며 "피의자가 아내와 딸을 살해했다는 직접적인 증거는 하나도 없다"고 반박했다. 검찰이 유력한 증거로 내놓은 사망추정시각에 대해 변호인 쪽은 "현재 법의학 이론상 사망 시각을 정확하게 알아낼 방법은 아직 없다"며 "사건 당시 날씨와 욕조의 뜨거운 물로 인한 사체 변화 모습 등의 변수를 고려하지 않은 불충분한 자료"라고 주장했다. 변호인은 또 "거짓말 탐지기 검사 당시 L이 범인으로 몰리면서 심리적으로 위축돼 양성 반응이 나왔을 것"이라며 "검찰의 범행 동기 추정도 근거가 없다"고 일축했다.

칼과 방패의 싸움이었다. 검찰과 변호인 모두 당시에는 이 싸움이 7년 동안이나 이어지리라 예상하지 못했다.

두 사건의 유사성

사실 치과의사 모녀 살인사건의 최대 쟁점은 법의학적으로 추정한 사망 시각이었다. 범인으로 지목된 남편 L이 사건 당일 오전 7시 정상적으로 출근하는 게 목격됐기 때문에, 그 뒤 집 안 목욕탕에서 발견된 부인과 딸의 사망추정시각이 이보다 앞서느냐 뒤서느냐에 따라 그의 유·무죄가 확연히 갈렸다.

당시 집을 수사하던 수사관들은 L의 트레이닝복 바지에서 쪽지를 발견한다.

검사 vs 변호사

〈위험한 독신녀〉

남편 L의 트레이닝 바지 속에서 경찰이 발견한 쪽지에는 영화 제목들이 적혀 있었다. 수사를 지휘했던 은평서 형사과 윤건영 경감의 육감이 발동했다. 목록에 있는 영화를 구해서 보던 윤건영은 깜짝 놀랐다. 목록에 있던 영화 〈위험한 독신녀〉(1992년 개봉)에서 극중 여자 범인이 남성을 죽여 욕조에 시신을 담그는 장면이 나온 것이다. 실제 사건과 너무나도 흡사했다.

윤건영이 피의자 L에게 〈위험한 독신녀〉를 본 적이 있는지 물었다. L은 그런 사실이 없다고 부인했다. 윤건영은 L이 공중보건의로 근무했던 강릉에 수사팀을 급파해, 피의자가 1994년 2월 28일에 한 비디오 대여점에서 해당 비디오를 빌려, 3월 2일에 반납했다는 것을 알아냈다. 같은 해 10월 26일, 또 다른 대여점에서 이를 빌린 후, 한참 뒤에 연체료를 물며 반납한 정황도 드러났다. L은 끝까지 자신은 그 영화에 대해 모른다고 주장했다.

물론 영화 〈위험한 독신녀〉를 L이 여러 차례 봤다는 증거가 있다 해도 그 영화를 봤다는 것이 범죄 혐의를 곧바로 입증하는 것은 아니었다. L의 입장에서는 자신이 사건의 용의자로 의심받고 있는 상황에서 사건 내용과 일부 유사점이 있는 그 영화를 언급하는 것 자체를 회피하려는 방어 심리로 일체 부인했다고 볼 수도 있다.

대여 기록과 연체 기록 등이 있으니 L이 그 영화를 여러 번 본 것이 분명하다 해도 L이 친구나 지인의 부탁으로 빌려다 줬다는 등의 진술로 대응하고, 그 사람이 누구인지는 시간이 지나서 기억나지 않는다는 등으로 진술하면 그것을 부정할 증거도 없던 상황이었다.

실제 재판 과정에서 L이 〈위험한 독신녀〉를 2번 빌려 봤음에도 부인했다는 점은 재판부도 인정했다. 그러나 이것이 사건과 연관이 있다는 것을 검찰은 증명하지 못했다. 형사재판에서 기소에 대한 입증 책임은 검찰에게 있다.

나중에 밝혀진 것이지만, 자신밖에 모르는 사실 중에서 자신에게 불리할 수도 있는 사실을 L이 진술한 예도 있었다. 예컨대 피해자의 눈썹화장과 관련해 변호인 김형태는 사진 자료상 화장한 것처럼 보인다고 L에게 물었지만, L은 사망 전에 한 눈썹 문신이라고 진술했다. 피해자가 화장한 후에 살해됐다면 L이 출근한 7시 이후에 살해당한 것으로 볼 증거가 될 수 있었음에도 자신에게 불리한 진술을 한 것이다. 당시엔 피해자의 시신이 남아 있지 않아 충분히 거짓말을 할 수도 있는 상황이었다.

재판부에 이견은 없었을까

1996년 2월, 1심 재판부는 검찰의 손을 들어줬다. 검찰이 주장한 공소 사실은 대부분 인정됐다. 피고인 L에게 사형이 선고됐다. 논쟁은 사형제도 자체에 대한 존폐로까지 번졌다. 변호인은 항소했다. 항소심에서 다시 치열한 법리 다툼이 벌어졌다.

1996년 6월 27일, 서울고등법원은 이번엔 변호인의 손을 들어줬다. 재판부는 "법의학적 소견에 의한 사망추정시각을 피고인의 유죄를 입증하는 '유일한 증거'로 채택할 수 없고 아내의 불륜을 눈치챘다는 정황 증거 또한 살인의 직접 증거가 될 수 없다"며 피고인 L에게 무죄를 선고했다. 당시 판결에 대해 재판부 내에서도 이견이 있었다고 전해졌다. 사정을 잘 아는 한 법조인은 "재판장과 주심의 무죄 판단에 동의하지 않던 배석 판사가 끝까지 판결문에 서명 못 하겠다고 우겼다고 나중에 전해 들었다"며 "재판장과 주심 판사들의 설득에 도장을 찍긴 했는데 반듯하게 찍지 않고 비스듬히 찍는 걸로 소심한 저항을 했다"고 말했다.

항소심에서 무죄가 선고된 날, 안원식의 아내는 술상을 차려 내왔다. 안원식은 원래 장이 안 좋아 술을 못했다. 폭탄주 한 잔만 먹으면 바로 뻗을 정도로 주량도 약했지만 그날은 폭음을 했다. 몇 달 동안 집에도 못 간 채 쪽잠 자며 매달린 사건이었다. 안원식보다 아내가 더 속상해했다.

검사 안원식은 대법원에 상고했다. 1998년 11월 13일, 대법원은 유죄 취지로 사건을 서울고등법원으로 돌려보냈다. 당시 주심이었던 이용훈 대법관은 "부분적으로는 유죄 입증에 문제가 있는 증거들이라도 종합적으로 판단하면 유죄 판단의 근거가 된다"고 봤다. 이례적인 판결이었다(두 사건의 유사성으로 볼 때 김성재 살인사건에도 충분히 적용 가능한 판례였지만, 이 판결이 나온 1998년 11월은 이미 김성재 사건이 종결된 뒤였다). 사건은 다시 원점에서 재검토됐다.

사형-무죄-유죄 취지 파기환송-무죄-무죄

2001년 2월 17일, 서울고법 형사5부(재판장 이종찬 부장판사)는 피고인 L에 대한 파기환송심에서 무죄를 선고했다. 사건의 최대 쟁점인 사망 추정시각을 오전 7시 이전으로 본 대법원의 판단을 이례적으로 하급심에서 다시 뒤집은 것이다. 재판부는 판결문에서 "검찰은 주검의 강직(시강)과 반점(시반)에 대한 국내 법의학자들의 소견을 근거로 사망 추정시각이 이 씨 출근 전인 7시 이전이라고 주장하나, 법의학자들 사이에서도 시강 등을 기초로 한 사망 시각 추정에 견해가 일치하지 않는다"며 "주위 환경과 사람에 따라 시강과 시반이 다를 수도 있으므로 사건 발생이 7시 이전이라고 단정할 수 없다"고 밝혔다.

재판부는 아파트 방화 시간을 두고서도 "검찰은 일러도 아침 8시 40분에 아파트 경비원에 의해 발견된 아파트 안방 화재가 범인의 지능적인 지연 방화에 따라 늦게 발견된 것이라고 주장하지만, 화재 전문가들의 견해에 따르더라도 범행 예상 시각인 7시 이전에 발생한 화재가 그처럼 늦게 발견된 것을 수긍할 수 없다"고 밝혔다.

'한국판 O. J. 심슨 사건'으로 불리는 치과의사 모녀 살인사건에서 서울고법이 두 번째로 무죄를 선고한 것은 대법원이 "개별적 증거들의 종합적 증명력"을 이유로 1996년의 항소심 무죄 판결을 깬 것을 또다시 뒤집었다는 점에서 의미심장했다.

당시 선고를 앞두고 판사들 사이에서도 "무죄 판결이 나오기는 힘들 것"이라는 전망이 나왔다고 한다. 하급심이 대법원 판결 취지를 거스른 전례는 흔치 않기 때문이다. 특히 이 판결은 "법관으로 하여금 합리적 의심이 없을 정도의 확신을 가지게 하는" 정도의 증명이 있어야 유죄 판결이 가능하다는 대원칙을 다시 한번 확인시켰다. 이는 김성재 살인사건에서도 똑같이 관철된 논리였다. 다시 말해 '의심스러울 때는 피고인의 법익으로'라는 형사사법의 대원칙이 적용된 것이었다.

검찰의 주장을 변호인 쪽이 실험을 통해 하나하나 반박한 것도 김성재 사건의 항소심과 흡사했다. 당시 검찰은 L 출근 뒤 일러야 1시간 40분 뒤에 발견된 아파트 화재에 대해 '지연화재'라고 주장했다. 보험회사의 컴퓨터 시뮬레이션을 적용한 결과, 불은 아침 6시 40분~7시 10분 사이에 일어난 것으로 추정되므로 L이 범인일 수 있다는 것이다.

이에 대해 변호사 김형태는 아파트 내부를 재현한 모의 화재 실험을 벌이며 반박했다. 재판부도 "컴퓨터 시뮬레이션에 투입한 수치는 객관성이 없고, 출근 시간대에 2시간 가까이 지나서야 불이 발견됐다는 것은 상식적이지 않다"고 결론지었다.

피해자의 불륜을 범행 동기로 든 검찰 주장도 "2년여 전의 일이 새삼 문제됐을 이유가 없다"는 이유로 반박되는 등, 검찰이 제시한 10여 가지 정황 증거는 모두 받아들여지지 않았다.

그러나 한편으로 이 판결은 직접 증거나 목격자, 자백 없이 형사재판이 이뤄질 경우, 한쪽의 법의학적 해석이 과도하게 채택되거나 반대로 배척되는 문제점도 아울러 보여줬다. 다시 말해 양쪽의 법의학이 치열하게 다투면서 결과적으로 사건의 실체적 진실과 동떨어진 결론이 도출될 가능성도 적지 않았다. 실제 L의 변호인인 김형태 변호사가 파기환송심에서 스위스 법의학자 크롬페셔 교수를 증인으로 채택해 "이 씨 출근 이후 사건이 발생했을 가능성이 높다"는 증언을 이끌어내자, 사망 시각을 그 이전으로 본 국내 법의학자들의 다른 근거들이 모두 부정당했다. 한쪽 법의학자들의 증언이 뭉텅이로 배척되는 일은 김성재 사건 공판에서도 확인할 수 있다. 물론 여기에는 수사 기관이 국내 법의학자들을 독점한 현실에 대한 반발도 작용한 것으로 보인다. 변호인 쪽이 내세울 법의학자를 찾기 힘든 상황에서 해외 학자를 통해 국내 법의학자들의 소견 전부를 반박하는 일이 벌어진 것이다. 2013년 〈한겨레21〉과의 인터뷰에서 김형태는 국내 법의학자들을 검찰이 모두 증인으로 데려간 바람에 부득이하게 해외 학자를 증인으로 삼을 수밖에 없었다고 토로한 바 있다.

파기환송심으로부터 2년 뒤인 2003년 2월, 재상고심이 열렸고 대법원은 피고인에 대해 최종 무죄를 확정했다. 8년여의 공판이 끝난 것이다. 세기의 재판이라 불릴 만했다. 사형-무죄-유죄 취지 파기환송-무죄-무죄로 판결이 수차례 뒤바뀌는 사이 피고인은 천국에서 지옥을 오락가락했다. 결과적으로 최종 무죄가 되면서 이 사건은 대한민국 최대 미제 사건 가운데 하나가 됐다. 그렇다면 진범은 누구인가.

더 엄격한 증거를 요구하는 법원

치과의사 모녀 살인사건과 김성재 살인사건은 그 시작과 결말에서 굉장한 유사성을 보인다고 할 수 있다. 또한 두 사건 모두 과학적·합리적 수사 관행의 필요성을 일깨우는 대표적인 사례로 남게 됐다.

당시 〈한겨레〉는 파기환송심 판결을 분석하는 기사와 함께 재판장인 이종찬 부장판사 인터뷰를 실었다. 당시 재판부의 고민을 읽을 수 있는 이 인터뷰는 김성재 사건에 대한 회고인 것만 같아 의미심장하다.

강력 사건 과학 수사에 문제가 있는 게 아닌가라는 질문에 이종찬 판사는 "중죄에 해당하는 범죄일수록 직접 증거가 없다"며 "우리는 확신이 없는 상태에서 중형을 선고할 수 있을까 하는 고민을 한다. 살인사건 같은 경우 법의학자들이 경찰 등이 낸 서류로 감정을 하는 게 아니라 사건 현장에 일찍 출동해 감식을 해야 한다고 생각한다"고 말했다. 김성재 살인사건에도 일맥상통하는 내용이다.

대법원의 '부분적으로는 유죄 입증에 문제가 있는 증거들이라도 종합적으로 판단하면 유죄 판단의 근거가 된다'는 유죄 취지 파기환송에 대해서는 "대법원이 반드시 유죄 심증을 갖고 판단했다고 보지 않는다"며 "더 확실하게 심리를 해서 판단하라는 뜻으로 받아들였다"고 했다. 재판부 안에서 이견이 있었냐는 물음에는 "합의부 판사세 명 모두 기록을 보면서 절차탁마하는 자세로 결론을 이끌어냈다. 법원 안에서도 이러저러한 의견이 있었다"고 전했다.

간접 증거로만 심리가 진행된 데 따른 어려움을 묻자 "사물은 여러 가지 측면에서 바라볼 수 있다. 그러나 통상적, 상식적인 측면에서 접근하려고 애썼다. 형사재판에서는 점점 더 엄격한 증거를 요구하는 추세"라고 했다(《한겨레》, 2001년 2월 18일).

치과의사 모녀 살인사건의 3심까지 공소 유지를 담당한 안원식 검사는 "말하기 좋아하는 사람들이 치과의사 사건과 관련해서 인권침해라 하는데 당당하게 말할 수 있다"며 "절차상 위법한 수사가 전혀 없었다는 사실은 자부할 수 있다. 다만 입증이 부족하다는 결론을 받은 것"이라고 한 언론 인터뷰에서 밝힌 바 있다.

황산마그네슘 투여 가능성

한편, 치과의사 모녀 살인사건의 수사가 한창 이뤄지고 있던 1995년 12월 26일 화요일, 서울지검 서부지청 안원식 검사실에 정희선이 감정인으로 출석했다. 3일 전(23일)에 있었던 구속적부심이 기각되면서, 검찰 수사는 다시 탄력을 받고 있었다. 당시 재판 기록을 보면, 정희선은 김성재의 몸에서 나온 물질들에 대해 다음과 같이 진술했다.

"우선, 틸레타민과 졸라제팜이 검출됐습니다. 그 이후 경찰에서 황산마그네슘에 대한 검사를 의뢰해 검사한 결과 황산마그네슘 투약 가능성이 높게 나타났습니다. 경찰로부터 황산마그네슘에 대한 검사

의뢰를 받고, 김성재의 혈액, 소변으로 검사를 해보니, 제가 작성해 경찰에 송부한 감정서와 같이 마그네슘이온이 통상인에서 검출될 수 있는 양보다 다량 검출되었습니다. 그 검사 및 비교 판단 결과 황산마그네슘이 김성재에게 투약되었을 가능성이 높다고 봅니다."

정희선은 "이 약물을 구하는 데 매우 어려움을 겪었는데, 이러한 제 경험에 비추어 보면, 일반인들이 이 졸레틸 등을 구하려면 매우 어려울 것 같다"고 덧붙였다.

이날 안원식 검사실에선 유족인 육미승에 대한 진술 조사도 이뤄졌다.

"부검 결과가 나오기 전인 12월 5일에 한 진혼굿에서 무당이 범인과 범행 방법을 말하더라고요." 육미승이 검사 안원식에게 진혼굿에서 있었던 일을 말했다. 안원식은 "진혼제는 비과학적인 거라 증거 채택이 어렵다"고 했다. 그리고는 "참고인들의 진술을 들어보면 아드님이 참 좋은 사람이었나 보다"며 "제가 끝까지 사건을 해결할 테니 걱정하지 말라"고 했다. 육미승은 이날 처음 만난 안원식의 이 말에 고마움을 느꼈다.

김성재 추모공연

12월 30일 토요일 오후 2시, 서울 태평로 소공동 롯데호텔 크리스탈 볼룸 2층에서 김성재 추모공연이 열렸다. 룰라, R.ef, 김건모, 솔리드, 노이즈, 강수지, DJ DOC, 육각수 등 듀스와 같이 활동했던 한국 가요계의 대표적인 가수들이 총출동해 성재의 넋을 위로했다. 특히 이 날 공연에선 김성재의 솔로 앨범에 담긴 '마지막 노래를 들어줘'를 동료 가수들이 부르는 장면도 연출됐다. 특히 이 노래는 헤어진 연인에게 자신을 잊어달라는 가사로 인해 김성재의 죽음을 예고한 듯한 여운을 주는 곡이었다. 이 행사의 수익금은 전액 김성재 추모비 건립에 쓰였다. 그렇게 김성재가 없는 1996년이 밝아오고 있었다.

검찰은 그즈음 졸레틸50의 환각성 여부에 대한 조사를 벌이고 있었다. 마약 대용으로 졸레틸을 투약하다 숨겼다는 변호인 쪽의 주장은 반박하기 위함이었다.

검찰은 수의사를 대상으로 한 참고인 조사에서 졸레틸50은 곧바로 마취되기 때문에 환각 효과를 볼 수 없다는 의미심장한 진술을 확보했다. 취재 과정에서 입수한 검찰 기록을 보면, 수의학자인 정일승은 "졸레틸은 투약하면 곧바로 신속하게 마취 효과가 오기 때문에 마약이나 향정신성 약품과는 다르다"며 "125mg을 천천히 투약하면 사람도 다 맞기 전에 마취가 되기 때문에 250mg을 두 번에 나눠서 마약 대용으로 투약했다는 것은 거짓"이라고 피고인쪽이 주장하는 졸레틸의 마약 대용 가능성을 일축하는 진술을 했다.

그는 또 "졸레틸이나 테라졸을 마약 대용으로 투약한다는 이야기는 들어본 적 없다"며 "졸레틸은 정맥 주사나 근육 주사 또는 경구 투여의 방법으로 사용한다. 정맥 주사를 했을 경우 가장 효과가 빠르다"고 덧붙였다.

안원식은 공소장을 작성하기 시작했다.

| 20화 |

첫 공판

| 20화 사건 관련 주요 인물 |

안원식(검사, 서부지청 형사부)

김완섭(고등법원 판사 출신 변호사, K의 변호인)

배용범(대법원 재판연구원 출신 변호사, K의 변호인)

김광훈(법의학자, 국립과학수사연구소)

박우동(변호사, 남편 L의 1심 변호인)

검찰의 공소장 제출

1996년 1월 4일 목요일, 안원식은 서울지법 서부지원에 피의자 K에 대한 공소장을 제출했다. 공소란, 형사사건의 재판을 요구하는 절차로 통상 기소(起訴)라고도 불리는 법률 행위였다. 기소가 이뤄지면서 K는 피의자에서 피고인이 됐다. 공소 사실에는 그동안 경찰과 검찰 단계에서 진행된 수사 결과가 담겼다. 김성재를 죽인 범인은 누구인가. 이제 재판에서 그날의 진실이 가려지게 될 터였다.

1월 10일 수요일 정오, 서울 북한산 자락에 사람들이 모여들기 시작했다. 이날 영불사에서 김성재 추모비 제막식이 열렸다. 산등성이에 칼바람이 불었다. 참가자들이 옷깃을 여몄다. 제막식이 열릴 영불사 대웅전 앞마당엔 이미 200여 명 이상의 여학생 팬들이 모여 있었다. 새벽 6시 첫차를 타고 대전에서 올라온 학생도 있었고 대구에서 상경한 여학생들도 있었다. 모두 성재를 잊지 못한 이들이었다(이후 김성재 추모비는 지금의 경기 성남 분당메모리얼파크로 이전됐다. 비가 오거나 눈이 오면 팬들이 김성재 추모비가 안녕한지 영불사에 시도 때도 없이 전화를 하는 통에 절에서 이전을 요구했다고 육미승은 말했다).

유족들과 매니저가 추모비 앞에 서서 천 끝에 달린 줄을 잡아당겼다. 검은 빗돌에 '고 김성재 추모비'라는 글자가 음각돼 있었다. 뒷면에는 유족들과 친구들, 매니저와 팬들의 이름이 새겨져 있었다. 옆 작은 빗돌에는 김성재의 유작 앨범에 실린 '마지막 노래를 들어줘'의 가사가 새겨져 있었다.

유족들의 분향이 이어졌다. 육미승에 이어 군대에서 휴가를 나온 동생 성욱이 분향하러 일어서자 팬들이 일제히 비명을 질렀다. 얼굴이며 몸매, 몸짓 심지어 옷차림까지 김성재와 너무도 흡사했기 때문이다.

추모글을 읽는 순서였다. 대구에서 올라온 한 여학생 팬이 주머니에서 김성재에게 보내는 편지를 꺼냈다. '…성재 오빠 이제는 아무 염려 마시고 하늘나라에 편안히 계세요…' 이때 김성재의 '마지막 노래를 들어줘'가 흘러나왔다. 의자에 앉아 있던 육미승이 고개를 떨궜다. 팬들도 눈물을 훔쳤다.

유족과 팬들이 대웅전 안으로 들어갔다. 이날 행사는 성재의 49재를 겸한 것이었다. 스님들의 독경 소리에 맞춰 유족들이 합장했다. 성재 넋이 좋은 곳으로 가길 빌었다. 대웅전 밖의 팬들이 그 풍경을 지켜봤다.

팬들은 숙연한 표정으로 비석을 만지고 쓸었다. 극락왕생을 기원하는 예불이 끝나고 밖으로 나온 유족들은 곧이어 차에 올랐다. 그제야 팬들은 하나둘 뒤를 돌아보며 산을 내려갔다. 여전히 비석 앞을 서성이는 팬들도 있었다. 비석이 북한산 겨울 바람을 맞고 서 있었다 (《스타채널》, 1996년 2월호).

수사를 통해 확인된 사실들

그 시각 안원식은 2월 8일로 잡힌 첫 공판을 준비하고 있었다. 경찰과 검찰 수사를 통해 확인된 사실들을 정리했다.

경찰단계	사체에 시반	피해자의 사체는 1995년 11월 20일 16:00경 검안 과정에서 폴라로이드 사진으로 촬영되었다.
경찰단계	주삿바늘 자국	피해자의 오른쪽 팔에서만 28군데의 주삿바늘 자국이 발견되었다.
경찰단계	피하출혈	피해자의 오른쪽 팔에 광범위한 피하출혈이 발견되었다.
경찰단계	사체에서 틸레타민 검출	피해자의 사체에서 틸레타민 0.85, 졸라제팜 3.25가 검출되었다.
경찰단계	졸레틸, 황산마그네슘, 주사기 구입	피고인은 반포동물병원에서 졸레틸50 1병, 황산마그네슘 3.5g, 3cc 주사기 2개를 구입하였다.
경찰단계	현장상황	현장에서 주사기나 의료약품 등이 발견되지 않았다.
경찰단계	외상없음	피해자의 사체에는 주삿바늘 외에 특별한 외상이 없었다.
경찰단계	사체에서 마그네슘염 검출	피해자의 사체(뇨)에서 마그네슘염이 281.5ppm검출되었다.
경찰단계	건조기	작동 시간이 135분짜리인 건조기가 작동되고 있었다.

검찰이나 변호인 모두 인정하는 9가지의 사실이었다. 안원식은 이 사실들을 바탕으로 혐의 입증 전략을 세웠다.

검찰 기소로부터 한 달여의 시간이 흐른 2월 8일 목요일 오전 10시, 김성재 사건 첫 공판이 서울지법 서부지원 303호 대법정에서 형사합의부(재판장 손용근 부장판사, 주심 박익수 판사) 심리로 열렸다. 공판에는 피고인과 검사 안원식, 변호인 김완섭과 배용범이 참석했다. 법정에는

20여 명의 기자들이 취재 경쟁을 벌였다. 10대 중반의 팬들, 서부서 경찰들도 방청석에 자리했다.

피고인은 이날 검찰 심문에서 피해자와 단둘이 거실에 남아 있었던 점은 인정하면서도 "피해자와 줄곧 원만한 관계를 유지해왔으며 김성재를 결코 살해하지 않았다"며 공소 사실을 전면 부인했다.

이날 재판부는 변호인의 변론 준비에 따른 기록 열람 요청을 허락했다. 다음 공판은 2주 뒤인 2월 23일 목요일 오전 10시로 잡혔다. 첫 공판은 그렇게 25분 만에 끝났다. 〈한겨레〉, 〈경향신문〉, 〈동아일보〉 등이 첫 공판을 사회면 1단 기사로 보도했다.

공판이 열리고 있던 시각, 국과수 법의학자 김광훈은 서부서에 회신할 감정서를 작성하고 있었다. 서부서는 살아 있는 신체와 사체에 정맥 주사를 놓으면 주사 흔적이 다르게 나타나는지 여부와 피부 조직 검사를 했을 때 김성재 사체의 주사 흔적은 모두 같은 날 생성된 것인지 여부에 대해 물어온 바 있었다. 김광훈은 △ 생체에 주사할 경우 생활 반응, 즉 출혈이 주사 부위에 나타나며, 사체에 주사할 경우 출혈의 흔적을 볼 수 없고 △ 변사자의 피부 조직에서 대량의 피하출혈의 소견을 보이며 이러한 출혈은 신선혈로서 사망하기 전 24시간 이내에 출혈된 것으로 추정할 수 있다고 감정서를 작성했다.

2차 공판의 소란

2월 23일 금요일 오전 10시, 서부지원에서 김성재 살인사건의 2차 공판이 열렸다. 1차 공판과 같은 303호 대법정이었다. 2차 공판에서도 피고인 K는 자신의 혐의를 완강하게 부인했다. 피고인의 발언이 있을 때마다 방청석에 자리한 김성재의 10대 팬들에게선 야유와 비난이 쏟아졌다. 법정 경위가 제지했지만, 속수무책이었다. 재판장은 다음 공판 기일을 알리며 서둘러 재판을 마쳤다.

이날은 같은 서부지원에서 치과의사 모녀 살인사건의 1심 선고 공판이 있던 날이기도 했다. 안원식은 김성재 살인사건 외에도 이 사건까지 맡고 있었다. 이날 형사합의부(재판장 손용근 부장판사)는 치과의사인 아내와 딸을 살해한 혐의로 구속 기소된 L(당시 33세, 외과의사)에게 사형을 선고했다. 재판부는 판결문에서 "피고가 범행을 부인하고 피해자의 사망 시간에 대해 검찰과 변호인 사이에 다툼이 있지만, 범행 장소인 피고의 아파트에 다른 사람이 들어온 흔적이 없고 숨진 것으로 추정되는 시각에 피고가 숨진 아내와 같이 있었다는 점이 인정된다"며 "피고가 끝까지 범행을 부인하며 반성의 빛을 보이지 않는 데다 한 살짜리 딸까지 살해하는 등 수법이 잔혹해 극형을 선고한다"고 밝혔다. 이에 대해 L의 변호인 박우동 변호사는 "사망 시간을 밝히는 법의학은 단지 경험을 근거로 한 것에 불과하다"며 "법의학에 기초한 재판부의 판단에 승복할 수 없으며 즉각 항소하겠다"고 밝혔다.

혐의 입증 vs 무죄 입증

3차 공판은 3월 8일 금요일 오전 10시에 열렸다. 10대 중반의 여학생 30여 명이 방청석 곳곳을 메웠다. 가방을 메고 교복을 입은 학생들이었다. 2차 공판 때 학생들의 재판 방해 행위로 곤욕을 치른 법정 경위가 재판에 앞서 학생들에게 단단히 주의를 줬다. 절대 녹음기를 사용하지 말라는 당부도 했다. 당시 법정을 스케치한 기사는 피고인이 법정에 들어서자 일부 여학생들이 머리를 맞대고 쑥덕거리기 시작했다고 분위기를 전하고 있다.

이날도 김성재의 사인을 둘러싸고 검찰과 변호인 사이에 치열한 공방이 이어졌다. 먼저 피고인에 대한 검사 안원식의 심문이 시작됐다. 취재 과정에서 입수한 법원 기록을 바탕으로 주요 문답을 정리했다.

- 피고인은 언제 그곳을 나왔나요?

"피고인의 아파트에 도착한 시간이 4시 5분경이었으므로, 추정해서 3시 40분경으로 생각합니다. 시간은 아파트 경비실에 있는 시계를 보고 알았습니다."

- 피고인은 김성재 어머니에게, 검사나 부검의에게 돈을 써서 부검 결과 사인을 심장마비로 하자고 한 사실이 있나요?

"없습니다. 김성재 어머니가 부검하는 것을 원하지 않기 때문에, 김성재 어머니가 먼저 그런 이야기를 해서 어머니 뜻대로 하시라고 이야기했습니다."

– 약품은 언제 어디서 누구로부터 구입했나요?

"1995년 9월 초에 반포에 있는 동물병원장 배○○으로부터 구입했습니다."

– 무슨 이유로 구입했나요?

"피고인이 기르던 강아지가 치매 증상이 있어서 안락사시키기 위해서 구입했습니다."

– 피고인은 그전에는 계속해서 피고인이 자살하려고 구입했다고 하지 않았나요?

"경찰, 검찰에서 조사받을 때 겁이 나서 그렇게 진술했습니다."

– 구속적부심 신문 시에도 그렇게 진술했는데, 어느 것이 맞는 것인가요?

"강아지를 안락사시키기 위해서 구입한 것이 맞습니다."

– 배○○은 피고인이 당시 약물 구입 사실을 경찰에 알리지 말라고 했지, 주사기 구입 사실을 말하지 말아달라고 한 것이 아니라는데 어떤가요?

"그날 분명히 주사기 사 간 것을 말하지 말라고 부탁했습니다."

이때 안원식은 검찰 조사 때 자신이 물었던 핵심적인 질문을 반복했다.

– 당시는 일반인들과 수사관들이 마약 때문에 김성재가 죽었을 것 같다고 생각하던 때라서 피고인이 동물 마취제와 극약을 사 간 것은 관련이 없는 것인데 왜 그렇게 걱정을 해 약물 검사 결과가 나오는지

물어보고 약물 사 간 것을 말하지 말아달라고 했나요?

"배○○이 신문에서 김성재는 마약으로 죽었다고 먼저 말했으며, 배○○에게 약물을 사 간 것을 말하지 말라고 한 것이 아니고, 주사기 사 간 것을 말하지 말아달라고 이야기했습니다."

– 그러면 안락사시키기 위해서 주사기를 가져왔다면, 그 당시 주사를 잘 놓을 줄 알고 있었던 것이 아닌가요?

"잘 몰랐으며, 주사기와 약물을 주니까 그냥 받아 왔습니다."

– 배○○으로부터 구입한 주사기와 약물은 어떻게 처리했나요?

"구입한 다음 날 오전 11시경 아파트 쓰레기통에 버렸습니다."

다음으로 변호인 김완섭이 반대 심문했다.

– 피해자는 사건 당일 긴 소파(3인용 소파)에 누워서 잠이 들었고 피고인도 피해자가 1인용 소파 2개를 마주 보게 배치해준 곳에 다리를 뻗고 앉아 설핏 잠이 들었다가 잠시 후 잠자리가 너무 불편해 잠이 깨었지요?

"네."

– 그래서 피고인은 집에 가서 편히 자야겠다는 생각에서 피해자가 깰까 봐 조용히 호텔을 나와 승용차를 운전해 귀가했지요?

"네"

– 피고인이 여의도에 있는 아파트에 도착해 경비실에 자동차 열쇠를 맡기면서 경비실 시계를 보니 4시 5분이었고 올라와서 일하는 할머니

가 문을 열어주어 집에 들어가 하도 피곤해 화장도 지우지 못한 채 곧 잠이 들었지요?

"네."

— 위 일행 아홉 명 중 별지 약도 표시 (가)의 큰방에 기사 겸 로드매니저 L, 백댄서 류노아, 무용수 김진, 무용수 김조엔, 재미교포 연예인 지망생 진세라 등 다섯 명이 취침했고 별지 약도 표시 (나)의 작은방에 흑인 백댄서 니콜이, 별지 약도 표시 (다)의 작은방에 흑인 백댄서 트리키가 취침했으며 피해자는 별지 약도 표시 (라)의 3인용 소파에 누워서 잤고 피고인은 별지 약도 표시 (마) 지점에 피해자가 1인용 소파 2개를 마주 보게 배치해주어 그곳에 앉아서 잠깐 잠이 들었지요?

"네."

— 피고인이 기억하기로는 별지 약도 표시 (바) 탁자 위에 있는 스탠드와 복도 불만 켜져 있었고 나머지 불은 모두 꺼져 있었지요?

"네."

— 위와 같이 어두운 거실에서 더욱이 옆방에는 일곱 명의 동료들이 있는 상황에서 피해자를 살해하기 위해 주사를 놓는다는 것은 상식적으로 상상하기도 어려운 일이지요?

"네."

이때 변호인이 변론의 핵심으로 육박해 들어갔다. 취재 과정에서 확보한 법원 기록을 바탕으로 주요 문답을 정리했다.

– 당시 거실에는 피고인과 피해자만 남아 있고 나머지 일곱 명은 방에 들어갔다고는 하나 일곱 명이 전부 자고 있는지도 알 수 없고 일곱 명 중 어느 누가 언제 화장실에 갈지 또 물을 마시러 나올지도 모르는 불안한 상태에서 피해자를 살해하기 위해 주사를 놓는다는 것은 생각할 수도 없는 일이지요?

"네."

– 실제로 피고인과 피해자가 거실 소파에 둘이 남아서 얘기를 하고 있는데 인기척이 나서 돌아보니 흑인 남자 트리키가 방에서 나왔다 들어간 일도 있지요?

"네."

– 또한 검찰이 이 사건 범행에 사용된 것이라고 주장하는 졸레틸은 고무마개로 밀봉된 작은 병에 가루약 상태로 들어 있는 것이고 황산마그네슘도 가루약 상태로서 둘 다 용매로 녹여서 희석해 사용하도록 돼 있는 것인데 위와 같이 바로 옆방에 일곱 명의 동료들이 머무르고 있는 개방된 공간에서 위 약들을 용매로 녹인 다음 다시 주사기에 주입해 피해자에게 주사를 놓는 복잡다단한 작업을 한다는 것은 상식적으로 있을 수가 없는 일이지요?

"네."

– 또한 피해자의 오른팔에는 혈관 주사자국이 28군데가 있었다는데 위와 같은 상황에서 피해자에게 28회의 주사를 놓는다는 것도 경험칙상 생각할 수가 없는 일이지요?

"네."

– 공소장 기재에 의하면 당시 피고인은 피해자에게 수회 주사를 놓 았다고 돼 있으나 이는 전혀 근거 없는 잘못된 주장일 뿐 아니라 나머 지 20여 회의 혈관 주사자국은 무엇이란 말인지 도대체 납득할 수가 없지요?

"네."

– 또한 공소장 기재에 의하면 피고인이 당시 위와 같은 졸레틸, 황 산마그네슘, 주사기 등을 휴대하고 있었다고 돼 있는 바, 피고인은 당 시 주머니가 없는 검정색 상의와 줄바지를 입고 있었고 조그마한 어깨 걸이 털가방에 손지갑, 삐삐, 화장품 및 피해자가 녹화 부탁한 테이프 를 넣고 들고 다녔지요?

"네."

– 위 털가방은 상부가 완전히 개방된 형태로 상부의 중간쯤 달린 똑 딱단추를 채워 입구를 여미게 돼 있는 형태인데 시정 장치인 똑딱단추 가 고장이 나서 안이 훤히 들여다보이는 상태였을 뿐 아니라 위와 같은 녹화 테이프 등 물건들로 가득 차서 다른 물건이 더 들어가기 곤란한 상황이었지요?

"네."

– 실제 피고인은 위 털가방을 들고 다니다 당구장에서는 최윤정에 게 가방을 잠시 맡기기도 하는 등 다른 사람에게 들고 있게 하기도 했 고 호텔 숙소에 와서도 사람들 눈에 훤히 보이는 거실에 놓아두었지요?

"네."

– 만일 공소장 기재와 같이 피고인이 당시 살해 도구인 시약과 주

사기 등을 휴대하고 있었다면 이를 넣어둘 데는 위 털가방밖에 없었을 터인데 위와 같이 위가 터져 허술하기 짝이 없는 털가방에 살해 도구를 넣어두고 이를 다른 사람에게 맡기기도 하는 등 예사롭게 관리했다는 것도 상식적으로 말이 안 되는 얘기이지요?

검찰이 범행 도구를 담았을 것으로 본 털가방은 압수수색 과정에서 나타나지 않았다. 피고인이 입을 열었다.

이정빈(법의학자, 서울대 의대 교수, 검찰 측 증인)

황적준(법의학자, 고려대 교수, 검찰 측 증인)

김광훈(법의학자, 국립과학수사연구소, 검찰 측 증인)

안원식(검사, 서부지청 형사부)

김동구(기획사 대표)

K(김성재 여자친구)

상식과 상식 맞부딪힌 3차 공판

1996년 3월 8일 금요일 오전, 서부지원 303호 대법정에서 3차 공판이 열리고 있었다. 이날 공판에선 피고인이 동물병원장에게 졸레틸50 등을 산 이유과 그것을 숨기려 한 것에 대해 검사의 날선 추궁이 이어졌고, 변호인은 동료들이 각자의 방에 있던 순간에 거실에서 여성의 몸으로 피해자를 살해했다는 검찰의 공소 사실 자체가 말이 안 된다고 주장하고 있었다. 상식선의 의심이었고 상식선의 반론이었다. 변호인과 피고인의 문답이 이어졌다.

－ 또한 피고인이 치과대학 졸업생이라는 이유로 혈관 주사에 능통한 것으로 인식되고 있는 바 이것도 전혀 잘못된 것이지요?
"네."
－ 혈관 주사에 관해서는 전혀 문외한인 피고인이 어떻게 앞서와 같은 상황에서 피해자에게 혈관 주사를 그렇게 숙련되게 놓을 수 있었다는 것인지에 대한 공소장 기재는 도대체 이해가 안 되는 일이지요?
"네."
－ 그런데 만일 공소장 기재와 같이 피고인이 피해자를 심하게 괴롭혀 피해자가 결별 선언을 하고 피고인을 기피하는 상황이었다면 피고인이 졸레틸을 피로 회복제라고 속이고 주사하려고 한들 피고인에 대해 극도의 혐오감을 가지고 있는 피해자가 아무런 의심 없이 선뜻 주사를 놓으라고 팔을 내밀 수 있는 것인지 상식적으로 납득이 안 되는

일이지요?

"네."

변호인은 검찰 수사의 빈 곳을 노리고 있었다. 피고인이 김성재에게 주사를 놓은 것을 본 목격자나 직접적인 증거는 제시되지 못했던 상황이었다.

– 또한 피해자가 취침 중에 당한 것이라 가정한다면 피고인이 여러 차례나 주사를 놓는 동안 가만히 있었겠는지 이 점도 전혀 납득이 안 되는 일이지요?

"네."

– 실제 피고인은 피해자와 사이가 좋았고 피고인뿐 아니라 피해자도 피고인을 깊이 사랑하고 있는 처지였는데 그렇다면 피고인은 피해자를 살해할 이유가 전혀 없는 것으로, 이 점에 비추어도 위 공소 사실은 전혀 앞뒤가 맞지 않지요?

"네."

– 피고인은 같은 해 9월 초에 반포동물병원에서 주사기를 사 온 생각이 문득 떠올랐으며 그대로 두었다가는 '주사기를 사 갔다는 자체가 안 좋게 될 것 같고 아무 죄가 없는데 괜히 마약 사건에 휘말릴 것 같은 생각'이 들어서 1995년 11월 28일 18시경 동네 슈퍼에 가는 길에 공중전화에서 위 배○○과 통화를 하게 된 것이지요?

"네."

－ 피고인은 당시에는 수의사가 준 약이 무엇인지도 모르고 있다가 이 사건 발생 후 조사받은 과정에서 수사관들이 설명을 해주어 비로소 그때 수의사가 준 가루약이 황산마그네슘이고 봉지에 들어 있던 약이 졸레틸이라는 것을 알게 된 것이지요?

"네."

 － 또한 피고인이 반포동물병원장으로부터 위 약 및 주사기를 구입한 시기는 수사 기관에서 주장하는 1995년 11월 초가 아니라 1995년 9월 초이지요?

"네."

 － 백번을 양보하더라도 피고인이 당시 구입한 약은 애완용 개인 미니슈나우저 1마리를 마취 및 안락사시킬 수 있는 분량의 약인데 그것을 가지고 어떻게 신장이 180cm가 넘는 신체 건장한 젊은 남자를 죽일 수 있는지 도대체 이해가 안 가지요?

"네."

 － 피고인 집에서 기르는 미니슈나우저 종의 개는 키 30cm 내외, 몸무게 6~7kg 정도의 소형 애완견인 것이지요?

"네."

 － 4일째인 11월 18일에는 피고인이 감기 증세가 있어 집에서 쉬고 있는데 피해자가 전화를 해 "이불 남는 것 있으면 가져 오라"고 해 "이불 남는 게 어디 있느냐"고 하니 "그럼 그냥 오라"고 해 위 호텔 숙소에 갔다가 4시 30분경 귀가했지요?

"네."

- 위 가스총을 샘플로 빌려준 신한독총포사 주인인 이상돌의 진술에 의하면 위 가스총은 미등록 상태라 정식 가스탄이나 실탄을 주입하지 않았고 시험탄(물탄) 1개를 장착했는데 피고인은 그 사실을 알지 못했지요?

"네"

- 위 L의 진술에 의하면 그 당시 피해자는 티셔츠가 찢어지고 눈물, 콧물을 흘리고 양 눈이 충혈되었으며 차에 가스 냄새가 진동했다고 진술하고 있는데 그것은 위 L이 위 가스통에 실제로 정식 가스탄이 정착된 것으로 어림짐작하고 마치 가스탄을 맞은 것처럼 꾸미다 보니 터무니없이 과장된 것으로 생각하지요?

"네."

법의학자들의 감정 증언

3차 공판에선 훗날 한국 법의학의 대부로 알려진 이정빈 서울대 의대 교수(법의학교실)가 검찰 쪽 증인으로 출석해 증언했다.

김성재 살인사건 3차 공판에 검찰 쪽 증인으로 출석한 이정빈 서울대 의대 교수는 황적준 고려대 교수, 강신몽 가톨릭대 교수와 함께 국내에서 손꼽히는 부검 전문가 1세대다. 1987년, 연세대생 이한열이 교내 시위 중 최루탄에 맞아 사망한 사건의 사인 규명에 관여하기도 한 양심적인 법의학자였다. 검사 안원식은 치과의사 모녀 살인사건 수사 때 이정빈에게 자문을 구한 적이 있었다. 취재 과정에서 확보한 법원 기록을 바탕으로 주요 문답을 정리했다.

– 김성재 감정 사진에 나타난 주사침흔 28개는 동시에 주사한 것인가요?

"관찰되는 주사침흔의 양상이 유사해 매우 밀접한 시기에 이루어졌다고 판단됩니다."

– 생존 시에 모두 주사된 것인지요?

"정확한 정맥 내 주사의 실패로 광범위한 하부 연부조직 출혈을 동반한 점으로 봐서 상당수의 주사침흔이 생존 시 이루어진 것으로 판단됩니다."

– 28회 주사한 이유가 무엇이라고 보나요?

"알 수 없습니다. 다만 주사하려는 의지가 강했다고 봅니다. 능숙하게 정맥 주사 할 수 없어 여러 번 시도했으나 실패했고, 꼭 주사하려는 의지가 있어 결국 28번이나 주사침 흔적을 남긴 것이라 판단됩니다."

– 사망추정시각은 몇 시인가요?

"(중략) 경험적으로 본 건 시체(김성재)의 사후 경과 시간은 변사자를 발견하고 시체를 바로 뉘인 시간(1995년 11월 20일 7시)을 기준으로 4~6시간은 지났을 것으로 봐서 사망 시각은 같은 날 3시 이전일 것으로 추정합니다."

– 김성재가 1995년 11월 20일 2시 50분경 또는 넉넉하게 잡아서 3시경 이후에 사망했을 가능성에 대해서는 어떤가요?

"이미 말한 대로 김성재 사체에서 확인된 양측성 시반을 토대로 이러한 사체 현상에 관한 온갖 학설과 제 감정 경험을 종합해 판단하면, 이는 김성재가 아무리 늦게 사망했어도 1995년 11월 20일 3시경 이전에 사망한 것이므로 1995년 11월 20일 3시경 이후에 사망할 가능성은 희박하다고 판단됩니다."

양측성 시반과 사망추정시각

앞서 말했듯 검찰 쪽은 김광훈과 황적준 등의 감정 증언을 바탕으로 사체에 양측성 시반이 남아 있었고 이를 바탕으로 사망추정시각을 계산하면 새벽 3시 이전이 된다고 주장하고 있었다. 시반은 사후에 시체의 피부에서 볼 수 있는 옅거나 짙은 자줏빛 반점을 말한다. 양측성 시반은 처음에 생긴 시반은 약하게 남아 있으면서 변경된 체위의 하방부에 시반이 비교적 강하게 재형성돼 시체의 양면에서 시반이 모두 관찰되는 경우다. 영국의 법의학 서적에 의하면 사후 4~12시간 내에, 일본의 법의학 서적에 의하면 짧게는 사후 6~8시간 내에, 길게는 8~10시간 내에 형성된다고 한다. 서적에 나온 시간대는 공히 피고인이 김성재와 함께 있던 시간들이었다는 점에서, 변호인 쪽은 양측성 시반이 존재하지 않았다는 것을 입증해야 했다.

안원식은 고려대 법의학연구소에 의뢰해 회신받은 감정 결과를 이날 재판부에 제출했다. 법의학연구소의 회신에는 "△ 제시한 부검 사진만으로는 주사침에 관련돼 28개 동시 주사 여부와 정맥에 주사된 것인지 여부를 판단할 수 없음. △ 변사자 김성재 오른쪽 팔의 전면을 절개한 사진을 보면 광범위한 출혈 소견을 제시하는 점으로 보아 생존 시 야기된 소견으로 생각됨. △ 김성재의 사망 시각은 1995년 11월 20일 1시 이후에서부터 11월 20일 2시 50분경 사이에 사망하였을 것으로 추정됨(중략)."이라는 감정 결과가 적시돼 있었다.

이와 관련해 검찰 쪽은 이날 고려대 법의학연구소의 황적준 교수를 증인으로 불러 의뢰 사항과 감정 결과 등에 대해 물었다. 황적준은 국과수 과장 시절인 1987년, 박종철 고문치사 사건의 부검을 맡아 경찰 수뇌부의 외압에도 "경부 압박에 의한 질식사(목이 욕조 턱에 눌려 숨 막혀 죽음)"라는 부검 소견을 굽히지 않았던 소신 있는 법의학자였다. 이정빈과 황적준은 이후 공판 과정에서 검찰 쪽 증인으로 법정에 섰다. 취재 과정에서 확보한 법원 기록을 바탕으로 주요 문답을 정리했다. 안원식은 사망추정시각과 관련해 황적준에게 다시 물었다. 새벽 3시 이전에 사망했다는 이정빈 감정의 신빙성을 강화하기 위해서였다.

— 김성재가 1995년 11월 20일 2시 50분경 이후에 사망했을 가능성에 대해서는 어떤가요?

"위에서 말한 대로 김성재 사체에서 확인된 양측성 시반을 토대로 이러한 사체 현상에 관한 온갖 학설을 종합해 판단하면, 이는 김성재가 아무리 늦게 사망했어도 1995년 11월 20일 2시 50분경 이전에 사망한 것이므로 1995년 11월 20일 2시 50분경 이후에 사망할 가능성은 없다고 판단됩니다."

변호인 측과 검찰 측은 3시 40분까지 피고인이 피해자와 함께 호텔에 있었다는 점, 1시 30분까지 피해자가 살아 있었다는 점에 대해서는 이견이 없었다. 그러나 사망 시각에 대해서는 이견이 발생한다. 먼저, 검찰 측은 피해자의 사망 시각이 피고인이 호텔을 나서기 이전인 11월 20일 1시 30분경부터 3시 40분경이라고 주장한다. 반면 변호인 측은 3시 40분경 이후라고 주장한다.

또한 사망 원인과 관련해 검찰 측은 피해자의 사체에서 검출된 틸레타민 0.85µg과 졸라제팜 3.25µg이 피해자를 사망에 이르게 했으며 이는 피고인이 구입해 투여한 졸레틸50(틸레타민과 졸라제팜이 동일한 비율로 혼합돼 판매되는 마취약)으로 인한 것이라고 주장한다. 그러나 변호인 측은 사체에 검출된 약물의 혈중 농도로 사망할 수 없으며 더 나아가 피고인이 졸레틸50을 구입했다고 해서 피고인이 피해자에게 투여했다고 단정할 수 없으며 또한 졸레틸50을 인체에 투입한다고 해서 사망하지 않는다고 주장하고 있다.

따라서 본 사례는 피해자의 사망 시각이 3시 40분경 이전인가 이후인가, 그리고 피해자의 사망 원인이 졸레틸50으로 인한 것인가 여부가 쟁점이었다.

증거로 제출된 편지

3차 공판에선 기획사 대표인 김동구에 대한 검사의 증인 심문도 이뤄졌다. 앞서 두 명의 법의학자가 사인과 사망 시각에 대한 혐의 입증 차원이었다면 김동구는 살해 동기와 관련한 차원이었다. 취재 과정에서 확보한 법원 기록을 바탕으로 주요 문답을 정리했다. 안원식이 김동구에게 물었다.

– 피고인이 김성재의 몸을 묶고 입을 테이프로 막는 등의 사건이 있었다는 날이 언제인가요?

"전회 조사 시 말씀드린 대로 1995년 7월 20일경인데, 김성재가 미국으로 출국한 7월 21일의 하루 전날입니다. 말씀드린 대로 제가 묶어놓은 것을 직접 본 것이 아닙니다. 그날 전○○ 변호사 사무실에서 김성재, 이현도와 제가 전속 계약을 하고 공증을 하기로 했는데 김성재가 안 나타나서 결국 계약서에 서명을 저와 이현도만 하게 됐습니다. 그 바람에 공증을 못 하게 돼 결국 계약서를 완성하지는 못했는데, 김성재 죽고 나서 이현도가 그때 김성재가 안 온 이유가 위와 같은 이유라고 알려줘 알게 된 것입니다."

이날 안원식은 혐의 입증과 관련해 공소 이후 검찰에 의해 이뤄진 육미승의 참고인 진술조서를 재판부에 추송(추가송치)했다. 추송서에는 피고인과 김성재의 사이가 안 좋았다는 주장의 근거로 제시된 편지와 관련된 진술도 포함돼 있었다.

– 어떤 편지인가요?

"제가 편지 정리하다가 발견한 것인데, 우선, 제가 군에 가 있던 아들(성재 동생) 김성욱에게 1995년 4월 28일 쓰고 4월 29일 부친 편지입니다. 그 전후로 성재와 피고인이 계속 싸우고, 또 싸워도 심하게 싸웠습니다. 그래서 제가 성욱이에게 편지를 보내며 그들이 심하게 싸운 것을 써 보낸 일이 있고, 또 하나는 역시 제가 성욱이에게 편지를 쓴 것인데 그해 6월 27일 써서 6월 28일 부친 편지입니다. 6월 27일 편지 쓴 날 전화번호를 바꾸어서 이를 편지로 성욱이에게 알려주면서 성재가 피고인에게 절대로 알리지 말라고 했기에 그 당부 내용을 강조해 쓴 일이 있어서 참고하시라고 제출하겠습니다."

– 전화번호는 왜 바꾸었고 김성재는 왜 피고인에게 알리지 말라고 했나요?

"이미 그전 1995년 5월경에 김성재가 피고인에게 헤어지자고 했는데도 피고인은 친구로라도 계속 남겠다고 너무 끈질기게 쫓아다녀서 완전히 떨치지는 못한 상태였습니다. 그리고 피고인이 저희 집에 하도 전화를 때도 안 가리고 심하게 해대서 저희들이 피곤하고 짜증이 심하게 났습니다. 그래서 제가 전화번호를 바꾸게 된 것입니다. 성재는 위 편지 쓴 날 제게 전화번호를 바꾸었냐고 물었어요. 그러고는 심지어 자기에게도 바꾼 전화번호를 알려주지 말라고 하더라고요. 그 이유는 자기가 술에 취하면 피고인에게 실수로 바뀐 번호를 말해줄지도 모른다는 것이었습니다. 그래서 성재에게도 성재가 미국 갈 때에야 전화번호를 알려주었고, 연락은 성재가 제게 삐삐를 쳐서 했습니다."

이날 공판 도중 피고인이 혐의를 부인할 때마다 일부 여학생들은 이런 심문 내용을 수첩에 낱낱이 기록했다. 어떤 학생은 피고인이 진술할 때 한숨을 내쉬기도 했다. 멀리 경기 하남시에서 왔다는 ㅈ고등학교 1년생인 ㄱ양과 ㅈ양은 "성재 오빠를 너무 좋아해서 왔다", "사건의 자세한 내막을 알고도 싶고 또 재판을 지켜보는 것이 오빠에 대한 도리인 것 같아서요"라고 법정 참관 이유를 밝혔다. 재판이 진행되면서 당초 30여 명이던 여학생의 수는 40여 명으로 늘었다(《경향신문》, 1996년 3월 9일).

법정 경위의 주의 때문인지 이날 2차 공판 때와 같은 소동은 없었다. 재판장은 다음 공판 기일을 알리며 재판을 마무리했다.

4차 공판의 날선 공방

4·5차 공판은 3월 26일 화요일 하루 동안 열렸다. 오전 10시와 오후 2시였다. 앞선 공판과 같은 303호 대법정이었다. 하루에 2번 재판이 속개되는 것은 이례적이었다. 공판을 서두르려는 재판부의 의지가 반영된 것으로 볼 수 있었다. 오전 공판에서 안원식과 피고인 사이에 팽팽한 문답이 오고 갔다.

- 김성재는 그날 2시 50분경 이전에 사망했다는 것이 김성재에 대한 국내에서 가장 권위 있는 법의학 기관들의 일치된 감정입니다. 김성재가 사망한 그날 1시경부터 2시 50분경까지 사이에 피고인만이 김성재와 단둘이 거실에 있었으므로 이는 과학적으로 피고인이 김성재를 살해했다는 것을 드러내는 것인데 어떤가요?

안원식은 에두르지 않고 곧바로 핵심으로 육박해 들어갔다. 피고인이 입을 열었다.

| 22화 |

번복

| 22화 사건 관련 주요 인물 |

안원식(검사, 서부지청 형사부)

배○○(원장, 반포동물병원)

김진(백댄서)

K(김성재 여자친구)

검찰의 시간

피고인은 자신의 결백을 주장했다. 3월 26일 서부지원에서 열린 4차 공판이었다. 안원식이 다시 물었다. 검찰의 시간이었다.

— 그날 밤 김성재와 피고인 단둘이 거실에서 있게 된 시간은 대체로 몇 시인가요?

"밤 12시 이후인 것은 틀림없으나, 정확한 시간은 기억이 없습니다."

— 단둘이 있을 때 어떻게 했나요?

"L이 빨래하느라 왔다 갔다 했었고, 피고인은 김성재와 약 10분 정도 이야기하다가 잠을 잤습니다."

— 잠든 후부터 호텔 방을 나올 때까지 도중에 잠을 깬 적은 없나요?

"네."

— 왜 잠을 자다가 방을 나왔나요?

"전에도 잠을 계속 잔 일이 없고, 도중에 잠이 깨서 집으로 왔습니다."

— 잠을 자다가 도중에 방을 나올 때, 김성재는 살아 있었나요?

"느낌으로 살아 있음을 알 수 있었습니다."

— 피고인은 전에 자살을 하려고 했다가 발각돼 살아난 적이 있나요?

"네."

— 한 과목이 재시험에 해당돼 수면제로 자살하려다가 친구들이 찾아와 살아난 것인가요?

"네."

– 피고인은 그 정도 이유로 자살을 시도했는데, 피고인은 평소 자기 목숨이든 다른 사람 것이든 사람의 목숨을 가볍게 생각하는 것이 아닌 가요?

"남의 목숨을 경시하지 않습니다."

이때 안원식은 변호인 쪽이 재판부에 제출한 김성재 독사진에 대해 물었다. 변호인 측은 김성재가 피고인에게 미국 출국 직전, 자신이 보고 싶으면 보라고 준 사진이라고 주장했다. 검찰 쪽은 뒷면에 적힌 김성재의 자필 메모에 날짜가 기록되지 않은 점, 머리 스타일과 옷차림이 1994년으로 보인다는 점에서 변호인의 주장을 믿지 않았다.

– 피고인은 그 사진에 김성재가 쓴 날짜를 기재하지 않은 것을 이용해 그보다 오래전에 김성재가 써준 것을 가지고 1995년 7월 21일에 써주었다고 허위 주장을 함으로써 마치 김성재가 미국으로 출국할 때 서로 사이가 좋았다고 강변하는 것이 아닌가요?

"그렇지 않습니다.

혐의를 입증하려는 사람과 무죄를 입증하려는 사람의 힘겨루기는 계속됐다. 안원식이 다소 민감한 질문을 던졌다.

– 김진은 피고인이 "김성재의 애를 임신했는데 김성재가 자기랑 그

게 상관이 있느냐고 해 화가 나 가스총을 쏘았다고 했다"고 진술하는
데 맞나요?

"그렇게 말한 사실이 없습니다."

– 피고인은 김진이 터무니없는 말로 모함한다는 주장을 하면서도
당시 김진의 얼굴조차 바로 보지 못했나요?

"얼굴을 바라보지 않았습니다."

– 만일 그들이 짜고서 피고인을 함정에 빠뜨리려 했다면 경찰이 출
동했을 때 경찰에게 당연히 피고인이 김성재와 함께, 그것도 상당한 시
간 동안 둘만 거실에 있었다는 것을 당연히 알려서 수사를 받도록 하
는 것이 상식이지 오히려 피고인을 숨겼을까요?

"그들의 의도라서 피고인은 모릅니다."

– 졸레틸은 동물 종류마다 체중 10kg당 마취시키는 데 소요되는
그 양에 차이가 심하지요?

"약을 가지고 와 뜯어보지도 않아서 잘 모릅니다."

– 피고인은 전회 재판에서 당시 구입한 약은 애완용 개인 미니슈나
우저 1마리를 마취 및 안락사시킬 수 있는 분량의 약인데 그것을 가지
고 어떻게 신장이 180cm가 넘는 신체 건강한 젊은이를 죽일 수 있는
지 도대체 이해가 안 간다고 진술했지요?

"네."

– 피고인이 구입한 졸레틸만 보더라도, 그 졸레틸50에 들은 설명서
에 나타나듯이, 이 약물은 동물의 종류마다 체중 10kg당 마취시키는
데 소요되는 양 차이가 심하고, 인간과 가까운 고릴라의 경우에는 그

졸레틸 양으로는 체중 110kg에서 250kg까지의 고릴라를 전신마취시킬 수 있는 양이지요?

"잘 모릅니다."

– 피고인은 전회 이 법정 진술에서 수사 기관에서 의심받는 것처럼 증거를 은폐하려 했다면 사람이 많이 왕래하는 백화점 문 앞이 아니고 조용한 커피숍이나 은밀한 곳으로 장소를 정해 살려달라고 애원했을 것이라고 진술했지요?

"네."

– 오히려 배○○은 피고인으로부터 만나자고 전화가 와서 현대레저타운 커피숍에서 만나자고 하니까 피고인이 사람이 있는 곳에서는 곤란하다고 하여서 현대레저타운 앞에서 만나기로 한 것이라고 하는데 어떤가요?

"그런 말을 하지 않았습니다."

– 또 그때 배○○을 만나서 배○○에게 자살을 하려고 졸레틸 등을 구입했는데 일하는 할머니에게 들켜서 빼앗겼고, 할머니가 약과 주사기를 버렸다고 한 사실이 있지요?

배○○을 만나 배○○에게 자살하려고 졸레틸 등을 구입했는데 일하는 할머니에게 들켜서 빼앗겼고, 할머니가 약과 주사기를 버렸다고 한 사실이 있느냐는 안원식의 질문에 피고인은 "아닙니다"라고 답했다. 안원식의 심문이 막바지를 향해가고 있었다.

– 검찰 조사 받을 때 피고인은 조서를 꼼꼼히 읽고 그 뜻이 같지만 사소한 표현이 마음에 들지 않는 부분이나 나중에 기억해보니 진술을 다르게 하여야겠다고 하는 부분을 일일이 지적해 그 취지를 조서에 기재하게 할 정도로 철저하게 자기 자신을 변호했지요?

"네."

– 그럼에도 불구하고 검찰 조사 때에도 약물 등 구입 동기를 겁이 나서 사실과 다르게 진술했다고 하는 것은 삼척동자도 믿기 어려운 궤변이 아닌가요?

"겁이 나서 그렇게 얘기했었습니다."

심문을 마치면서 안원식은 피고인이 부인한 진술들을 반박할 또 다른 증인 신청을 준비했다. 재판장은 오후 2시에 공판을 다시 열겠다고 말하며 4차 공판을 마무리했다. 피고인은 교도관의 계호를 받으며 구치감으로 호송됐다.

동물병원장이 출석한 5차 공판

이날 오후 2시, 5차 공판이 열렸다. 안원식은 앞선 오전 공판 때 피고인이 했던 진술의 신빙성을 반박하기 위해 사건 해결의 결정적 기여를 한 제보자 배○○ 반포동물병원장, 피고인과 속 깊은 얘길 나눴던 백댄서 김진 등을 증인으로 불렀다. 유족인 육미승도 증인으로 참석했다. 먼저 안원식이 증인 선서를 마친 배○○에게 물었다.

– 졸레틸은 주사하면 어느 정도 시간에 마취되나요?

"증인의 경험에 의하면, 정맥 주사를 하면 1분 안에 완전 마취가
되고 근육 주사를 하면 5분 안에 완전 마취가 됩니다."

– 고릴라를 대상으로 졸레틸을 쓴다면 어느 정도 양으로 죽일 수 있
나요?

– 졸레틸50을 전부 희석해서 5cc 용법으로 만들어 사용한다면
110~250kg의 고릴라를 전신 마취시킬 수 있고, 치사량은 2~3배가 필
요합니다. 같은 양이라도 몸무게가 가벼운 경우 위험할 수도 있습니다.

– 검찰 조사 시, 상세히 설명을 하지는 않았지만, 졸레틸 1cc를 주
사해 마취시키고 황산마그네슘 준 것을 전부 물에 녹여서 주사하면 편
안하게 죽을 것이라고 알려주었다고 진술했는데 맞나요?

"네."

– 만나는 장소를 왜 현대레저타운 앞으로 정하게 되었나요?

"증인이 병원이나 커피숍에서 이야기하자고 했으나, 피고인이 그곳
으로 오라고 했으며, 사람이 있는 곳에서는 곤란하다고 했습니다."

– 피고인이 당시 국립과학수사연구소에서 하는 약물 검사에 관한
것을 물어봤나요?

"예, 피고인이 먼저 물어봤습니다."

– 피고인이 경찰에 구입한 사실을 말하지 말아달라고 한 것이 약물
인가요, 주사기인가요?

"증인 생각에는 약물을 사 간 것을 말하지 말아달라고 이야기한 것 같습니다. 그래서 그 당시에는 국과수에서 결과가 나온 것이 아니니 수사 결과가 나오면 어떻게 되지 않겠느냐고 말하고, 지금은 마약이라고 하지만 약물이 아닐 수 있으니 미리 걱정하지 말라고 이야기했습니다."

변호인도 반대 심문에 나섰다. 이때 졸레틸 등 판매 시점과 관련해 배○○의 진술이 번복된다.

한편, 취재 과정에서 확보한 법원 기록을 보면 이날 공판 이후 항소심까지 배○○이 증인으로 법정에 선 적은 없었다. 5차 공판이 처음이자 마지막 증인 출석으로 보인다. 앞서 말했듯 이날 공판 증인 출석 이후에 배○○은 캐나다로 이민을 갔다.

– 당시 졸레틸이니 황산마그네슘이니 하는 구체적인 약 이름은 언급된 바도 없지요?

"네."

– 증인은 증인이 피고인에게 개 마취약 및 안락사 약 등을 판매한 날짜도 확실히 기억하는 것은 아니지요?

"네."

– 다만 증인이 기억나는 것은 위 판매 날짜가 피고인이 증인을 다시 만난 1995년 11월 말경보다는 한참 전이라는 것이지요?

"네, 두세 달 정도 될 수도 있습니다."

– 그렇다면 증인이 위 약 등을 판매한 것은 증인이 경찰에서 말한 11월 초 또는 10월 말보다는 피고인이 얘기하는 8월 말이나 9월 초쯤이 맞는 것 아닌가요?

"증인이 보기에는 피고인 말이 맞을 수도 있습니다."

– 증인은 경찰에서 조사받을 때 위 판매 일시에 관해 처음에는 잘 모르겠다고 했으나 경찰관들이 그것은 별로 중요한 것이 아니니 11월 초로 하라고 해 그렇게 진술한 것이라는데 그런가요?

"그렇게 한 것은 아니고, 큰 생각 없이 11월 초라고 진술했습니다."

– 따라서 증인이 피고인에게 판 황산마그네슘의 양은 3~3.5g 아닌 2숟갈 분량인 2~2.5g 정도일 수도 있는 것이지요?

"네."

– 증인은 황산마그네슘이 사람의 인체에 미치는 영향에 관하여는 잘 모르나 8kg 정도 되는 개를 안락사시킬 정도의 양의 황산마그네슘으로 키 180cm 체중 75kg의 사람이 죽을 것이라고는 선뜻 생각이 안 들지요?

"네, 그렇습니다."

– 위와 같이 졸레틸50으로는 개 17~25kg, 고양이 17~33kg, 침팬지 50~60kg을 마취시킬 수 있는 양인데 그 정도 효력을 가지는 졸레틸50으로 키 180cm, 체중 75kg의 사람이 죽으리라고는 쉽게 생각이 안 들지요?

"네."

– 당시 증인이 느끼기에 피고인이 무슨 범죄를 저지르고 이를 숨기

려고 부탁하는 것으로는 전혀 보이지 않았고 무슨 난처한 처지에 놓여
서 그런 부탁을 하는 것으로 생각돼 그렇게 해주겠다고 했지요?

"네."

이날 5차 공판에선 서울지법 서부지원의 검증 조서도 재판부에 제출
됐다. 사건 현장의 구조 등과 관련한 5가지 사항의 검증이 이뤄졌다.

○ 현장 구조 및 거실에서 방에 있는 사람들이 화장실을 드나드는
것이 보이는지 여부

= 거실에 있는 소파에서 화장실의 거리는 약 8m 정도 떨어져 있
어 보이지는 않았고, 취침등만이 켜진 상태에서는 더욱 보이지는 않
았을 것으로 판단되며, 다만 각 방에서 화장실을 왔다 갔다 하는데 문
을 열고 닫아야 하기 때문에 그 소리는 들을 수 있는 것으로 판단됨.

○ 출입 시에 출입문이 자동으로 닫히면서 잠기는지 여부

= (중략) 자동으로 닫히면서 잠겨 출입문 열쇠가 있어야만 출입할
수 있는 것으로 보였다. (중략) 이 사건 전에 투숙객이 복제해 사용하
다가 주고 가는 경우가 있어 2개가 있을 수 있으며, 이 호텔 출입문
열쇠는 일반인들도 복제가 가능하다고 호텔 지배인이 진술하고 있음.

○ 출입문을 거치지 않고도 이 사건 현장에 드나들 수 있는 곳이
있는지 여부

(1) 비상문을 통해서 들어올 수 있는지 여부

= (중략) 비상문 열쇠에 의해서만 출입할 수 있겠고, 호텔 지배인의

진술에 의하면, 비상문 열쇠는 57호실 열쇠 뭉치에 포함돼 있다고 함.

(2) 베란다를 통해서 들어올 수 있는지 여부

= 베란다를 통해 이 호텔 57호실에 들어오려면 (중략) 2층에 있기 때문에 들어오는 것 자체가 그렇게 용이한 것으로 판단되지 아니함.

○ 거실에서 이야기하는 것을 거실과 가장 가까운 방에서 들을 수 있는지 여부

= (중략) 거실에서 통상의 대화를 하면 (중략) 무슨 소리인지 전혀 들리지 않았고, 거실에서 큰 소리를 내게 한 바, 그 내용은 알 수 없고 희미한 소리 정도밖에 들리지 않는 것으로 확인됨.

○ 건조기를 사용하는 방법에 대하여

= (중략) 건조기는 타이머에 의해서만 작동이 가능하고, 건조기 타이머의 최대 가동 시간을 가리키는 시간은 135분까지만 돼 있음을 확인할 수 있음.

4차 공판일인 3월 26일 오후에 연이어 열린 5차 공판에선 김성재 백댄싱팀이었던 김진에 대한 증인 심문도 이뤄졌다. 김진은 장례 과정에서 피고인과 가깝게 지낸 것으로 알려졌다. 피고인과 김성재의 관계에 대한 질문이 주를 이뤘다. 안원식이 김진에게 물었다.

– 김성재가 피고인에 대해 어떤 이야기를 하던가요?

"미국에서 김성재로부터 들은 것은 여자친구가 가스총으로 쏐았고, 발과 손을 묶은 일도 있으며, 사이코라고 얘기했습니다. 증인은 장

난치는 것으로 알았으며, 신경을 쓰지 않았습니다."

— 당시 피고인에게 가스총 쏜 일을 물은 사실이 있나요?

"네."

— 피고인은 그에 대해 무어라고 하던가요?

"김성재의 애를 뺐는데, 김성재가 책임을 회피해서 화가 나서 쐈다고 했습니다."

법정이 술렁였다. 오전 공판에서 피고인이 부인했던 내용에 대한 증인의 반박이 나왔기 때문이었다. 변호인이 반대 심문에 나섰다. 재판부의 관심을 분산시키면서 사고사라고 하는 피고인 측 주장을 뒷받침하는 차원에서 백댄서들의 마약 의혹에 대한 질문을 던졌다.

— 김성재 등이 미국에 있을 때 한 방에 있었던 사람들이 마약을 했다고 말한 사실이 있지요?

"아닙니다."

(중략)

— 그 전화 내용 중에 이 사건, 즉 김성재 죽음에 의심 가는 사람은 김동구라고 말한 사실이 있지요?

"맨 처음에 그렇게 추측했었습니다."

— 왜 그렇게 추측했나요?

"아무 이유 없이 생각돼서 그랬고, 멤버들이 그렇게 얘기했습니다."

증인으로 법정에 선 육미승

오후 공판에는 피해자의 유족인 육미승도 검찰 쪽 증인으로 법정에 섰다. 사건 당일 사고 소식을 알게 된 경위와 부검과 관련해 피고인과 나눈 이야기 등에 대한 문답이 이어진 뒤 사건 전에 김성재가 피고인과 함께 평촌 자택을 방문한 일에 대해 안원식이 물었다.

— 김성재가 미국에서 귀국한 뒤 피고인을 데리고 증인의 집에 온 사실이 있나요?

"네."

— 누구와 함께 왔나요?

"류노아, 이규석과 함께 왔습니다."

— 증인 집에서 어떻게 하던가요?

"성재는 자기들이 활동했던 것들을 이야기했으며, 이규석은 자기 할 일만 했고, 웃고 떠들고 다녔습니다. K가 부엌에서 턱을 대고 앉아 있어서 증인이 사진을 찍으려고 하니까 찍지 말라고 했습니다. 그때 김성재가 며칠만 잘 대해주면 일본 가니까 끝난다고 말했습니다."

— 증인은 피고인에게 돈을 온라인 입금해 준 일이 있나요?

"네."

— 언제 얼마를 입금하여주었나요?

변호인은 육미승이 피고인에게 사건 전 돈을 송금한 일을 집요하게 물고 늘어졌다. 사건 전에는 피고인을 신뢰했다는 증거로 어필하기 위함이었다. 육미승이 한숨 쉬며 대답했다.

| 23화 |

대가

배○○(원장, 반포동물병원)

김완섭(고등법원 판사 출신 변호사, K의 변호인)

배용범(대법원 재판연구원 출신 변호사, K의 변호인)

안원식(검사, 서부지청 형사부)

정재문(듀스 선임 매니저)

김동구(기획사 대표)

매니저 L(로드 매니저)

K(김성재 여자친구)

동물병원장의 진술 번복

3월 26일 서부지원 303호 법정. 오전 4차 공판에 이어 오후에 5차 공판이 속행됐다. 오후 공판에선 피고인 K에게 졸레틸50과 황산마그네슘을 팔았다고 제보한 반포동물병원장 배○○과 김성재 백댄서인 김진 등이 증인으로 출석했다. 이날 배○○은 경찰과 검찰 조사에서 1995년 11월 초라고 말한 졸레틸 판매 시점이 9월 초일 수 있다며 앞선 진술을 번복했다. 사건 발생일과 졸레틸 등의 구매일의 차이가 날수록 피고인의 혐의는 옅어졌다. 김진은 피고인이 김성재에게 가스총을 쏜 계기에 대해 피고인이 김성재에게 임신을 했다고 얘기하는데 김성재가 그게 자신과 무슨 상관이냐고 말해 가스총을 쏘았다는 얘길 피고인으로부터 들었다고 증언했다.

이윽고 육미승에 대한 변호인의 반대 심문이 이어졌다. 피고인에게 돈을 입금해주지 않았느냐는 변호인의 질문에 육미승이 답했다.

"두 번인데, 1995년 7월 11일 74만 원, 7월 20일에 500만 원을 입금했습니다."

변호인이 계속 물었다.

― 74만 원을 입금해 준 경위는 어떤가요?

육미승이 피고인을 바라보며 대답했다. 피고인은 수의를 입고 피고인석에 앉아 있었다.

"피고인이 전화해서 성재가 의상 살 때 빌려주었는데, 자기 생활비라고 성재한테는 비밀이라고 하면서 부쳐달라고 했습니다."

 - 500만 원을 입금해 준 경위는 어떤가요?

"성재가 7월 19일 미국 가기 전에 여비를 가지고 가야 한다며 어머니는 시간도 없고 불편하시니 피고인에게 온라인으로 돈을 부쳐달라고 했습니다. 증인이 성재에게 주겠다고 하니까, 피고인이 자신이 잘 챙겨서 보내겠다고 해 온라인으로 입금하게 됐습니다."

 - 김성재가 피고인과 헤어진다고 했는데도 왜 그렇게 했나요?

"그때는 친구 사이로 지내왔고, 김성재가 피고인과 헤어지려고 해도 끈질기게 연락을 하던 때이고, 언제 무슨 일로 봉변을 당할지도 모르는 상태에서 어쩔 수 없는 것이었습니다."

 - 김성재가 피고인에게 핸드폰을 구입해준 사실이 있나요?

"증인이 성재에게 피고인에게 핸드폰을 사라고 돈 준 것 있느냐고 물어봤는데 성재가 전에 74만 원 빌린 것이 있어서 80만 원을 준 것이라고 얘기했습니다. 증인도 74만 원을 주었는데, 왜 이중으로 돈을 받았을까 하고 이상하게 생각했습니다."

(중략)

 - 증인의 지금 심정은 어떠하며, 하고 싶은 말이 있나요?

"피고인이 말하기를 성재를 사랑했고, 결혼할 사이라고 하는데, 거짓말하지 말고 사실대로 이야기하면 좋겠습니다."

변호인 김완섭도 반대 심문에 나섰다.

– 증인은 김성재가 피고인과 가깝게 지낸다는 것을 알고 어떤 태도를 취했나요?

"싫어하지는 않았습니다."

– 피고인의 말에 의하면 증인이 피고인을 만나기 전에 먼저 피고인에게 전화하고 놀러 오라고 전화하곤 했다는데 사실인가요?

"기억이 없습니다."

육미승은 지쳐갔다. 피고인에 대한 육미승의 태도가 어떤 의도로 인해 돌변한 것이라는 주장을 뒷받침하기 위해 변호인은 묻고 또 물었다.

– 증인 등이 피고인을 만나고(1993년 크리스마스 때 성재 소개로 처음 만난 것을 의미) 난 후에는 피고인이 증인 집을 자주 드나들며 아주 가깝게 지낸 것은 사실이지요?

"네. 그렇습니다."

– 증인은 피고인을 만나서 나서 피고인에게 호감을 가진 관계로 김성재가 피고인을 만나는 것을 제지하거나 반대한 적은 한 번도 없었지요?

변호인이 육미승에게 집요하게 물었다. 피고인과 김성재의 사이가 나쁘지 않았다는 취지의 질문들이었다. 5차 공판이었다.

"처음부터 호감을 가진 일이 없고, 반대한 적이 많습니다."

(중략)

– 피고인의 진술에 의하면 김성재가 스페인에서 귀국할 때 향수 등을 사 가지고 와 증인과 피고인에게 선물했다는데 사실이지요?

"증인에게 줄 향수를 대신 준 것이지 특별히 사준 것은 아닙니다."

(중략)

– 또 증인은 김성재가 다른 여자를 만난다는 이유로 피고인이 김성재를 가스총으로 쏜 적이 있고 손발을 끈으로 묶고 입을 테이프로 붙여놓은 적도 있었으며 칼로 찌르려고 한 적도 있었다고 말하고 있는데 위와 같은 행위를 직접 목격한 바는 없지요?

"네."

(중략)

– 만약 증인의 수사 기관 진술처럼 김성재와 피고인이 이미 헤어지기로 했다거나 갈등이 심해 피고인을 피하려 했다면 위와 같은 송금이나 80만 원 교부는 이루어질 수 없다고 보는데 어떠한가요?

"친구 사이이기 때문에 그렇게 했습니다."

– 증인은 김성재 일행이 1995년 7월 20일에 예정대로 미국으로 떠나지 못하고 그다음 날인 7월 21일에 떠난 사실을 알았나요?

"네."

– 위와 같이 출국이 하루 연기된 이유가 무엇인지 알았나요?

"이현도가 출국정지(출국금지의 오기인 듯)되었기 때문입니다."

(중략)

– 증인은 김성재의 출국이 연기된 날에 김성재가 피고인을 만리동 소재 치과의원으로 불러내어 사랑니를 뽑고 같이 피고인의 집에 가서

안정을 취하고 그다음 날 출국한 사실을 알았나요?

"치과에서 사랑니를 뽑은 사실은 있으나, 나머지는 잘 모릅니다. 그후에 사무실 직원으로부터 들었는데, 친구를 만났다고 얘기했습니다."

— 위와 같이 피고인의 집에 가서 안정을 취했던 것으로 미루어보면 김성재가 미국으로 출국할 당시, 그 사이가 아주 좋았다고 보이는데 증인은 어떻게 생각하나요?

"피고인이 어떤 행동을 할지 몰라서 그랬습니다."

변호인이 원하는 답을 얻기 위해 계속 물었다.

— 증인이 위와 같이 피고인과 김성재 사이가 나빴다고 주장하는 것은 다른 숨은 의도가 있는 것은 아닌가요?

"아닙니다."

(중략)

— 증인은 그때 피고인에게 김성재 물건 중에 이상한 것이 있을지 모르니 빨리 호텔 57호실에 가서 성재 물건을 챙겨 오라고 부탁한 일이 있지요?

"같이 가서 챙겨 오자고 했습니다."

— 증인은 증인의 말대로 김성재와 아주 사이가 나쁜 피고인에게 위와 같이 성재 물건을 챙겨 오자고 부탁한 특별한 이유라도 있나요?

"성재 물건을 알 수 있어서 그렇게 했습니다."

(중략)

– 증인은 김성재의 사망 원인이 혹 마약 중독으로 판명되면 그에 따른 불명예가 너무 크기 때문에 부검을 반대했나요?

"처음에는 과로사인 것으로 알고 부검을 반대했으나, 나중에는 마약으로 죽었다고 해서 부검을 해야 한다고 주장했습니다."

(중략)

– 증인은 김성재가 미국으로 떠난 후 피고인을 63빌딩으로 불러내어 대교 A상가에서 같이 옷을 사고 식사도 한 일이 있지요?

"네. 사무실에 갔다가 피고인을 달래기 위해서 그렇게 했습니다."

피고인 측 배용범 변호사도 반대 심문을 이어갔다. 배용범이 육미승에게 물었다.

– 증인은 11월 21일에 피고인 집에서 쉬고 나온 일이 있지요?

"네."

– 당시 나올 때 립스틱을 바르고, 가지고 나온 일이 있지요?

"립스틱을 빌린 일이 있으나, 나중에 왔었다는 것을 남기기 위해서입니다."

– 가방도 빌려 나온 일이 있나요?

"증인의 짐을 챙기기 위해서 빌렸습니다."

변호인이 이런 추궁을 한 이유는 육미승이 사건 당일 피고인의 집에 들러 휴식을 취했고 나올 때 쇼핑백도 빌려 나올 만큼 피고인과 가까운 사이를 유지했다는 주장을 부각함과 동시에, 육미승의 태도가 일반적인 살인 피해자의 어머니의 행동과 다르다는 취지를 재판부에 어필하기 위함이었다.

다시 검찰 쪽 증인 심문이 이어졌다. 변론의 흐름을 뒤바꿔야 했기 때문이었다. 안원식이 육미승에게 물었다.

– 처음에는 수사 기관에서 김성재와 피고인 사이가 좋았다고 이야 기하다가 나중에 나쁘다고 이야기한 것인가요?

"아닙니다. 수사 기관에서는 물어보지 않아서 그런 말을 할 필요가 없었고, 태도가 돌변한 것이 아닙니다."

– 증인이 수사 기관에서의 진술이나 진정서 또는 신문이나 잡지 등 에서 주장하는 사실들은 직접 목격한 것도 있고, 김성재에게 들은 것 도 있고, 다른 사람들로부터 들은 것도 있으며, 이런 것들을 전부 구분 해서 진술했지요. 막연히 추측해서 진술한 것은 아니지요?

"네."

긴 증인 심문이 끝이 났다. 육미승은 이날 처음이자 마지막으로 공판 에 참석했다. 그 이후 공판 기일을 통보받지 못해 참석하지 못했다고 했다. 1심 선고도 2심 선고도 대법원 확정 판결도 나중에 기사를 보 고서야 알았다고 했다.

법원이 피해자 유족에게 공판을 통보할 의무는 없다. 일반적으로 담당 검사가 공판 일정을 유족에게 통보해주는 것이 관례였지만, 김성재 사건에선 이조차도 이뤄지지 않은 것으로 보인다.

난생처음 증인석에 섰던 그날의 기억을 육미승은 2020년 7월 9일 이뤄진 인터뷰에서 다음과 같이 말했다. "증언하는 도중 방청석에 앉아 있던 피고인의 외할머니가 저를 향해 '거짓말하지 마. 어디서 수작이야' 등 막말을 퍼부어서 판사가 '조용히 하지 않으면 쫓아내겠다'고 한 일도 있었어요. 제가 말할 때마다 하도 무섭게 그래서 증언을 마치고 나니까 다리가 후들거려 법원 내 청원경찰(경위)에게 '밖으로 나가는 길 좀 가르쳐달라'고 했을 정도였어요." 공격적인 심문 과정이나 방청석의 고성 등 피해자의 부모로서 겪지 않았으면 좋았을 일들이었다.

이날 검찰과 변호인들은 자신들이 원하는 답변을 유도하기 위해 묻고 또 물었다. 예상된 답변이 아닌 것들은 되묻지 않았다. 그들에겐 자신이 의도한 대로 재판을 이끌고 가고 싶은 욕망이 있었다. 어찌 보면 검사와 변호사가 원하는 것은 진실이 아닌 승리인지도 몰랐다. 그 욕망이 부딪히는 복판에 서 있던 육미승은 현기증을 느꼈다. 욕망과 무관하게 진실은 둘이 아니라 하나일 것이었다. 육미승은 아들의 죽음으로 인해 치르는 대가가 새삼 크다고 느꼈다. 그러나 억울한 죽음을 밝힐 수만 있다면 더한 수모도 당할 자신이 육미승에겐 있었다. 재판장이 6차 공판 기일을 알리며 공판을 마무리지었다.

현장 조작 의혹 다뤄진 6차 공판

6·7차 공판도 같은 날 오전 오후에 걸쳐 열렸다. 4월 15일이었다. 먼저 오전 10시 김성재 기획사의 선임 매니저였던 정재문에 대한 증인 심문이 이뤄졌다. 변호인 쪽은 김성재 기획사 쪽에서 사건 현장을 조작한 것이 아닌지에 초점을 맞추고 질문을 이어갔다. 김완섭 변호사가 정재문에게 물었다.

— 증인은 검찰 진술 시 위 1995년 11월 20일 8시경 위 호텔 57호실에 들어갔더니 문이 잠겨서 그냥 내려왔다는 취지로 진술했는 바, 그 시간에는 김성재 및 일행들이 분장사를 만나고 TV가이드 기자와 인터뷰를 할 시간인 것을 알고 있었다면 57호실에 갈 필요는 없는 것 아닌가요?

"미국에서 온 가수 지망생은 12시 이전에 있을 곳이 없어서 57호실에 잠깐 있으려고 출발한 것입니다."

— 증인은 김성재 일행이 있을 줄 알고 간 것인가요, 없을 줄 알면서도 간 것인가요?

"김성재 일행이 있을 것이라는 생각으로 간 것입니다."

— 증인이 갈 때는 김성재 일행이 있으리라고 생각하고 갔나요, 없는 줄 알면서도 갔나요?

"없는 줄 알고 갔습니다."

— 〈스타채널〉 1996년 1월호 기사에 따르면 사건 후 1995년 12월

20일 이현도가 〈스타채널〉 취재진과 한 통화를 바탕으로 작성된 이듬해 〈스타채널〉 1월호 기사를 보면, 이현도가 김성재의 죽음을 알게 된 것은 한국 시각 1995년 11월 20일 6시 40분경 증인이 이현도에게 김성재의 사망 소식을 전해줘서라는데 사실인가요?

"기사 내용은 사실이 아닙니다. 증인이 공항에 있을 때 삐삐가 왔습니다. 음성 녹음을 들어보니 이현도에게 전화가 와 있었습니다. 현도에게 전화했는데, 그때가 6시 40분경이었어요. 현도가 '형, 첫방송 어떻게 됐어요' 하고 물어서 '잘된 것 같아'라고 했어요. 그랬더니 '그럼 성재는 어디 있어요'라고 해 '호텔에 있는데 일어날 때 됐으니까 전화해봐'라고 하면서 전화번호를 가르쳐줬습니다. 그다음에 10시 넘어서 여의도 성모병원인지 세림병원인지 모르는데 그곳에서 증인이 김성재 사망 소식을 알고서 확인한 후에 이현도에게 전화한 것입니다."

(중략)

— 그러다 보니 증인이 김성재의 매니저 일을 소홀히 한다 해 김성재와 자주 싸웠고, 김성재와 사이가 별로 좋지 않았지요?

"네."

변호인의 증인 심문이 끝난 뒤 안원식이 정재문에게 물었다.

— 평소 김성재가 피고인에 대해 무어라고 하던가요?

"'공부 열심히 하고 머리가 좋다, 자기 말 안 듣는다'는 등의 얘기를 했고 '피고인이 공부 안 해도 시험에 척척 붙잖아요'라는 얘기를 많이 했으며 특별히 나쁜 얘기는 없었습니다."

양쪽의 증인 심문이 끝나자 판사는 오후에 재판을 다시 속행하겠다며 6차 공판을 끝냈다. 피고인석의 K는 교도관의 계호를 받으며 법정을 나와 구치감으로 이동했다.

김동구가 출석한 7차 공판

같은 날 오후 2시, 7차 공판이 속행됐다. 오전 공판에 이어 김성재의 기획사 쪽에 대한 증인 심문이 진행됐다. 매니저 L과 기획사 대표 김동구가 증인으로 법정에 참석했다. 검찰이 먼저 L에 대한 증인 심문에 나섰다.

김성재를 최초 발견했을 당시 상황에 대한 문답이 이뤄진 뒤 안원식이 가스총 사건에 대해 물었다.

– 증인이 김성재가 피고인으로부터 가스총을 맞은 것을 목격했나요?

"직접 본 것은 아니고, 피고인 집에서 가스총을 맞고 밖으로 나왔을 때 봤습니다."

– 그 당시 김성재가 무어라고 하던가요?

"그 당시는 말을 안 했고, 차를 타고 가면서 김성재가 이야기했는데, 피고인이 가스총을 쏘았다고 했습니다. 또 그때 눈을 보니까 살기가 있었으며 그러면서 피고인이 '너는 죽어야 돼' 하면서 가스총을 쏘았다고 했습니다. 그 당시 김성재의 얼굴이 붉어져 있었고, 옷이 찢겨 있었는데, 그 이유는 물어보지 않았습니다."

피고인에 대한 부정적인 증언이 나오자 변호인이 곧바로 반대 심문에 나섰다. 김완섭이 L에게 물었다.

– 따라서 위 가스총으로 인한 피해 정도는 눈이 약간 따가운 정도이고 가스 냄새도 나지 않았다는데, 증인이 위와 같이 험악하게 말하고 있는 것은 피고인과 김성재 사이가 좋지 않았다는 것을 의도적으로 꾸며내기 위한 허위 진술은 아닌가요?
"김성재의 몸에서 가스 냄새가 난 것은 사실입니다."

직접 심문에 나선 판사

이때 판사가 직접 심문에 나섰다. L은 죽은 김성재를 최초로 발견한 데다 피고인과 김성재의 관계에 대해서도 가장 많이 알고 있을 만한 사람이라는 점에서 중요한 증인이었다.

– 피고인이 임신했다는 이야기를 들어보지 못했나요?

앞선 공판에서 증인 김진은 피고인이 아이를 임신했다고 하자 김성재가 그게 나랑 무슨 상관이 있냐고 해서 피고인이 가스총을 쏘았다고 진술한 바 있었다. 그것과 관련된 질문이었다.

"들어보지 못했습니다."

판사가 또다시 물었다.

– 김성재와 김동구 사이는 어떠한가요?

이번엔 변호인 쪽이 의혹을 제기하는 기획사 대표 김동구와 관련된 질문이었다.

"가수와 매니저 관계이며, 돈에 대한 분배 문제 등의 다툼이 있었고, 좋은 점도 나쁜 점도 있었습니다."
– 김동구가 듀스 시절부터 매니저를 했는데, 김성재가 솔로 데뷔를 하는 과정에서 갈등이 있었나요?
"김동구가 계속해서 매니저를 하기로 했는데, 음반 제작 과정에서 의견 충돌이 있었던 것으로 이야기를 들었습니다."

다시 변호인 김완섭이 L에게 심문을 이어갔다.

– 증인이 잠을 자기 위해 방에 들어간 정확한 시각은 언제인가요?

"1시경입니다."

– 증인이 잠자러 들어가기 전 김성재의 윗옷 착용 상태는 어떠했나요?

"증인이 잠자러 가기 직전에 긴팔 옷을 입었습니다."

– 증인이 거실에서 녹화 테이프를 보고 있을 때, 김성재가 맥주 마시는 것을 본 적이 있다고 했는데 그때가 몇 시쯤인가요?

김성재의 위에서 틸레타민과 졸라제팜 성분이 검출된 점을 보면 맥주는 사건 해결의 열쇠가 될 수도 있었다. 그러나 사건 당일 경찰은 현장에서 맥주병을 확보하지 않았다.

| 24화 |

치사량

| 24화 사건 관련 주요 인물 |

매니저 L(로드 매니저)

김동구(기획사 대표)

안원식(검사, 서부지청 형사부)

진세라(LA 교포 출신 연예인 지망생, 뮤직비디오 출연)

김광훈(법의학자, 국립과학수사연구소)

K(김성재 여자친구)

건조기는 누가 작동시켰나

"맥주를 마시는 것을 봤으나, 시간은 기억이 없습니다."

사건 당일 밤, 숙소에서 김성재가 녹화된 방송 영상을 보면서 맥주를 마셨냐는 질문에 대한 매니저 L의 답변이었다. 4월 15일 서부지원 303호 법정. 오전 6차 공판에 이어 오후에 7차 공판이 열리고 있었다.

이날 L은 자신이 목격한 가스총 사건에 대해서 증언했다. 앞선 공판에서 피고인이 임신했다는 말에 김성재가 무책임한 태도를 보여 피고인이 가스총을 쏘았다는 김진의 증언과 관련해 판사가 직접 L에게 질문을 하기도 했다. L은 피고인이 임신했다는 얘길 들어본 적이 없다고 증언했다.

변호인 김완섭이 계속 물었다.

— 그때 김성재가 위 맥주 외에 마시거나 먹었던 다른 음식은 없었나요?

"다른 음식은 먹지 않은 것으로 생각합니다. 성재가 치킨을 먹었는지 먹지 않았는지 모르겠고, 수사 기관에서 어떻게 진술했는지는 기억이 없습니다."

— 그렇다면 위 건조기는 얼마 동안 계속 돌고 있었나요?

"1시부터 6시까지 돌고 있었으니 5시간 돌고 있었습니다."

— 김동구에게는 누가 몇 시에 전화했는지 아나요?

"7시 40분이 지난 지 얼마 되지 않아서 증인이 직접 통화해서 알려주었습니다."

– 미국에 있는 이현도에게는 누가 몇 시에 김성재의 사망 소식을 전했나요?

"정재문이 연락한 것으로 알고 있으며, 시간은 잘 모릅니다."

변호인이 증인 심문을 마치자 판사가 다시 L에게 물었다.

– 이현도가 처음 전화 왔을 때, 성재가 죽었다고 하지는 않았나요?

"그때는 성재가 죽었는지 몰랐을 때고, 여의도 성모병원에서 증인이 이현도에게 전화해서 알려주었습니다."

이날 김성재의 기획사 대표인 김동구에 대한 검찰 쪽 증인 심문도 진행됐다. 변호인들은 김동구를 진범이라고 주장하고 있었다. 안원식이 김동구에게 물었다.

– 증인은 김성재의 사망 사실을 어떻게 알게 되었나요?

"김성재가 미국에서 뮤직비디오를 만들어놓고 가져오지 못했습니다. 사건 당일 6시 5분에 미국에서 가수 지망생이 비디오를 가지고 오게 돼 있어서 정재문과 같이 공항에 나가 기다리고 있던 중에 L로부터 성재가 이상하다고 음성으로 연락이 왔습니다. 그리고 미국에서 온 가수 지망생을 만나 공항에서 호텔로 오던 중 L로부터 핸드폰으로 성재가 일어나지 않아서 119구급대를 불렀다고 해서 증인이 병원으로 데리고 가라고 했습니다. 그때 정재문으로부터 핸드폰이 왔는데 성재가 죽은 것 같다고 말했습니다."

진세라가 기억한 그날

이날 공판에서는 김성재 솔로 데뷔곡인 '말하자면' 뮤직비디오에 여주인공으로 출연했던 진세라도 증인으로 출석했다. 그녀는 김성재를 따라 연예계 데뷔를 위해 한국에 온 LA교포 출신이었다.

    – 증인이 알기로는 피고인과 김성재의 사이는 어떠했나요?
    "그전에 한 번 차에서 김성재와 증인이 전에 사귀던 애인들 얘기를 했던 적이 있습니다. 증인이 증인의 친구들 얘기를 했어요. 그랬더니 김성재도 애인과 헤어지면 그때부터 그 사람을 얼마나 좋아했는지, 별로 좋아하지 않았는지 알 수 있다고 하더라고요. 자신도 헤어졌는데, 그 사람이 아주 좋았던 사람은 아니라고 했어요. 그 사람이 누구인지는 지칭하지 않았습니다."
    – 증인이 귀국하고 나서 김성재와 피고인이 만난 적이 있었을 텐데, 증인이 보기에는 김성재의 피고인에 대한 태도가 어떠했나요?

'말하자면' 뮤직비디오를 촬영하면서 김성재와 가까워진 진세라는 귀

국 이후 지켜본 김성재와 피고인의 사이가 예사롭지 않다고 여기고
있었다. 진세라가 입을 열었다.

"좋아보였습니다."
– 김성재가 피고인을 잘 대해주던가요?
"네."

안원식이 더 구체적으로 물었다.

– 김조엔에게 들은 얘기로는 김성재가 옛날 애인인 피고인과 헤어
졌는데, 일본에 치과 공부 하러 간다니까 그때까지 일주일 정도만 함께
있겠다고 했다는 것인가요?
"네."

진세라에 대한 변호인의 반대 심문도 이어졌다. 피고인과 김성재의 사
이가 나쁘지 않았다는 변론을 반박하기 위함이었다.

– 사건 당일 아침에 증인이 김성재를 흔들어 깨웠을 때 누워 있었다
고 했는데, 그때 소파에 누워 있었나요?
"네."
– 복장은 어떠했나요?
"반바지와 상의는 짧은 흰색 티셔츠를 입고 있었습니다."

(중략)

- 증인이 앞서 말한 대로 미국에서 김성재와 피고인이 헤어졌다는 이야기를 들었는데, 그럼에도 불구하고 두 사람이 자주 만나는 것을 보고 이상하게 생각해본 적은 없나요?

"있습니다."

의도했던 답변이 나왔던 것일까. 변호인 김완섭은 진세라에게 재차 물었다.

- 어떤 점을 이상하게 생각했나요?

"다시 좋아하는 사이라고 생각했습니다. 그리고 SBS 출연이 끝나고 오는 날, 밴에서 트리키가 김성재에게 피고인이 애인이냐고 물어보니까 김성재는 아니라고 해서, 그때 생각을 바꿨습니다."

변호인은 피고인과 김성재 사이가 원만했다는 주장을 뒷받침하는 질문들을 이어나갔다.

- 증인은 피고인이 생방송 출연을 녹화한 테이프를 가지고 온 것을 보고 두 사람 사이가 연인 사이나 애인 사이라고 생각한 것은 틀림없지요?

"그때는 연인 사이라고 생각했습니다."

김광훈과 정희선의 증언

오후 공판에선 국과수 부검의 김광훈과 김성재의 몸에서 졸레틸50과 황산마그네슘을 발견해낸 정희선 약독물과장도 증인으로 출석했다. 사인과 치사량이라는 쟁점과 관련된 다소 전문적이지만 유무죄를 가르는 데 필수적인 공방이 펼쳐질 것이었다. 먼저 안원식이 김광훈에게 물었다.

   – 김성재 부검 결과 사인은 무엇인가요?

"제 부검 감정서에 상세히 나타냈는데, 틸레타민 및 졸라제팜이라는 약물에 의한 중독사입니다. 틸레타민과 졸라제팜이 같은 양으로 혼합돼 졸레틸과 테라졸이라는 상품명으로 판매되고 있는 동물 마취제입니다. 김성재 몸에서 검출된 틸레티민과 졸라제팜 그 각각의 양만으로도 사망에 이르게 할 수 있고, 이러한 2개의 약물이 함께 치사량으로 검출돼 양자의 복합에 의해 더 빨리 사망에 이르게 될 수 있습니다. 따라서 김성재의 사인은 이러한 2가지 약물을 성분으로 해 판매되는 졸레틸 또는 테라졸에 의한 중독사로 판단됩니다."

이때 김광훈은 틸레타민이 향정신성의약품인 펜사이클리딘(PCP)의 유도체(화학적 변화를 통해 만들어진 부산물)라며, 약물은 원래 물질보다 유도체일 때 더 강한 효과를 나타낸다고 말했다. 다시 말해 유도체인 틸레타민이 원물질인 PCP보다 효과가 강하다는 것이다. 김광훈은 틸레타민보다 효과가 더 약한 PCP로도 사망한 사례가 있고 심지어 그 양(0.3mg/ml)이 김성재 몸에서 검출된 틸레타민 양(0.85mg/ml)보다 적었다고 했다. 요약하자면 김성재 몸에서 발견한 틸레타민보다 효과가 더 약한 PCP를 더 적게 투여했을 때조차 사망한 사례가 있다는 것이었다.

이날 공판에서 김광훈은 또 김성재의 몸에서 나온 다른 한 가지 물질인 졸라제팜에 대해서도 설명했다. 졸라제팜은 다이아제팜의 유도체라며 다른 약물과 다이아제팜을 병용 투약해 사망한 사례에서 평균 혈중 농도가 18mg/ml로 나왔다고 말했다. 김성재 몸에서 검출된 졸라제팜의 혈중 농도는 3.25mg/ml인데 졸라제팜은 다이아제팜보다 5~10배 강한 약효를 갖고 있다고 덧붙였다. 다시 말해 원물질인 다이아제팜으로 사망한 사례보다 졸라제팜의 혈중 농도는 낮지만 약효가 더 강하기 때문에 충분히 사망할 수 있는 양이라는 것이었다.

김광훈이 이날 틸레타민과 졸라제팜으로 인한 사망 사례가 아닌 이들의 각각 원물질인 PCP와 다이아제팜 투약 사망 사례를 언급한 것은 틸레타민과 졸라제팜의 투여로 인한 사망 사례를 당시 시점에선 찾을 수 없기 때문이었다. 이는 앞서 정희선이 이 두 가지 물질을 발견한 뒤 미국 마약수사청(DEA)에 의뢰한 결과, 남용 가능성은 있지만 남용 사례를 찾을 수 없었다고 한 사정과도 같은 맥락이었다. 안원식의 질문이 이어졌다.

— 졸레틸50 1통을 5cc 희석액으로 만들어 다 투약하면 이러한 양

이 검출될 수 있나요?

"약물이 사람에 미치는 효과, 또 같은 양의 약물을 투약했을 때 혈중 농도는 개인차가 있고, 그 점에 대해서는 자료가 없어서 판단하기 어렵습니다."

졸레틸50 1병이 몸에 투입됐을 때 얼마만큼의 양이 되는지 알 수 있다면 치사량을 둘러싼 논란은 쉽게 정리될 수 있었다. 그러나 사람에 따라 대사량이 다르기 때문에 같은 양을 주사한다고 해도 몸에서 검출되는 양은 다를 수밖에 없었다. 사실 김성재 몸에 투여된 졸레틸50이 1병이었는지 2병이었는지 그 누구도 알지 못했지만, 동물병원장이 1병을 팔았다고 한 진술 때문에 법적 다툼은 오로지 1병이 치사량에 해당되는지 아닌지에 집중돼 있었다.

- 졸레틸50을 다 투약하면 사망에 이를 수 있나요?

"졸레틸은 그 양에 따라서 졸레틸20, 졸레틸50, 졸레틸100으로 판매됩니다. 졸레틸50의 경우 그 약통 안에 든 희석액을 다 희석하면 5cc 정도 됩니다. 설명서를 보면, 동물마다 체중 10kg당 주사하는 양의 차이가 심합니다. 그리고 인체에 대한 자료가 없어서 판단하기 어려우나, 그 설명서를 참조하면 대수술을 하는 경우 개, 고양이는 많이 투약해야 하고 고릴라, 낙타 같은 것은 매우 소량을 투약하게 돼 있습니다. 이러한 점을 감안하면 졸레틸50을 다 인체에 투약하면 생명에 위험이 있을 수 있다고 보입니다. 마취제에 의해 사망하는 경우는 대체로 깊은 마취에 빠짐으로써 호흡 곤란을 야기시켜 사망하게 되는 것입니다. 즉, 마취가 지나치게 되면 호흡 중추도 억제되기에 그 정도가 심하면 호흡이 곤란해져서 사망하게 됩니다. 그래서 병원에서는 수술 등의 목적으로 전신 마취를 시킬 때 기관지에 산소 호스를 삽입해 강제로 산소를 넣어서 호흡을 시킵니다."

이처럼 마취가 위험한 건 호흡 중추에도 마비가 올 수 있기 때문이다. 수술할 때 마취과 의사의 협진이 필수적인 이유다.

　– 그 외에 김성재의 사인이 될 요소가 있나요?

"국과수 약독물과에서 김성재 사체의 황산마그네슘 검출 여부를 검사한 결과, 마그네슘이 통상 사람에게서 나타날 수 있는 양보다 혈액에서 많이 나타났습니다. 특히 소변에서 2배 이상 많이 나타났죠. 황산염도 양성 반응이 나왔습니다. 황산마그네슘은 인체에 들어가면 황산염과 마그네슘염으로 분리되므로 이러한 결과를 토대로 하면 황산마그네슘도 투약되었을 가능성이 있다고 판단됩니다. 황산마그네슘은 생체의 중추신경 억제, 심기능 억제 등을 초래해 사망을 초래할 수 있는 약물입니다. 따라서 졸레틸 혹은 테라졸에 의한 중독 또는 이러한 약물과 황산마그네슘에 의한 중독이 복합돼 사망한 것으로 판단됩니다."

요컨대 졸레틸50과 황산마그네슘이 같이 투여돼 그 상승 작용으로 인해 숨진 것이라는 얘기였다. 익명을 요구한 전 서울대 의대 마취과 교수도 기자와의 인터뷰에서 마취제와 황산마그네슘이 함께 투여되면 충분히 치명적일 수 있다고 말한 바 있다.

이날 공판에서 김광훈은 황산마그네슘이 인체에 주입되면 황산과 마그네슘으로 분리된다고 증언했다. 1·2심 재판부 모두 이를 인정했다. 앞서 얘기했듯 김성재 소변의 마그네슘염 함량은 대조 사체에 비해 5~15배 이상 높게 나왔다.

– 김성재 사체에 나타난 주삿바늘 자국은 어떤 형태인가요?

"제가 부검 시 확인 결과 우측 팔에 28개소의 주삿바늘 자국이 났는데 위팔 앞 부위에 근육 주사자국으로 추정되는 3개소의 주사침흔이 있고, 팔오금 부위 5개소, 아래팔 전면 부위 20개소의 주사침흔이 나타났습니다. 주사침의 분포는 불규칙적이나 대체로 정맥을 따라서 주사를 한 흔적으로 나타나고, 피부를 절개해보니 주사침흔 하방의 피하조직에서 광범위한 출혈이 발견돼 김성재 사망 전에 주사된 것으로 판단됩니다. 또 근육 주사 흔적으로 보이는 것은 출혈이 많지 않았고, 정맥을 따라 놓으려고 한 주사 부위를 보면 출혈이 많은 편이었는데 이는 정맥에 주사하려고 하다가 정맥을 제대로 찌르지 못해 혈관이 손상돼 출혈이 많았던 것으로 판단됩니다. 주사 부위의 출혈 상태를 보면, 거의 같은 시간대에 집중적으로 주사된 것으로 보이고, 또한 주사침흔의 모습을 보면 같은 굵기의 주삿바늘에 의한 상처로 보입니다."

졸레틸의 경구 투여 가능성

검찰 수사 시 당시 변호인인 박영목을 만난 한 검찰 고위 간부는 김 성재의 팔에서 나온 28개의 주사자국은 마약 중독사로 오인하도록 하기 위한 것이라고 주장했다. 그러나 항소심 재판부는 피고인이 주 사를 놓았을 가능성에 대해서 언급했을 뿐, 주사를 놓았다고 명시적 으로 인정하지는 않았다.

– 이러한 약물들이 주사에 의해 투약된 것인가요?
"김성재의 혈액, 소변, 위 내용물, 피부 조직에서 검출됐습니다. 위 내용물에서도 약물이 검출된 것으로 보면 경구 투여 가능성이 없다 고 할 순 없습니다. 위 내용물이 액상인 점, 위내 출혈이 있어서 혈액 과 위 내용물이 혼합된 점, 주삿바늘 자국이 다수인 점을 보면 주사 투약 가능성이 경구 투여 가능성보다 더 높습니다. 또한 경구 투여 및 주사를 병행했을 가능성도 있습니다."

피고인을 비롯해 숙소에 함께 있던 이들은 그날 밤 김성재가 맥주를 마셨다고 진술했다. 김광훈의 말처럼 경구 투여가 이뤄졌다면 맥주를 통해서 이뤄졌을 가능성도 배제할 수 없었지만, 경찰의 부실한 초동 수사로 맥주병은 현장에서 발견되지 못했다. 사건 직후 곧바로 입수 했어야 할 CCTV조차 보름 만에 찾으러 갔다가 이미 지워져버려 허 탕을 친 것도, 화질이 나쁜 폴라로이드 카메라로 시신을 촬영해 사망 시각 추정을 불확실하게 만든 것도, 사고사에 매몰돼 타살 가능성에 대한 수사를 게을리한 것도 다름 아닌 경찰이었다.

– 그렇다면 김성재의 사망 시간은 어떤가요?

"(중략) 김성재 사체에 나타난 양측성 시반을 보면 여러 견해를 망라해 사체의 체위를 변경한 시간으로부터 적게는 4시간부터 길게는 12시간 이내에 사망한 것으로 판단됩니다."

(중략)

– 김성재의 사체가 최초 발견 시 엎어져 있었고, 그 사체를 바로 뉘어 체위 변경한 시간은 여러 사람들 진술을 종합하면, 11월 20일 7시경으로 나타나는데 그렇다면 어떤가요?

"여러 견해를 망라해보면 최대 11월 19일 19시경부터 최소 11월 20일 3시경 사이의 시간대에 사망했다고 추정됩니다. 특히 시반으로 인한 사망 시간 추정은 직장 온도 측정에 의한 추정보다 어려움이 없지 않습니다. 직장 온도 측정에 의한 사망 시간 추정의 경우에는 사망한 시간을 1시간 정도의 범위 오차로서 추정합니다. 다만 시반의 경우는 매우 광범위한 시간대에 사망할 가능성으로 나타나 어느 좁은 시간대에 죽은 것이라고 판단하기 어렵습니다. 그러나 이 시간대 내에서는 상대적으로 정확하다고 할 수 있습니다. 이는 가능한 시간대를 망라한 것이라 그렇습니다."

김성재 사건의 경우, 1시간 정도의 오차를 보인다는 직장 온도 측정은 이뤄지지 않았다. 미제 사건이 된 한 원인이 거기에 있었다.

| 25화 |

반격

| 25화 사건 관련 주요 인물 |

안원식(검사, 서부지청 형사부)

정희선(약독물과장, 국립과학수사연구소)

류노아(백댄서)

전혜진(K의 친구)

김대현(수의사)

K(김성재 여자친구)

측정되지 못한 직장 온도

김성재 사체 검안 당시 직장 온도는 체크되지 못했다. 사망 직후가 아니라 반나절가량 시간이 지난 오후 2시께였기 때문에 시신은 이미 차갑게 식어 있을 가능성이 높았다. 측정의 실익이 없던 상황이었다.

치과의사 모녀 살인사건이나 김성재 사건 모두 발견 즉시 현장에서 직장 온도가 체크됐다면 사망 시각을 정확하게 추정할 수 있었을 것이라는 데 대다수의 법의학자들이 동의하고 있다. 그러나 한국은 여전히 사건 현장에 법의학자가 출동하지 못하고 있는 탓에 현장에서 직장 온도가 체크되는 일은 드물다.

이웃 나라인 일본은 이미 오래전부터 감찰의(監察医) 제도를 도입해 변사사건 발생 시 법의학 전문 지식을 갖춘 감찰의로 하여금 우선 검안하게 하고 그 판단에 따라 범죄 혐의점이 있을 경우, 검찰로 이송시키고 기타의 경우에는 감찰의가 부검을 하도록 하고 있다. 법의관 제도를 운용하고 있는 미국 캘리포니아주는 "법의관은 죽음을 신고받고 그 죽음에 대해 검시가 필요한 경우에는 즉시 사체가 있는 장소로 가서 사체를 검사하고, 개인 식별을 시행하며, 죽음의 상황, 종류 및 수단에 대해 조사하고, 상황에 따라 추가적 조사를 위해 시체를 일정한 장소에 이송하거나 유족에게 인계"할 수도 있도록 하고 있다. 두 나라 모두 법의학자가 현장에서 사체를 직접 검안한다는 점에서, 주로 경찰에 의해 검시가 이뤄지고 검안은 법의학적 지식이 부족한 일반 의사들이 담당하는 한국과 질적 차이를 보인다. 법의학적 지식이 일천한 경찰이 사체의 직장 온도를 체크한다는 건 불가능한 일에 가까웠다.

두 약물의 복합 상승 작용

4월 15일 오전 10시에 열린 6차 공판에 이어 오후 2시, 7차 공판은 속행됐다.

오후 공판에서 졸레틸50의 치사량에 대한 부분을 김광훈에게 물은 안원식은 정희선에 대해 증인 심문을 이어갔다. 안원식은 김성재 사건 해결과 가장 큰 공로자는 정희선이라고 여기고 있었다. 안원식이 정희선에게 물었다.

– 졸레틸과 황산마그네슘이 함께 인체에 함께 투약되면 어떤가요?

"서로 유사한 작용을 하는 면이 있어서 약물들이 서로 상승 효과가 일어나 약물들에 의한 효과가 더 강하게 나타날 수 있을 것이라고 판단됩니다."

당시 상황을 정희선은 자신의 책에서 다음과 같이 회고했다.

"1996년 봄, 재판의 증인으로 출두하라는 소환장을 받았다. 국과수 직원으로서 중요한 업무 중 하나는 자기가 감정한 결과를 법정에서 증언하는 것이다. 증인으로 나서는 것은 편하지 않은 일이다. 감정을 담당한 사람들은 과학적 근거에만 입각해서 답하려고 하다 보니 변호사들의 집요한 질문에 응답하기 어려울 때가 많을 뿐 아니라, 법정에서 피고인들을 직접 대면한다는 것 역시 불편하기 때문이다. 특히 조직폭력 사건 등과 연루돼 법정에 증인으로 서기라도 할 땐, 보호막이 전혀 없어 두려움을 느낄 때도 많다.

다행히 이번 사건의 경우는 이미 검찰에서 진술한 적이 있어, 나름대로 내용을 숙지한 상태에서 여유롭게 법정에 출두했다. 부검의의 증언이 끝나고 이어 내 차례가 됐다. 판사, 검사, 변호사, 피고인, 방청석의 방청객들이 있는 곳에서 증인 선서를 하고 답변할 준비를 했다.

증언 내용은 검찰 진술 조사와 크게 다르지 않았지만 혈중 틸레타민과 졸라제팜의 농도가 치사량에 달하는지에 관한 질의는 기존에 전혀 사람에게 쓰이지 않던 약물이라 비교 기준이 없어 답변하기 여전히 까다로웠다. 질문이 많아 답변을 하고 나니 오랜 시간이 경과되었고, 긴장한 상태에서 말을 많이 해서 그런지 법정을 나오는데 입안이 타고 목이 말라 물을 마시고 싶다는 생각밖에 들지 않았다."

안원식이 마지막으로 물었다.

– 더 하고 싶은 말이 있나요?

"(중략) 이와 같이 이 약물을 구하는 데 매우 어려움을 겪었는데, 이러한 제 경험에 비추어 보면, 일반인들이 이 졸레틸 등을 구하려면 매우 어려울 것 같습니다."

누구나 손쉽게 구해 마약 대용으로 남용하거나 범죄에 이용하기엔 구매 자체가 어려운 약물이라는 뉘앙스였다.

한국의 대표적인 마약 전문가인 정희선은 1955년 충북 태생으로 숙명여대 약학과에서 박사 학위를 취득한 뒤 1978년부터 국과수 약무사로 일하면서 과학 수사 분야에 첫발을 내디뎠다. 소변을 이용한 필로폰 검사법을 최초로 개발한 과학 수사 분야의 전문가로 훗날 영국 외무성 장학금을 받아 킹스칼리지에서 법과학 전공 박사 후 과정을 수학하기도 했다. 이를 계기로 한·영 공동 법과학 심포지엄을 추진해 한국과 영국 간 과학 수사의 교류를 도왔다. 이러한 공로를 인정받아 2014년, 한국 여성 최초로 엘리자베스 2세 여왕이 수여하는 '대영제국 지휘관 훈장'(CBE)을 받았다. 국과수 원장을 끝으로 공직을 떠나 충남대학교 분석과학기술원장을 역임하고 현재 교수로 있다. 법의학 관련 국제기관의 양대 산맥인 국제법과학회(IAFS)의 회장을 지냈고 국제법독성학회(TIAFT) 회장으로 활동했다.

김광훈과 정희선, 두 명의 법의학 전문가 증언을 경청한 재판부는 다음 공판 기일을 알리며 오후 공판을 마무리지었다. 중반을 넘어선 공판에서 피고인과 증인 심문을 통해 다뤄진 사항들은 공소 사실과 관련한 졸레틸50과 황산마그네슘의 치사량 여부, 부검 감정서상의 사인, 김성재와 피고인의 관계에 따른 살해 동기 여부 등이었다.

황산마그네슘 다뤄진 8차 공판

8·9차 공판은 4월 29일 월요일 오전 10시와 오후 2시에 연이어 열렸다. 같은 날 두 번의 재판이 열린 것도 벌써 세 번째였다. 정희선은 오전 공판에 검찰 쪽 증인으로 또다시 참석했다. 안원식이 정희선에게 물었다.

– 부검 결과 검출된 물질들은 무엇이었나요?

"틸레타민과 졸라제팜이 검출됐고, 그 이후에 경찰에서 의뢰받아 황산마그네슘에 대한 검사도 했습니다."

– 황산마그네슘 검사 결과는 어떻게 나왔나요?

"원래 사람에게서는 얼마 정도 양의 마그네슘이 검출되는데, 이 사건의 경우 통상의 사람보다 더 많이 나왔습니다. 뇨에 대해 검사해봤는데, 일반인보다 많은 양이 나왔으며, 사람마다 차이가 있으나 일반인의 2~15배의 양이 나왔습니다."

– 검출된 마그네슘염이 치사량에 해당된다고 보나요?

"마그네슘염의 치사량은 모르겠고 마그네슘염 혈중 농도 67.8ppm이 인체에 어떠한 영향을 주는지는 전문가인 의과대학 약리학 교수가 잘 알 것입니다."

– 김성재 사체에서 나온 졸레틸50의 함량이 치사량에 해당하나요?

"(졸레틸50을 투입했다면) 마취는 가능하다고 생각하고, 치사량은 잘 모르겠습니다. 다이아제팜에 비교했을 때 치사량이 될 수도 있습니다."

– 졸레틸50의 남용 가능성에 대해선 어떻게 보나요?

안원식의 물음에 정희선이 분명하게 답했다.

"틸라테민과 졸라제팜을 함께 남용할 가능성은 없다고 봅니다."

예상했던 답변을 들은 안원식이 계속 물었다.

– 사망 원인을 뭐라고 보나요?
"김성재의 경우는 약물 과다 투여로 보이는데, 사망 원인인지는 잘 모르겠습니다."

"입에도 피가 묻어 있었다"

정희선의 증인 심문이 끝났다. 재판장이 오후 2시에 재판을 다시 열겠다고 말했다. 교도관이 피고인을 계호해 구치감으로 인도했다.

공판이 막바지로 넘어가면서 초기에 견줘 사회적 관심은 급격하게 저하되고 있었다. 공판을 중계하는 언론 보도도 없었다. 공판이 진행될수록 그 많던 취재 기자들은 자취를 감췄다. 그때나 지금이나 언론 보도는 공판 중심이 아니라 수사 중심이었다. 방청객들도 많지 않았다. 그러나 검찰과 변호인, 재판부는 당면한 일을 당면해갔다.

점심시간이 지난 오후 2시, 303호 대법정에서 재판이 다시 열렸다. 9차 공판이었다. 이때 김성재 사체를 최초 발견한 사람 가운데 한 명인 류노아가 증인으로 법정에 섰다. 안원식이 류노아에게 물었다.

– 김성재를 처음 봤을 때 상황은 어떠했나요?

"누워 있는 모습을 처음 봤습니다. 엎어져 있었습니다. 방에서 왔다 갔다 하고 나온 뒤에 김진과 진세라가 우는 것을 봤습니다. 그래서 나와보니 트리키가 김성재를 들고 있는데 김성재가 얼굴이 이상하고 입부분에 피도 묻어 있었습니다."

– 전날 밤에 김성재의 팔에 주삿바늘 자국이 있었나요?

"전혀 없었습니다. 그런 것이 있었으면 눈에 띄었을 것입니다."

사건 전날 김성재의 팔에서 주사자국을 발견한 적이 있느냐는 질문에 대한 류노아의 답변이었다. 9차 공판은 계속됐다.

– 피고인과 김성재의 사이는 어떠했나요?

"별로 좋지 않았습니다. 미국에 살면서 피고인이 전화할 때마다 '이 ×아, 제발 좀 그만 놔둬라. 짜증난다'고 말한 적이 있고, 한국에 와서는 안아주지도 않고 같이 어디 갈 때도 둘이서 말다툼하면서 싸웠습니다. 확실하게 기억나는 것이 있는데, 피고인이 LA로 온다고 해 김성재가 절대 못 오게 했습니다."

– 미국에 있을 때 김성재가 운 적이 있나요?

"전화 통화를 하면서 김성재가 운 적이 있습니다. 증인이 생각하기에는 자기(김성재) 인생이 너무 힘들어서 '나(김성재)는 괴롭다' 하면서 운 것 같습니다."

– 너와 끝났으니 나를 잊으라고 전화 통화하면서 울고, 전화 끊고 나서도 운 적이 있다고 진술했는데, 맞나요?

"맞습니다."

– 김성재는 헤어졌다고 하고서 왜 귀국 후에 피고인을 하루 빼고 매일 만났는지요?

"그때는 벌써 이미 피고인이 김성재에게 '일주일만 있으면 일본으로 가니까 나한테 일주일만 잘해달라, 너는 남자가 왜 그렇게 차갑냐'고 했고, 김성재가 '내가 한국에 가면 일주일 동안 너를 만나주겠다'고 허락한 이후입니다."

– 피고인이 미국 전화번호를 알게 된 일에 대해 김성재는 어떻게 행동했나요?

"피고인이 전화번호를 알게 되었다고 김성재가 매우 화를 냈습니다. 김성재가 사무실에 전화해서 'K가 내 전화번호를 어떻게 알았느냐'고 욕하면서 화를 냈습니다."

가스총 사건 다뤄진 9차 공판

류노아의 증언이 이어진다. 김성재 살해 혐의로 구속 기소된 K의 9차 공판이었다.

- 김성재는 피고인에 대해서 증인에게 뭐라고 말했나요?

"김성재가 피고인에 대해 자세하게 처음부터 모두 말했습니다. 한국의 나이트클럽에서 만났고, 피고인한테 부킹이 들어와서 사귀게 되었는데 여행도 같이 갔고, 피고인이 김성재에게 너무 빠져서 김성재가 하고 싶은 일을 못 하게 한다고 했습니다. 그리고 김성재가 술 먹으러 가려고 하면 찾아와서 가만히 놓아두지 않는다고 했습니다. 또 어떤 때는 사이코라서 김성재의 옷을 벗겨 묶어놓기도 했고, 죽이려고 가스총을 쏴 옷이 찢어진 적도 있다고 했습니다."

- 김성재는 피고인이 왜 그렇게 행동을 했다고 하던가요?

"김성재를 죽이려고 가스총을 쐈다고 했습니다. 옷을 벗겨 묶어놓고 입에 테이프를 발라놓기도 했다고 들었습니다. 그래서 증인은 '김성재가 장난하는 거겠지'라고 생각했는데, 이현도도 똑같은 얘기를 증인에게 했습니다."

류노아는 사건 전에 김성재와 피고인 사이에 있었던 다툼에 대해서도 증언했다.

- 사건 전에 김성재, 피고인과 함께 피고인의 차로 평촌 자택을 방문했을 때 차 안에서 무슨 일이 있었나요?

"차에서 김성재가 앨범이 아직 안 나왔으니까 자기 노래를 들어보겠냐고 했더니 들어보겠다고 해서 틀었습니다. '말하자면'이 나온 다음에 '마지막 노래를 들어줘'가 나왔는데 그것을 반쯤 듣다가 피고인이 테이프를 뺐습니다. 그래서 김성재가 '이 노래 좋은데 왜 빼니'라고 했더니 피고인이 '나는 이딴 노래 듣기 싫어' 했습니다. 그래서 김성재가 '병신같이 왜 그래'하니까 피고인이 '이것은 내 차니까 내 마음대로 할 거야' 하면서 싸웠습니다."

– 김성재가 피고인에게 사랑한다는 말을 하는 것을 들은 적이 있나요?

"없습니다."

재판부는 다음 공판 기일을 정한 뒤 9차 공판을 마무리했다.

변호인의 반격 시작된 10차 공판

10·11차 공판은 2주 뒤인 5월 13일 월요일 오전 10시와 오후 2시에 연이어 열렸다. 오전 10차 공판에선 변호인 쪽이 요청한 피고인의 친구와 수의사가 증인으로 법정에 섰다. 변호인 쪽의 반격이 시작된 것이었다. 김완섭이 피고인의 친구인 전혜진에게 물었다.

– 피고인의 평소 성격은 어떤가요?

"명랑하고 쾌활하고 남을 잘 챙겨주는 스타일이었습니다."

– 친구 관계는 어땠나요?

"증인을 포함해서 친구들이 많았고, 학창 시절 반에서 인기가 많았습니다."

– 김성재와 사이는 어땠나요?

"별문제가 없었던 것으로 알고 있습니다."

– 피고인이 대학 다닐 때 자살하려다 발각된 사실을 아나요?

"모릅니다. 못 들었습니다. 사람마다 틀리겠지만 누구나 홧김에 그럴 수는 있습니다. 저도 수면제를 먹은 기억이 있는데, 피고인에게 말하지 않았습니다."

– 피고인이 증인에게 유학 얘길 한 적이 있나요?

"피고인은 대학 때부터 나라를 정한 것은 아니고, 의사 시험에 합격하면 외국에 나가서 공부를 하고 싶다고 했었고, 일본 유학이라고 얘기한 적은 없습니다."

친구에 대한 증인 심문을 마친 변호인이 회심의 카드로 준비한 수의사 김대현에 대한 심문을 이어갔다. 변호인 쪽은 김대현에게 실험을 의뢰한 바 있었다. 김성재의 몸에서 검출된 틸레타민과 졸라제팜의 함량을 개에게 주입할 경우 사망하는지 여부에 대한 실험이었다. 김완섭이 물었다.

– 졸레틸50이 신장 180cm, 체중 75kg 정도의 젊은 남자에게 치사량으로 작용할 수 있다고는 보이지 않지요?

"잘 모르겠는데, 증인의 실험 결과로 봤을 때 그렇게 생각합니다."

– 이번 실험은 어떤 것이었나요?

"변사자의 몸에서 나온 졸레틸50의 양으로 개에게 투약했을 경우 치사량이 되는지 실험해본 것입니다."

– 결과는 어떠했나요?

"모두 다 죽지 않고 1시간 만에 깨어났습니다."

– 개를 죽일 수 있는 양이면 어느 정도인가요?

"통계적으로 보려면 많은 양으로 실험해야 더 정확한 답을 얻을 수 있겠지만, 저는 3마리로 결론을 내려서 보고서만 썼습니다."

– 사람에 대한 졸레틸의 마취 적정 용량이나 치사량을 아나요?

"모릅니다."

– 졸레틸50을 얼마나 사용한 경험이 있나요?

"전문적으로 연구한 것은 없고, 다만 제가 동물병원을 경영하면서 마취하는 데 몇 번 사용한 적이 있었고, 이번에 개에 대해서 3번 실험한 적이 있습니다."

– 졸레틸50은 누구나 구할 수 있는 약이지요?

"증인의 경우는 수의사회에서만 공급받았고, 가축약품 도매상에서도 구입할 수 있는 것으로 알고 있습니다. 일반인한테도 팝니다."

변호인 김완섭은 김성재의 몸에서 나온 졸레틸50 함량으로는 김성재가 결코 사망에 이를 수 없는 양이라고 주장했다. 변호인은 수의사 김대현의 실험이 녹화된 영상을 재판부에 제출했다.

이날 안원식은 부검의 김광훈을 비롯해 앞선 공판에서 증인으로 불렀던 법의학자들을 증인으로 신청했다. 검찰 쪽의 증인 신청을 받아들인 재판부는 오후에 재판을 다시 열겠다고 말하며 오전 재판을 끝냈다. 변호인 쪽의 치사량 실험에 대한 검찰의 반격이 이뤄질 태세였다.

법의학 vs 법의학

| 26화 사건 관련 주요 인물 |

김광훈(법의학자, 국립과학수사연구소)

황적준(법의학자, 고려대 교수, 검찰 측 증인)

임경숙(기획사 직원, 뮤즈기획)

이광수(법의학자, 변호인 측 증인)

K(김성재 여자친구)

검찰이 재반격 나선 11차 공판

5월 13일 오후 2시, 서울서부지원 303호 대법정에서 오전 공판에 이어 재판이 다시 열렸다. 11차 공판이었다. 오후 공판에선 검찰의 재반격이 펼쳐졌다. 김성재를 부검한 법의학자 김광훈과 사인에 대해서 감정을 한 고려대 법의학연구소 황적준 교수가 검찰 쪽 증인으로 다시 법정에 선 것이다. 오전 공판에서 이뤄진 변호인 쪽의 변론을 반박하기 위함이었다. 변호인 쪽은 김성재의 몸에서 나온 틸레타민과 졸라제팜의 함량으로는 사람이 죽지 않는다고 주장했다.

안원식이 먼저 부검의 김광훈에게 물었다.

- 김성재의 사인은 무엇인가요?

"약물 중독사로 숨진 것입니다."

- 김성재의 몸에서 검출된 양은 충분히 사망에 이를 수 있는 양이지요?

"증인이 판단하기에 추정이라고 하는 것은 아직까지 똑같은 약물의 문헌이 없어서 단정하지 않았을 뿐, 이 약물이 미약해 추정이라는 것이 아닙니다. 이 자체의 농도, 그중에서 졸라제팜은 수면제로 쓰이는 약물인데, 이것은 약리학 책에 의하면 일반 수면제보다 약 효과가 5~10배가 되는데 이 한 가지 약물이 치사 농도에 해당됩니다. 이 사건의 경우 이러한 약물에 의한 사망으로 추정하나 다만 객관적인 자료가 없어 단정하지는 못한다는 것입니다."

– 치사량으로 볼 수 있다는 것이지요?

"이 경우에는 약물이 나왔는데 이 정도 농도라면 치사 농도로 봅니다."

– 극약인 황산마그네슘도 검출이 되었지요?

"단정하기는 어려우나, 황산마그네슘이 투약되었을 가능성이 있습니다. 마그네슘이 일반인보다 2배 이상 나왔기 때문입니다."

– 마그네슘염의 치사량은 어느 정도인가요?

"마그네슘염의 치사량은 잘 모릅니다."

– 주삿바늘 자국 28개는 같은 날 주사돼 생긴 것으로 볼 수 있지요?

"그날 김성재 오른팔에서 28군데의 주삿바늘 자국을 발견했습니다. 증인이 보기에는 주사 부위의 출혈 상태를 보면 같은 시간대에 주사를 한 것 같습니다. 불규칙적이지만 혈관에 따라 다소 분포돼 있었습니다. 혈관을 따라 주사하려다 정맥을 제대로 찌르지 못해 혈관이 터진 것으로 봐서 능숙하지 못한 사람이 주사를 한 것으로 판단됩니다. 주삿바늘 자국을 보면 확실히 판단할 수는 없으나 같은 주삿바늘 형태로 보입니다."

피고인을 포함해 사망 전날 밤까지 그의 오른팔에서 주사자국을 봤다고 증언한 사람은 아무도 없었다. 주사자국은 사건 당일 새벽에 생긴 것이었다. 마약 전문가인 정희선은 마약 중독자들이 하루에 28방의 주사를 놓지는 않는다고 말한 바 있었다.

– 김성재는 주사를 맞고 사망한 것이지요?

"다른 신체에는 특별한 자국이 없고, 주삿바늘 자국이 있는 것으로 봐서 주사에 의해 약물이 투여된 것으로 생각됩니다. 김성재 위벽에서 출혈이 있었기는 하나 약물에 의한 것으로 보이지는 않습니다."

– 심장이 갑자기 멈춰 죽는 경우에 부검하면 알 수 있나요?

"그때는 알 수 없습니다. 그것을 심장 돌연사라고 합니다."

– 김성재 몸에서 검출된 졸레틸로 김성재가 사망할 수 있나요?

"네, 사망할 수 있습니다."

– 마취제를 투여하고 방치하면 어떻게 되나요?

"아주 위험합니다."

– 졸레틸과 황산마그네슘을 같이 투약하면 어떻게 되나요?

"사망에 이를 시간이 빨라질 수 있고, 즉사할 가능성이 있습니다."

– 틸레타민과 졸라제팜을 함께 마약으로 사용할 수 있나요?

"힘들다고 생각합니다."

– 양측성 시반으로 추정하는 사망 시각은 어떻게 되나요?

"김성재 사체에는 양측성 시반이 있는데, 학자에 따라 다르나 그 시반이 있으려면 짧게는 4시간부터 길게는 12시간으로 보며, 일반적으로 저희들은 5~10시간으로 봅니다."

– 사체의 체위를 변경한 시간이 당일 7시를 넘지 않았으므로 사망 시간이 3시 이전이 맞나요?

"네."

이때 변호인 김완섭이 반대 심문을 했다.

— 틸레타민이 마약으로 사용될 수 있나요?
"네. 미국에서는 규제를 심하게 합니다."

앞서 김광훈은 틸레타민의 남용 가능성이 있지만, 실제 남용 사례는 찾을 수 없었다는 취지로 부검 감정서를 작성한 바 있다.

— 마그네슘염 치사량이 360~420ppm이라는 연대 김경환 교수의 견해에 동의하고 마그네슘염 혈중 농도 67.8ppm으로는 인체에 별 영향을 주지 않는다는 견해에 동의하나요?
"동의합니다."

이때 변호인은 김성재의 혈중 마그네슘염 함량(67.8ppm)과 소변에서 나온 마그네슘염 함량(281.5ppm) 가운데 혈중 함량에 대해서 김광훈에게 물었다. 소변보다 혈중 함량이 더 낮게 나왔기 때문인 것으로 풀이된다. 그러나 앞선 분석 과정에서 국과수 약독물과장 정희선은 사망 이후에 모든 이온 평형이 깨지기 때문에, 황산이온이나 마그네슘염의 농도 판정을 하기에 혈액이 시료로서 가치를 상실한다는 이유로 혈중 함량이 아닌 소변에서 검출된 함량을 주된 비교 분석 대상으로 삼은 바 있다. 국과수가 보수적으로 접근해 의미를 두지 않은 혈중 농도를 수치가 낮다는 이유로 언급한 셈이다.

앞서 말했듯 12월 20일 국과수가 작성한 시험 성적서에 따르면 김성재의 피부 조직 약 20g에서 175.9ppm의 마그네슘염이 발견된 바 있었다. 서울대 의대 마취과 교수를 지낸 한 전문의는 2020년 7월 2일 이뤄진 기자와의 인터뷰에서 "피부 조직에서 마그네슘염이 검출됐다는 것은 주사로 투입됐을 가능성을 강력히 시사하는 것"이라며 "만약 황산마그네슘이 졸레틸50과 병용 투여됐다면 각 시료의 함량을 떠나 상승 작용에 주목해야 한다"고 지적했다.

그는 "실제 수술에서 황산마그네슘을 사용하면 마취제를 덜 쓸 수 있다. 황산마그네슘은 마취제의 효과를 더 증가시키기 위해서 사용한다. 병용 투여했을 경우 충분히 사망에 이를 수 있는 위험한 물질"이라고 덧붙였다. 국과수 법의학자들과 이정빈, 황적준 교수가 얘기한 병용 투약 시의 상승 작용 우려와 궤를 같이하는 것이다.

그러나 김성재 피부에서 검출된 마그네슘염에 대한 논의는 1심과 2심 공판 어디서든 찾아보기 힘들었다. 1심은 황산마그네슘이 김성재 몸속에서 발견됐다는 것이 인정된 분위기였기 때문에 굳이 거론할 필요가 없었고 2심에선 되레 황산마그네슘이 몸속에 있는 물질이라며 배척되면서 아예 논의조차 되지 못한 것이 아닐까. 뒷부분에 다시 얘기하겠지만 항소심에서 검사가 교체되면서 사건 장악력이 떨어진 점도 한 원인이 된 것으로 보인다.

또한 앞선 공판의 동물 실험에선 김성재 사체의 졸레틸50 함량을 개에게 주사했다고 했지만, 황산마그네슘은 개에게 주사되지 않았다. 같은 조건으로 실험이 이뤄지지 않았다는 지적이 가능한 대목이다.

결과적으로 혈액을 제외하더라도 김성재의 몸에선 마그네슘염이 각각 281.5ppm(소변)과 175.9ppm(피부) 검출됐다. 이날 공판에 변호사 측 증인으로 참석한 법의학자 이광수는 마그네슘염의 치사량을 260~420ppm이라고 증언했다.

변론 무력화 전략

김광훈에 대한 증인 심문을 마친 안원식이 이번에는 황적준 고려대 교수를 상대로 증인 심문을 벌였다. 사인에 이어 사망추정시각에 대해 변호인 쪽의 변론을 무력화시키기 위한 전략이었다.

안원식이 고려대 의대 법의학연구소 황적준 교수에게 물었다. 10차 공판이었다.

　- 주사침흔이 생긴 시간대를 언제라고 보나요?

"주사침흔이 생긴 시간에 대해서는 잘 모르겠습니다."

　- 주사침흔이 정맥 주사를 놓으려 한 흔적이라고 할 수 있나요?

"정맥에 주사한 여부에 대해서는 혈관이 파열된 것으로 봐서 정맥 주사를 한 것으로 보입니다."

　- 주사침흔을 볼 때 모두 생존 시에 투여된 것인지요?

"생존 시 주사된 여부에 대해서는 근육에 출혈이 있기 때문에 생존 시 주사된 것이 확실합니다."

– 28회나 주사침흔이 있는 이유가 뭐라고 보나요?

"28회나 주사침흔이 있는 이유에 대해서는 잘 모르겠습니다."

 – 정맥 주사에 능숙하지 못한 사람이 정맥 주사를 한 것으로 보이는데 그렇지 않나요?

"그럴 가능성이 있습니다."

 – 김성재의 사망추정시각은 어떻게 되나요?

"1995년 11월 20일 0시 이후부터 2시 50분 사이에 사망한 것으로 추정됩니다."

 – 그렇게 추정하는 이유가 무엇인가요?

"사체에서 양측성 시반이 나타나는데, 양측성 시반은 견해에 따라 발생 시간에 차이가 있으나 영국 서적에서는 사후 4~12시간에 일어날 수 있고, 일본 서적에서는 짧게는 사후 6~8시간, 길게는 8~10시간 내에 형성된다고 돼 있습니다. 김성재 사체의 체위를 변경한 시점을 1995년 11월 20일 6시 50분경으로 볼 때, 양측성 시반이 일어날 수 있는 시간은 아무리 짧게 잡아도 4시간으로 보고 1995년 11월 20일 2시 50분경에 사망한 것으로 추정됩니다."

 – 넉넉히 잡아서 1995년 11월 20일 3시경 이후에 사망했을 가능성은 없나요?

"희박합니다. 법의학 서적에 나오는 여러 가지 수치를 최대한 짧게 보더라도 3시 이전에 사망한 것으로 추정되고, 증인의 경험상으로도 3시 이전에 사망한 것으로 판단됩니다."

 – 최대한 시간을 넓게 보는 경우 사망 시각을 언제로 보나요?

"1995년 11월 19일 18시 50분에서 1995년 11월 20일 0시 50분경 사이에 사망했을 것으로 추정합니다."

황적준의 법정 증언

김광훈과 황적준의 증언은 10차 공판에서 변호인 쪽이 주장한 변론을 정면으로 반박하는 내용이었다. 상황은 다시 역전됐다. 안원식은 기세를 몰아 다음 증인으로 김성재 소속사인 뮤즈기획 직원 임경숙을 증인석에 앉혔다. 안원식이 증인 선서를 마친 임경숙에게 물었다.

- 김동구와 김성재가 돈 문제 때문에 자주 다툰 사실을 아나요?
"자주 다툰 일이 없는 것으로 알고 있습니다."
- 김성재와 이현도의 사이가 어떠했는지 아나요?
"굉장히 친했습니다."
- 피고인에게 김성재의 미국 숙소 전화번호를 알려준 일이 있나요?
"없습니다."
- 김성재는 왜 가르쳐줬냐고 화를 냈다고 하는데 증인은 가르쳐주지 않았다면서 왜 가만히 있었던 건가요?
"왜 가르쳐주었냐고 나무랐는데, 증인이 김성재에게 뭐라고 했는지는 기억나지 않습니다."

임경숙은 앞선 경찰 조사에선 피고인에게 김성재의 미국 집 연락처를 알려준 일로 김성재로부터 야단을 맞았다고 진술한 바 있었다. 그러나 임경숙은 이날 공판에서 자신의 지난 진술을 번복했다. 김성재가 자신에게 왜 전화번호를 가르쳐줬냐고 화를 냈다고 하면서도 자신은 피고인에게 김성재 집 전화번호를 알려주지도 않았고 피고인도 자신에게 묻지 않았다고 한 것이다.

– 피고인이 증인에게 김성재의 미국 집 전화번호를 가르쳐달라고 한 것 아닌가요?

"피고인으로부터 가르쳐달라고 전화 온 기억이 없습니다."

– 김성재의 어조는 증인이 피고인에게 전화번호를 알려줬다는 사실을 알고 불만스러운 어조였나요?

"불만스러운 어조였습니다."

– 화를 낸 것 아닌가요?

"왜 가르쳐주었냐고 화를 냈습니다."

이때 변호인 김완섭이 반대 심문을 했다.

– 김성재가 미국에 가면서 피고인에게 전화번호를 알려주지 말라고 증인에게 부탁한 적은 없지요?

"그런 사실은 없습니다."

– 김성재와 피고인과 사이가 어땠나요?

"그런 것은 잘 모르겠습니다."

하나의 사안, 극과 극의 해석

오후 11차 공판에서 검찰 쪽의 재반격을 받은 변호인 쪽은 다음 공판에서 다시 설욕전을 준비했다. 변호인 쪽 법의학자를 증인으로 요청한 것이다. 재판장은 변호인 쪽의 증인 신청을 받아들였다. 검찰 쪽과 변호인 쪽의 의견을 들은 재판장은 다음 기일에 결심 공판을 진행하겠다고 밝혔다. 결심 공판에선 검찰의 구형이 이뤄진다. 안원식은 결심 공판을 준비했다.

결심 공판은 5월 20일 월요일 오전 10시에 열렸다. 먼저 법의학자 이광수가 변호인 쪽 증인으로 법정에 섰다. 국내의 내로라하는 법의학자들이 모두 검찰 쪽 증인이었던 탓에 변호인들은 증인으로 내세울 법의학자들 찾기가 쉽지 않았다. 그때 연락이 닿은 것이 이광수였다. 이광수는 검찰 쪽 법의학자들의 반대편에서 감정 증언을 했다. 김완섭이 이광수에게 물었다.

– 이 사건 변사자의 혈중 마그네슘염 함량이 67.8ppm으로 나타났는데 그 정도 수치로 인해 인체에 영향이 있나요?

"그 정도는 정상 수치가 아니므로 안전성에 약간 이상한 느낌이 있어도 별다른 이상은 없을 것이라고 생각합니다."

- 변사자에게 검출된 틸레타민 0.85㎍의 농도만으로도 치사량이 될 수 있다는 견해를 표명하는 바, 이 견해에 대해 어떻게 보나요?

이때도 변호인은 졸라제팜 3.25㎍보다 수치가 낮은 틸레타민 농도를 예로 들며 질문했다. 마이크로그램은 아주 작은 단위였다. 전문가들은 이토록 작은 수치를 가지고 다퉜고, 그 작은 수치 단위 하나에 사법 판단이 갈리는 상황이었다. 이광수가 답했다.

"누구든지 불가능하다고 말할 수 없으나, 수치상으로 봐서 상식적으로 그럴 수는 없을 것이라고 생각합니다."
 - 졸라제팜과 틸레타민 또는 졸라제팜과 틸레타민 및 황산마그네슘이 복합적으로 상승 작용을 일으켜 독성을 강하게 한다는 견해를 피력하고 이는 의학적으로 당연한 얘기라고 하는 바, 위 견해에 관해 어떻게 판단하나요?
"의학적으로 당연하지는 않습니다. 두 가지 이상의 약이 섞였을 때 그 작용이 어떤가 라는 것은 그 각자의 강도가 합해져서 합산적으로 나올 수도 있고, 합산적 이상으로 기하급수적으로 나올 수도 있고, 또는 서로 반대로 떨어질 수도 있습니다. 그것은 해봐야지 아는 것이지, 같이 썼을 때 반드시 합해져서 나온다고는 할 수 없습니다."
 - 변사자의 몸에서 발견된 졸레틸 함량이 치사량은 아니라고 보지요?
"치사량까지 안 된다는 것은 저의 확신입니다."

– 전혀 치사량이 안 되는 양이죠?

"'전혀' 안 된다고 말하는 것은 곤란하고 '별로' 안 된다고 했습니다. 사람에게 있어서 약물의 치사량은 알 수 없습니다. 보통 과학적으로 동물에 있어서 치사량을 결정합니다. 사람에게는 치사량이라는 용어를 쓰지 못합니다. 혹시 그런 케이스가 있어도 그 이외에 사람에 대한 치사량은 없습니다. 사람을 실험에 사용할 수는 없으니까 있을 수 없습니다."

– 치사량은 알 수 없다는 것이죠?

"상식적으로 생각해서 판단하는 것이고 과학적으로는 판단을 못합니다."

– 변사자의 몸에서 나온 졸레틸과 황산마그네슘 함량으로는 사망에 이를 수 없다고 보는 것이죠?

"단정은 못 합니다. 제 생각에는 그렇지 않을 것이라고 생각합니다."

검찰의 법의학과 변호인의 법의학이 치열한 접전을 벌이고 있었다. 하나의 사안을 두고 해석은 극과 극으로 대립했다.

이광수(법의학자, 변호인 측 증인)

박경은(문창여중, 변호인 측 증인)

김완섭(고등법원 판사 출신 변호사, K의 변호인)

이국주(1심 재판장)

배용범(대법원 재판연구원 출신 변호사, K의 변호인)

안원식(1심 검사)

서정우(변호사, K의 2심 변호인)

천상현(변호사, K의 2심 변호인)

K(김성재 여자친구)

천국과 지옥을 오간 피고인

김성재 사건은 치과의사 모녀 살인사건과 더불어 법의학과 법의학이 본격적으로 일합을 겨룬 몇 안 되는 형사재판이었다. 직접 증거와 목격자가 없는 두 사건에서 법의학적 해석의 인정 여부에 따라 피고인은 천국과 지옥을 오갔다.

물론 이러한 법의학적 다툼의 뒤에는 치열하게 법의학적 전략을 세운 1·2심 변호인들의 노력이 있었다. 변호인이 공소 사실과 다투지 않고 선처를 호소했다면 이뤄지지 않았을 공방이었다.

5월 20일 월요일, 서부지원에선 결심 공판이 열리고 있었다. 결심 공판에선 검찰의 구형과 변호인의 최후 변론 등이 예정돼 있었다. 이날 공판에서 이광수는 검찰 쪽 법의학자들이 감정한 약물의 병용 투여로 인한 상승 작용과 사인에 대해 반대의 의견을 피력했다. 치사량에 대해서도 김성재의 몸에서 검출된 양으로는 절대 죽음에 이를 수 없다고 했다. 변호인 김완섭이 이광수에게 계속 물었다.

– 변사자 몸에서 나온 졸레틸의 양을 개에게 투여했을 때 사망하지 않은 실험 결과에 대해서는 어떻게 보나요?

"개를 기준으로 했을 때, 그것을 치사량으로 볼 수 있느냐 하는 것은 치사량이 될 수 없는 정도가 상당히 많다는 것입니다. 아까 말했듯이 20배를 2~3일 동안 한꺼번에 주어도 죽지 않습니다. 그러니까 사람과 개의 차이가 많지 않습니다. 사람에게 감수성이 더 있다고 하면 가능하지만 차이가 너무 많으니까 사람의 치사량이 되기 위해서는 너무 많은 양이 필요하다고 봅니다.

이날 결심 공판에선 사건 당일 새벽 피고인을 호텔 앞에서 봤다는 여중생도 증인으로 법정에 참석했다. 안원식이 증인 박경은에게 물었다.

– 피고인을 호텔 앞에서 처음 봤을 때 4시 40분경으로 기억하는 이유는 무엇인가요?

"그것은 도착해서부터 저의 집 부모님이 들어오시기 전에 빨리 집에 가야 하기 때문입니다. 계속해서 시계를 보면서 김성재가 나오기를 기다렸기 때문에 시간을 정확하게 기억하는 것입니다."

– 누가 증인에게 이 사실을 말하지 말라고 했다는데 맞나요?

"저의 친구 혜영의 말에 의하면 어떤 여자가 문창여중에 찾아와서는 '그때 호텔에서… 그런 말을 함부로 말하지 말라'고 얘기를 했던 사실이 있다고 합니다."

새벽 4시 40분에 호텔에서 나오는 피고인을 봤다는 박경은의 증언은 피고인의 혐의를 더욱 짙게 만드는 진술이었다. 검찰 쪽 법의학자들은 새벽 3시 무렵 김성재가 사망했을 것이라고 일관되게 증언했다. 박경은의 증언이 사실이라면 피고인이 김성재가 사망한 지 1시간가량 지난 시점에도 현장에 있었다는 것이 된다. 그러나 박경은은 자신의 이 진술을 항소심 공판 과정에서 번복했고 증언의 증거 능력은 훼손

됐다. 2심 공판 과정에서 언급될 그 번복의 이유도 놀라웠다.

"한 사람의 진실을 알아주세요"

모든 증인 심문을 마쳤다. 재판장은 변호인에게 최후 변론을 하라고 했다. 변호인 김완섭이 다음과 같은 취지로 최후 변론을 했다.

"일곱 명의 동료들이 자고 있는 호텔방에서 여자의 몸으로 28회의 주사를 놓는 것은 불가능합니다. 또한 피고인이 자살하기 위해 구입한 졸레틸이 김성재 몸에서 나왔다고 해서 같은 물질이라고 단정할 수도 없습니다. 무엇보다 변호인 쪽 법의학자들은 김성재 시신에서 검출된 졸레틸과 황산마그네슘의 양만으로는 사망에 이른다고 볼 수 없다고 말하고 있습니다. 변호인 쪽이 수의사에게 의뢰해 받은 동물 실험 결과도 이를 뒷받침하고 있습니다. 그리고 둘의 사이가 안 좋았다면 경험칙상 싫어하는 여자가 놔주는 주사를 순순히 맞았을 리가 없습니다.

피고인이 김성재와 계속적으로 친밀한 애인 관계를 유지해온 사실, 김성재가 피고인에게 귀국하면서 선물을 사다 준 사실, 귀국 후 5일 중 4일을 만난 사실, 그것도 김성재로부터 먼저 전화 연락을 받고 외출해 만나게 된 점 등을 볼 때 피고인이 김성재를 살해할 아무런 이유나 동기가 전혀 없습니다.

우리 형사소송법에서는 사실의 인정은 반드시 증거에 의해 하도록 규정하고 있으며 만약 현재까지의 증거만을 토대로 할 때 피고인이 김성재를 살해했다는 사실을 인정할 만한 직접 증거는 전혀 없고 또한 위에서 살펴봤듯이 법관으로 하여금 '합리적 의심의 여지가 없는 정도의 증명'에 이를 수 있도록 하는 정황 증거는 극히 미비하다 할 것입니다. 따라서 유죄의 심증을 형성하기가 불가능하므로 피고인은 무죄입니다."

이어 이국주 재판장이 말했다.

"피고인 최후 진술 하세요."

피고인 K가 다음과 같은 취지로 말했다.

"저는 김성재를 살해하지 않았습니다. 김성재와의 관계도 매우 좋아 헤어지려 한 사실조차 없기 때문에 김성재를 살해할 이유가 없습니다. 전 결백합니다. 이 한 사람의 진실을 알아주세요."

재판장이 안원식에게 말했다.

"검사는 구형하세요."

안원식이 말했다.

"피해자가 반항 흔적이 없고, 범행 이후 졸레틸과 주사기를 은닉했으며 서울대 이정빈, 고려대 황적준 법의학과 교수, 국과수 법의학과장 김광훈 등의 사망추정시각이 1시~2시 50분 사이로 일치하는 등 과학적이고 객관적인 증인들의 진술 등으로 종합해볼 때 본 건은 계획적 범행으로서 우발적으로 살해한 다른 사건들과는 근본적으로 다를 뿐 아니라, 피고인은 다른 사람의 범행인 양 호도하는 데 급급할 뿐 뉘우치는 마음이 없어 동정의 여지가 전혀 없습니다. 또한 그릇된 집착과 증오, 욕심 때문에 애인을 치밀한 계획하에 살해한 뒤 범행을 은폐하려고 하는 등 죄질이 극히 불량합니다. 형법 제250조 제1항의 살인죄를 적용, 피고인 K에게 법정 최고형인 사형에 처함이 마땅합니다."

재판장 이국주는 보름 뒤인 6월 5일 오전 10시에 선고를 하겠다고 밝히며 결심 공판을 끝냈다. 상식과 상식이 맞부딪치고 법의학과 법의학이 대결한 거대한 재판이 끝나가고 있었다. 피고인은 교도관의 계호를 받으며 구치감으로 이송됐다.

"공소 사실의 대부분이 인정된다"

운명의 날이었다. 6월 5일, 날은 흐렸다. 서울의 아침 기온은 전날과 비슷한 17도를 기록했다. 한낮은 29도에 이를 만큼 무더웠다. 김성재가 죽은 지 7개월 하고도 보름이 지난 날이었다.

이날 오전 서울지법 서부지원 형사합의부(재판장 이국주)에서 김성재를 살해한 혐의로 구속 기소된 피고인 K에 대한 선고 공판이 열렸다. 첫 공판처럼 법정에는 김성재의 팬들, 기자들이 자리하고 있었다. 서부서 경찰들도 상부 보고를 위해 방청했다. 피고인도 흰색 수의를 입고 초췌한 모습으로 법정에 섰다. 법정 경위가 말했다. "모두 기립해주십시오." 법정에 입장한 재판부가 법대(법정에서 판사가 앉는 자리)에 앉자 법정 경위가 말했다. "모두 착석해주십시오." 기립했던 사람들이 착석했다.

"사건번호 96고합2 살인에 대한 선고 공판을 시작합니다."

재판장인 이국주 부장판사가 판결문을 읽어 내려갔다.

"(중략) 피고인이 범행 사실을 완강히 부인하고 있으나, 사건 발생 당시 정황과 여러 증언에 비춰볼 때 피고인이 동물 마취제인 졸레틸을 사서 김성재를 살해했다는 검찰의 공소 사실이 대부분 인정된다. 피고인은 김성재를 살해한 뒤 범행을 은폐하려 했고 자신의 범행을 부인하면서 잘못을 뉘우치는 빛을 전혀 보이지 않고 있으나 초범인 데다 김성재가 자신의 앞길을 방해한다는 이유로 피고인과의 관계를 끊으려 한 점을 참작, 법정 최고형인 사형은 피하고 무기징역을 선고한다."

법정에는 환호성이 터져 나왔다. 재판장이 증거 사실을 열거하자 고개를 가로젓던 피고인은 무기징역이 선고될 때 재판부를 향해 소리쳤다. "난 김성재를 죽이지 않았어요!" 팬들이 피고인을 향해 야유를 보냈다((〈경향신문〉, 1996년 6월 6일). 법정 경위들이 방청객과 피고인을 제지했다.

끝나지 않은 싸움

이날 재판부는 검찰이 제기한 공소 사실들에 대해 모두 증명이 충분하다며 유죄로 인정했다. 4개월 동안의 1심 공판이 그렇게 끝이 났다. 안원식은 공판 서류를 정리하며 피고인을 봤다. 변호인들과 잠깐 대화를 나눈 피고인은 교도관의 계호를 받으며 구치감으로 이송됐다. 변호인 김완섭, 배용범은 법정 앞에서 기자들과 만나 "옆방에 김성재의 동료들이 있는 상황에서 피고인이 김성재의 팔뚝에 동물 마취제를 28차례나 주사했다는 검찰 쪽 논리는 모순"이며 "피고인이 평소 김성재와 원만한 관계를 유지해 살해 동기가 없었다"고 주장했다. 변호인들은 "따라서 피고인의 무죄를 확신한다. 항소심에서 무죄임을 입증하겠다"고 밝힌 뒤 법원을 떠났다(팩트스토리와 기자는 1심 변호인이었던 김완섭, 배용범 변호사에게 취재 과정에서 수차례 전화, 이메일로 기획 의도를 설명드린 뒤 인터뷰 요청을 했으나 연락이 닿지 않았다. 2020년 3월 30일 변호사 사무실을 방문하기도 했지만 인터뷰는 성사되지 못했다).

공판은 아직 끝나지 않았다.

강력한 전관 변호사의 등장

1심에서 피고인이 무기징역을 선고받자 부모 고기점, 김하겸은 변호사를 교체하기로 마음먹었다. 경찰 구속 단계에선 경찰 출신 전관 변호사를, 지법 단계에선 지법 부장판사 출신 전관 변호사를 선임한 바 있었다. 고법 단계에서 고법 부장판사를 출신을 선임하는 것은 자연스러운 선택이었다.

　2심 변호인으로 대형 로펌인 광장 소속의 서정우(당시 53세), 천상현 변호사(당시 32세)가 수임된 배경이었다. 당시 서정우는 가장 잘나가는 전관 변호사였다. 삼풍백화점 사고, 한보 비리 사건, 성수대교 붕괴 사건 등 90년대를 대표하는 대형 사건의 배후에는 그가 있었다. 차관급인 서울고법 부장판사를 지내고 1993년 변호사로 개업한 서정우는 경기고 서울법대를 나와 군 복무 중 사시 6회에 합격, 판사로 임관해 서울지법 부장판사, 서울민사지법(서울중앙지법의 전신) 부장판사와 초대 대법원 수석재판연구관 등 법원 내 엘리트 코스를 밟았다. 대법관 판결을 돕는 재판 연구관들을 지도하는 수석재판연구관은 해박한 법률 지식이 필요한 자리였다. 업무량이 과중하기 때문에 통상 6개월 또는 1년 만에 교체됐으나 그는 민사, 가족법, 행정, 조세, 형사 두루 정통해 2년 동안 수석 자리를 지킬 수 있었다. 법원 내에서 차기 대법관으로 꼽혀온 터라 법복을 벗을 때 후배 판사들 가운데 충격 받은 이들이 적지 않았다는 후문이 돌았다.

개업 첫해 납세 실적 전국 3위를 기록할 정도로 변호사로서도 승승장구했다. 당시 법조계에선 서정우가 개업 첫해 수임료로만 이른바 '세 자릿수'(100억 원대)를 벌었을 거라는 말이 나돌았다. 김성재 사건을 수임하기 전인 1995년 12월에는 노태우 전 대통령에게 뇌물을 준 혐의로 구속 기소된 한보그룹 정태수 회장의 변호인단을 이끌었다. 함께 기소된 삼성, 대우, 동아, 진로 등 재벌그룹 총수 여덟 명 중 가장 많은 다섯 명의 변호인단을 거느리고 있던 정태수는 12월 14일 형 집행정지로 풀려난 뒤 거물급 변호인단을 구성, 재구속되는 사태를 막기 위해 안간힘을 쓰고 있었다. 그 변호인단의 수장이 서정우였다.

변호인단의 자문을 받은 재벌 총수들은 법정에서 노태우에게 돈을 준 사실은 시인하면서도 돈의 성격이 뇌물이 아니라 단순한 인사치레였거나 명절 떡값이었다고 주장했다. 뇌물죄 사건에서 지금도 반복되는 논리다.

서정우는 훗날 한나라당 대통령 후보 법률특보의 자격으로 불법 대선자금을 모금·관리하는 비리를 저질러 한국 사회를 충격에 빠뜨린 장본인이기도 했다. 2002년 대선을 앞두고 삼성·엘지 등 국내 대기업들로부터 모두 575억 원의 불법 대선자금을 받은 혐의(정치자금법 위반) 등으로 구속 기소된 서정우는 2004년 대법원에서 징역 2년의 실형이 확정돼 복역했다. 대법관이 될 수도 있었던 법률가의 참담한 몰락이었다.

당시 그가 고속도로 휴게소에서 재벌로부터 돈이 든 차량을 넘겨받은 뒤 이를 손수 운전해 당에 전달한 일은 국민들에게 심대한 충격과 실망감을 안겨주기에 충분한 것이었다. 그의 행위로 인해 한나라당은 '차떼기당'이라는 오명을 뒤집어쓰게 됐다.

당시 1심 재판부는 판결문에서 "본인은 부인하지만 삼성으로부터 받은 채권을 은밀하게 현금화하는 등 범죄 수익 은닉을 시도했다는 점과 대우건설로부터 14억 원을 받은 점 등 공소 사실이 모두 유죄로 인정된다"고 판시한 바 있다.

시니어 변호사인 서정우를 도와 항소심을 준비하던 주니어 변호사 천상현의 이력도 이채로웠다. 광주 출신인 그는 1996년 연수원(25기)을 수료한 뒤 광장에 갓 들어온 신출내기 변호사였다. 그는 연수원 동기 두 명(천낙붕, 최승수)과 함께 연수원을 마치자마자 국가를 상대를 상대로 소송을 제기한 일로 법조계에서 유명해졌다. 검사 임관이 가능한 성적을 받았는데도 검사가 되지 못했다며 서울지방법원에 검사 임용거부처분 취소소송을 낸 것이다. 검찰의 부당한 '사상 검증'이 임용 탈락의 원인이기 때문에 받아들일 수 없다는 주장이었다.

이들은 1996년 3월 5일 서울고법에 낸 소장에서 "그동안 검사 임용은 사법연수원 수료 성적순으로 하는 것이 관례였다"며 "고소인들의 경우 성적이 충분히 임용 가능권에 들고 다른 특별한 사유가 없는데도 임용을 거부한 것은 인사권자의 재량권서 벗어난 것"이라고 주장했다. 시국사범으로 실형을 산 것 등과 관련해 임용서 떨어진 검사 임용 신청자가 소장을 내 문제를 제기한 것은 처음 있는 일이었다.

소송을 낸 천낙붕과 최승수(당시 32세)는 서울대 법대 재학 시절에 시국사건과 관련해 국보법 등 위반 혐의로 실형 선고를 받은 경력이 있으며, 천상현은 임용 심사 과정에서 자기소개서에 검찰의 정치 지향적인 행태를 비판하는 의견을 낸 바 있다. 법무부는 1996년 사법연수원 25기 수료생 중 43명을 검사로 새로 임용했으며, 최 씨 등의 성적은 7~31등으로 모두 임용 가능권 안에 들었던 것으로 나타났다. 그러나 이들은 끝내 소송에서 이기지 못했다.

한편, 김성재 살인사건의 2심 변호인이 변경되고 있던 그즈음, 서울고법에선 치과의사 모녀 살인사건의 항소심 선고가 있었다. 앞서 말했듯 김성재 사건의 기소검사였던 안원식은 이 사건에도 관여했다.

| 28화 |

항소심

| 28화 사건 관련 주요 인물 |

김창국(변호사, L의 2심 변호인)

김형태(변호사, L의 2심 변호인)

김종구(검사장, 서울고등검찰청)

이창복(항소심 검사)

안성회(2심 재판장)

서정우(변호사, K의 2심 변호인)

천상현(변호사, K의 2심 변호인)

박경은(문창여중, 변호인 측 증인)

정일승(수의학자, 검찰 측 증인)

증거재판주의의 원칙

"검찰이 제시한 정황 증거만으로 피고인을 범인으로 단정할 수 없다. (중략) 피의자의 유죄를 입증할 책임은 검찰에 있다. (중략) 법의학적 소견에 의한 사망추정시각을 피고인의 유죄를 입증하는 '유일한 증거'로 채택할 수 없으며 아내의 불륜을 눈치챘다는 정황 증거 또한 살인의 직접 증거가 될 수 없다."

1996년 6월 27일 목요일, 서울고법 형사4부(재판장 강완구 부장판사)는 아내와 딸을 목 졸라 살해한 혐의로 구속 기소돼 1심에서 사형 선고를 받았던 피고인 L에게 증거 불충분으로 무죄를 선고하며 판결문을 읽었다. 재판부는 단순히 다른 사람의 범행 가능성이 희박하다는 이유만으로 특정인을 범인으로 단정할 수 없다고 결론지으며 무죄를 선고했다.

서울고법 판결은 '심증은 가더라도 결정적 물증이 없는 한 범인으로 단정할 수 없다'는 또 하나의 판례를 남겼다. 언론들은 법원이 형사소송에 있어서의 증거주의 원칙과 수사의 과학화를 재천명함과 동시에 비합리적 요소가 상존하고 있는 검경의 수사 관행에 경종을 울린 것이라는 해석을 내놨다. 사건의 유사성을 비춰볼 때 김성재 살인 사건 항소심에도 영향을 줄 만한 판례였다.

변호사 김형태의 활약

사형에서 무죄로 극적 반전이 이뤄진 데에는 2심 재판 변호인으로 선임된 법무법인 덕수의 김창국(당시 56세, 사시 13회), 김형태(당시 40세, 연수원 13기) 변호사의 노력이 주효했다. 1970년 인권 전문 로펌으로 출발한 덕수는 군사 독재 정권 치하에서 탄압받는 이들을 대리한 인권변호사들의 동아리였다.

군법무관을 마치고 1989년 덕수에 합류한 김형태는 민주사회를위한변호사모임의 창립 멤버로 이돈명, 한승헌, 조영래 변호사에 이은 2세대 인권 변호사의 대표주자였다. 임수경과 문규현 신부의 방북 사건, 한진중공업 박창수 노조위원장 의문사 사건 등 시국 공안 사건을 많이 맡았다. 천주교 인권위원장으로 파키스탄 노동자 동료 살인사건의 진범을 밝혀내고 구명 운동을 벌이기도 했다. 사건 해결에 대한 집념이 남다르지만, 평상시에는 술과 풍류를 즐기는 주당으로 알려져 있다. 법학보단 문학과 철학을 더 좋아한 쾌활한 성정의 소유자다.

1996년 2월 1심 재판에서 L에게 사형 선고가 내려진 뒤 사건을 수임하게 된 김형태는 항소심에서 검찰 쪽이 주장하는 사망추정시각과 살해 동기 등의 공소 사실을 하나하나 반박해 무죄를 이끌어내는 데 결정적 기여를 했다. 항소심 선고 뒤 〈한겨레〉와 한 인터뷰에서 그는 "이번 사건의 핵심은 법의학적 감정 소견을 유죄 증거로 볼 수 있는지 여부였다"며 "항소심 재판부의 현명한 판단에 경의를 표한다"고 밝혔다. 처음에는 L을 의심하기도 했다는 그는 "접견 과정에서 피고인에게 유리한 쪽으로 유도 심문을 해도 자신이 사실이라고 믿는 부분만 인정을 해 무죄를 확신하게 됐다"고 말했다.

당시 항소심 결과는 검사 안원식과 변호사 김형태의 싸움에서 김형태가 1승을 거둔 것을 의미했다. 1심 판결을 뒤집기 위해 김형태는 방대한 반박 증거를 모아나갔다. 특히 시반이나 주검의 굳은 정도, 위장 내용물 조사 등 검찰이 내세운 정황 증거를 반박하기 위해 법의학 관련 논문 1천여 편을 검색해 14가지 치밀한 반박 논리를 만들었다. 그는 〈한겨레〉 인터뷰 말미에 "김기웅 순경 사건에서도 나타나듯이 법의학적 감정 결과는 보강 증거로는 활용할 수 있을지라도 유죄를 인정하는 직접 증거로는 볼 수 없다"고 강조했다. 김기웅 순경 사건은 1992년 애인을 살해한 혐의로 징역 12년을 선고받고 옥살이를 하던 김순경이 진범 자수로 누명을 벗고 1994년 풀려난 사건이다. 당시 국과수는 '피해자가 새벽 5시께 사망한 것으로 추정된다'는 의견을 내놓았다. 새벽 3시 30분~7시께 피해자와 함께 있었던 김순경이 범인으로 지목된 결정적 이유였다. 자백과 사망추정시각을 유력한 증거로 보고 유죄 판결을 내린 법원의 뼈아픈 실수였다.

김순경 사건 이후, 법원 분위기는 자백도 믿지 못하는 엄격한 증거재판주의로 옮겨가고 있었다. 고등법원이 김형태의 손을 들어준 데에는 이러한 기류도 일정 부분 작용했다.

안원식은 치과의사 모녀 살인사건에 대해 즉각 상고 의사를 밝혔다. 그러나 치과의사 모녀 살인사건 항소심 판결을 보면서, 김성재 사건 항소심도 쉽지 않을 것이란 예감이 들었다. 사망추정시각이 유무죄의 근본적인 쟁점이었다는 점에서 치과의사 모녀 살인사건과 김성재 살인사건은 유사했기 때문이다. 그즈음 평소 알고 지내던 한 고법판사가 자신에게 한 이야기도 이런 예감을 부추겼다. 그는 우연히 만난 안원식에게 "영감, 김성재 2심 쉽지 않겠어. 준비 단단히 해야 할 거야"라고 말했다.

김성재 사건의 항소심 변호인으로 당시 대법원 재판연구관 출신의 강력한 전관 변호사였던 서정우가 선임된 점도 순탄치 않은 공판을 예고하고 있었다. 공소 유지를 위한 면밀한 전략이 필요한 상황이었다.

수사검사에서 공판검사로 교체

김성재 사건 항소심을 준비하던 안원식에게 서부지청 차장으로부터 느닷없는 연락이 온 것은 그때였다. 차장은 김성재 사건 항소심을 고검 검사가 맡기로 했다며 관련 기록을 넘기라고 통보했다. 안원식은 납득할 수 없었다. 모든 수사검사가 그렇듯 안원식도 자신이 기소한 치과의사 모녀 살인사건과 김성재 살인사건에 대한 애착이 남달랐다. 중요한 사건의 경우 공소 유지를 위해 상급심까지 기소검사가 관여하는 것이 관례이기도 했다. 사건을 수사한 기소검사와 공판 과정에 투입된 공판검사는 사건에 대한 열의나 깊이에서 분명 차이가 있을 수밖에 없었다.

항의하는 안원식에게 차장은 고검으로 사건이 넘어왔는데 왜 지검 검사가 계속 사건을 맡느냐는 말이 고검에서 나왔다고 전했다. 치과의사 모녀 살인사건의 항소심을 맡으며 뒷말이 나왔다는 얘기였다.

당시 김종구 서울고검장은 기소검사였던 안원식 대신 고검의 공판검사 이창복(연수원 14기)을 김성재 사건 항소심에 배당했다. 치과의사 사건은 수사검사 안원식이 대법원까지 공소 유지를 맡을 수 있었던 반면, 김성재 사건은 항소심에서 수사검사가 공판검사로 교체되는 일이 벌어지고 만 것이다. 안원식은 그렇게 김성재 사건 항소심에서 빠지게 됐다.

안원식의 선배 기수였던 이창복 검사는 사건을 맡은 직후 안원식에게 전화를 걸어 이것저것 물었다고 한다. 안원식은 사건 파악조차 안 돼 있는 이창복에게 싫은 소리를 하면서 전화를 끊었다. 항소심이 곧바로 시작되는 바람에 이창복은 사건을 완전히 장악하지 못한 상태에서 항소심에 참여했다.

엎친 데 덮친 격이었을까. 안원식은 그해 7월 28일자로 발표된 법무부 정기 인사에서 대구지검으로 전보됐다. 말은 안 했지만, 치과의사 모녀 살인사건이 항소심에서 무죄로 나온 것에 따른 일종의 문책성 인사였다. 결국, 치과의사 모녀 살인사건의 항소심 판결이 결국 김성재 사건 항소심에도 영향을 끼친 것이다.

검찰 입장에서 볼 때 항소심을 둘러싼 조건은 여러 가지로 불리했다. 검찰의 시간이었던 1심이 지나고 변호인의 시간인 항소심이 다가오고 있었다(팩트스토리와 기자는 현재 원주에서 변호사로 있는 이창복 전 검사에게 수차례 전화, 이메일을 통해 인터뷰 요청을 넣었으나 연락이 닿지 않아, 2020년 3월 30일 원주 사무실을 직접 찾기도 했으나 변호사 폐업을 해 만날 수 없었다).

기자도 없던 항소심 1차 공판

김성재 살인사건의 항소심 첫 공판은 그렇게 수사검사 안원식이 빠진 채, 1996년 7월 18일 목요일 오전 10시, 서울고법 404호 법정에서 열렸다. 심리는 형사5부(재판장 안성회 부장판사, 주심 하광룡 판사, 배석 최강섭 판사)가 맡았다. 1심 선고로부터 달포가 지난 시점이었다. 검사 이창복과 변호인 서정우, 천상현, 그리고 피고인이 법정에 섰다. 1심 첫 공판 때와는 달리 기자들은 많지 않았다.

인정 심문을 마친 뒤 검사 이창복이 피고인에게 물었다.

– 김성재는 평소 콘택즈렌즈를 착용하지요?

사건 당일 사체로 발견됐을 당시, 김성재는 콘택트렌즈를 착용한 상태였다. 평소 자기 전 콘택트렌즈를 빼놓는 습관이 있었던 그가 콘택트렌즈를 착용한 채 숨졌다면, 잠들기 전 살해됐다는 걸 방증하는 상황이라고 이창복은 보고 있었다. 피고인이 답했다.

"김성재는 공연할 때는 렌즈를 사용하고, 집에서는 안경을 많이 쓰고 있습니다."

큰 공방은 이뤄지지 않았다. 1심처럼 2심 첫 공판도 일찍 끝이 났다. 재판장은 2차 공판 기일을 알리며 심리를 마무리했다. 대부분의 주요 일간지에도 2심 첫 공판 기사는 실리지 않았다. 18일자 〈동아일보〉에 실린 1단짜리 공판 예고 기사가 전부였다.

항소심 2차와 3차 공판

2차 공판은 8월 1일 목요일 오전 10시, 서울고등법원 404호 법정에서 열렸다. 기소검사였던 안원식은 이날부터 공판에 참석하지 못했다. 안원식이 있던 자리엔 이창복 검사가 대신 자리했다. 변호인 쪽의 호재였다. 별다른 공방도 없이 2차 공판도 끝이 났다.

3차 공판은 8월 20일 화요일 오후 2시에 열렸다. 이날 공판엔 1심 결심 공판에서 검찰 쪽 증인으로 출석한 문창여중생(훗날 문창중학교로 변경) 박경은이 변호인 쪽 증인으로 법정에 섰다. 앞선 공판에서 새벽 4시 40분께 호텔 앞에서 피고인을 봤다고 증언했던 박경은은 이날 공판에서 충격적인 진술을 했다.

"김성재가 사망한 후(장례식 후) 김동구로부터 연락을 받고 88체육관 부설 볼링장 스낵 코너에서 김동구를 만났다. 김동구는 증인에게 호텔 앞에서 본 여자에 관해 물어보면 그 여자는 단발머리에 청바지를 입었으며 흰색 그랜저를 타고 갔다고 말하라고 부탁했다. 당시 피고인의 모습이 그러했기 때문이다. 김동구에게 L을 봤다고 이야기했을 때 그것을 알고 있었던 것 같았고, 귓속말로 호텔 앞에서 매니저 L 오빠를 봤다는 말을 하지 말라고 했다."

"당시 피고인을 전부 범인으로 알고, 각 언론사에서도 그렇게 보도했으며, 피고인이 김성재와 사귀었기 때문에 미워해 허위 진술을 하게 됐다. 육미승은 증인에게 법정에서 증언을 하게 되면 검찰에서 진술한 것처럼 피고인을 봤다고 진술하라고 했다. 육미승은 본인에게 혼자 봤다고 하면 안 믿을 수도 있으니까 아는 친구와 같이 봤다고 하라고 했고, 본인은 친구 혜영이에게 부탁했다. 혜영이는 그 당시 호텔 앞에 있지 않았다."

어느 팬의 증언 번복

앞선 증언은 모두 김성재 기획사 대표인 김동구와 육미승이 시켜서 한 거짓말이었다는 박경은의 진술은 놀랄 만한 것이었다. 박경은의 진술이 이어졌다.

"본인은 김동구와 육미승의 지시에 따라 잡지사와 수사 기관에 허위의 진술을 한 것에 대해 양심의 가책을 느껴 1996년 2월 27일경 피고인의 집에 찾아갔다."

"머리가 긴 치마 입은 젊은 여자가 나오는 것을 봤는데 잠시 후 젊은 남자가 나와서 이야기를 나누다가 젊은 남자는 호텔로 들어가고 여자는 회색 그랜저 승용차를 운전하고 가는 것을 봤는데 그 두 남녀는 연인 관계로 보였다. 1995년 11월 20일 4시 40분경 스위스그랜드 호텔 앞에서 목격한 여자는 피고인이 아니다. 본인이 본 것은 긴 머리인데 김동구와 육미승은 자꾸 단발이라고 이야기하라고 한 것이 이상하게 느껴졌고, 피고인이 진정으로 성재 오빠를 사랑했다면 죽이지는 않았을 것이라고 생각했기 때문에 피고인은 범인이 아니라고 확신했다."

"피해자의 장례식 전에 본인은 아는 언니에게 어떤 여자가 그랜드 호텔에서 나와 그랜저 승용차를 타고 가는 것을 봤다고 이야기했다."

"성재 오빠 추모제가 국민대학교가 있는 산에서 있었는데 L이 본인에게 다가와서 검찰 진술에서 나를 호텔 앞에서 봤다고 이야기했다면서 뭐 하러 그런 이야기를 했느냐며 저를 계속 째려봤다."

"호텔 앞에 나왔던 젊은 남자가 로드매니저 L과 옷차림이 비슷하고 닮았었다. 성재 오빠와 동갑인 로드매니저 L은 성재 오빠가 머슴처럼 부리는 것에 대해 열등감을 느꼈고, L이 피고인을 좋아하기 때문에 그가 성재 오빠를 죽인 것이 아니냐고 주변 아이들이 말했다. L이 자신의 혐의를 모면하기 위해서 피고인한테 범행을 씌운 것으로 생각한다."

박경은의 증언을 요약하면 자기가 본 것은 사건 당일 4시 40분 긴 머리 여성이 호텔 앞에서 누군가와 얘길 나누고 회색 그랜저를 타고 가는 모습이었으나, 김동구와 육미승이 단발머리를 봤다고 하라고 시켜 지난번 법정에서 그렇게 진술했다는 것이었다. 결국 피고인이 범인이 아니라고 생각해 다시 증언하게 됐다는 얘기였다. 이에 대해 육미승은 2020년 7월 9일에 이뤄진 인터뷰에서 "박경은 학생은 공판이 진행될 때 집에 찾아와 만난 적이 있다. 본인이 사건 당일 목격을 했다고 했는데 같이 온 박경은의 친구가 돈을 달라는 식으로 말해 믿지도 않았다. 기획사 대표였던 김동구 씨를 만나보라고 하고 잊고 지냈다. 위증을 사주하고 말일 자체가 없었다. 나중에 피고인 쪽 부모를 만난 뒤 공판에 나와 김동구와 내가 위증하라고 시켰다는 얘기를 했다고 해 황당했다"고 말했다.

이날 증언이 사실이라면, 박경은은 결과적으로 위증을 한 셈이 된다. 자신부터 위증죄 처벌 대상이었고 이를 교사한 김동구와 육미승도 처벌될 수 있었다. 그러나 위 증언 이후 이 세 사람은 처벌받지 않았다. 재판부는 증언이 번복되면서 증거력이 훼손된 데다 중학생의 증언 자체에 크게 무게를 두지 않았던 것으로 보인다. 판결문에도 박경은의 증언은 인용되지 않았다.

박경은의 증언은 어디부터 어디까지 사실일까. 아니면 모두 거짓일지도 모를 일이다. 하지만 분명한 사실은 중학생을 증언대에 세울 만큼 당시 공판이 첨예하게 진행되고 있었다는 점이다.

항소심 변호인단의 전략

이날 공판에서 피고인은 "L과는 특별히 가깝지 않았다"며 "자신은 사건 당일인 1995년 11월 20일 저녁에 아무도 만나지 않았다"고 진술했다. 경찰과 검찰 단계 진술을 보면 사건 당일 저녁, 피고인은 김성재 빈소에 있었다.

이날 공판에는 검찰에서 참고인 조사를 받았던 수의학자 정일승도 검찰 쪽 증인으로 법정에 섰다. 당초 검찰 조사에서 빠르게 마취가 이뤄지는 탓에 졸레틸50의 마약 대용 가능성을 일축했던 그는 이날 공판에선 졸라제팜과 틸레타민을 따로 사용하더라도 그 위험성이 높아지는 건 아니라는 취지로 증언했다. 검찰이 의도한 증언이 아니었지만 검찰 쪽은 별다른 대응을 하지 못했던 것으로 보인다. 그의 주요 진술을 정리했다.

"졸레틸은 원래 야생동물용 마취제로 개발되었다고 알고 있다. 틸레타민과 졸라제팜은 따로 사용한다 하더라도 안전도가 매우 높다. 위 두 가지 물질을 합친 것이 더 안전하고, 독성이 늘어난다고는 볼 수 없다."

증인과 피고인에 대한 심문이 끝나자 재판장 안성회가 다음 공판 기일을 알리며 3차 공판을 마무리했다.

그즈음 피고인의 엄마 고기점은 법무법인 덕수의 김형태 변호사를 찾았다. 치과의사 모녀 살인사건의 항소심을 무죄로 이끈 김형태에게 딸에 대한 변론을 맡아달라고 하기 위함이었다. 사건의 유사성을 간파한 고기점의 혜안이었다. 딸을 살려달라고 애원하는 고기점에게 김형태는 사건 수임을 하지 않되 법률 자문을 해주겠다고 했다.

2020년 4월 21일 기자와의 인터뷰에서 김 변호사는 "당시 변호사로 선임된 서정우 변호사와 공동 변호인을 할 수가 없어 서류만 보고 도움을 주기로 했다"며 "고기점 씨와 마약 투약 의혹이 있던 미국 백댄서를 찾으러 LA 출장도 함께 갔지만 수임계를 작성하지 않아 수임료도 받지 않았다"고 했다. 김성재 사건 항소심에서 결정적 기여를 한 것으로 알려져 있지만 결과적으로 판결문에 이름이 없던 이유였다.

실제 항소심 변호인으로 이름을 올린 천상현 변호사도 기자와의 인터뷰에서 소송 과정에서 김형태 변호사의 이름을 듣거나 본 적이 없다고 말한 걸 보면, 김형태가 항소심 변호인으로 정식 수임계를 작성하지 않은 것은 사실로 보인다(김형태가 김성재 사건 항소심에서 피고인의 법률 자문을 해준 것은 O. J. 심슨 사건에서 그의 변호인이었던 조니 코크런과 여러모로 흡사했다. 사회적 약자를 대변해온 인권 변호사이자 흑인으로 미국 사회에서 성공한 법조인이었던 코크런은 당시 드림팀으로 구성된 심슨 변호인단의 핵심 멤버로 흑인인 심슨에 대한 인종차별 관점을 끌어들여 소송을 승리로 이끈 장본인이었다).

김형태는 수임도 하지 않고 서류만 보고 피고인 K의 무죄를 확신했다고 했다. 서류를 보면 사람이 보이는 걸까.

| 29화 |

확신

인권 변호사

"수임하지 않았기 때문에 당시 피고인 K를 직접 면회한 적이 없다. 사건 기록을 보고 양측성 시반의 존재 여부, 황산마그네슘의 투입 여부 등의 쟁점에서 무죄를 확신할 수 있었다."

2020년 4월 21일, 김형태는 인터뷰에서 이같이 말했다. 〈한겨레〉에 연재한 '김형태의 비망록'에서 그는 치과의사 모녀 살인사건 수임을 했을 때 피고인인 L을 직접 면회하고 그가 자기 자신에게 불리한 진술도 털어놓는 것을 보고 무죄를 확신했다고 썼다. 직접 보지도 않고 무죄를 확신한다는 게 선뜻 이해되지 않는 대목이다.

이에 대해 한 판사 출신 변호사는 "불가능한 것은 아니지만 그리 상식적이진 않다"며 "여러 번 만나고 나서도 알 수 없는 게 사람 속인데 서류만 보고 무죄를 확신할 수 있을까"라고 되물었다. 반면, 또 다른 대형 로펌 변호사는 "수사 기록과 공판 기록을 두루 봤다면, 불가능한 것만은 아니다"라고 했다.

재벌 총수의 변호인과 노동자, 학생의 변호인. 걸어온 길이 너무도 달랐던 서정우와 김형태는 김성재 사건 항소심에서 한배를 타게 됐다. 물론 오월동주라고 말하긴 어려웠다. 두 사람은 배 안 각자의 자리에서 교류 없이 소송을 이끌어간 것으로 보인다.

검찰 논리 위태로워진 항소심 4차 공판

4차 공판은 9월 10일 화요일 오전 10시에 열렸다. 3차 공판의 증인인 수의학자 정일승이 이날 다시 법정에 섰다. 그는 이날 검찰 조사 때와 같이 졸레틸50의 마약 대용 가능성에 대해서는 일축하면서도 치사량에 대해서는 검찰 쪽 입장과 배척되는 증언을 했다. 취재 과정에서 입수한 법원 기록을 바탕으로 주요 증언을 정리했다.

"조양축산상사에서 만든 졸레틸 사용설명서에 따르면 대수술하기 위해 마취할 때 필요한 졸레틸50(5cc)의 양은 개의 정맥 주사 시는 10mg/kg입니다. 이를 기준으로 75kg의 고양이나 개에게 졸레틸50(5cc)을 근육 주사 한다고 가정할 경우 한 번도 졸레틸을 받아들여본 적이 없는 고양이가 사망하려면 66,141병을, 개의 경우 30병을 투여해야 하고, 한 번이라도 졸레틸을 접해본 적이 있는 고양이의 경우에는 99,216병을 투여해도 치명적이지 않습니다."

"본인의 경험으로 봤을 때, 몸무게 75kg의 침팬지나 원숭이를 확실히 살해할 목적이라면 상황에 따라 다르겠지만 졸레틸 50병 정도를 놓아야 할 것이라고 생각한다."

"졸레틸50 1병을 75kg의 성인 남자에게 근육 혹은 정맥으로 투약했을 경우, 그 사람이 졸레틸 중독으로 사망할 수 있다고 생각하지 않는다. 이는 졸레틸 투여 용량이나 자료에 근거해 그렇다고 볼 수 있다."

"졸레틸50 1병을 정맥 주사로 75kg의 성인 남자에게 투약할 경우 3분 내지 5분 정도 시간이 경과되면 의식 불명 상태가 되고 그 상태가 15분 정도 지속됩니다."

"졸레틸이 마약 대용으로 투약된다는 점은 친구에게 알아보니 전혀 그런 사실이 없었다. 1995년 7월 내지 8월경에도 인천에서 졸레틸을 구할 수 있다고 생각한다."

75kg의 남자가 졸레틸50을 맞고 사망하려면 50병은 맞아야 한다는 정일승의 감정 증언은 분명 검찰 쪽에 불리한 진술이었다.

이날 공판에는 사건 발생 직후 구조 신고를 받고 김성재를 병원으로 후송한 소방관 최순규, 후송된 병원에서 사망을 확인한 응급실 의사 최성현, 후송 병원 영안실에서 시체를 확인한 주정환, 사건 당일 김성재를 검안한 이상탁도 증인으로 나왔다. 이들의 증언을 둘러싸고 양측성 시반의 존재 여부에 대한 치열한 공방이 벌어졌다.

양측성 시반과 사망 시각 논란

먼저 후송병원 영안실 직원인 주정환은 "그날 아침 10시경 김성재의 사체가 영안실로 왔고, 이를 봤을 때에는 앞면의 상반부를 본 것이 기억나는데 변색된 것은 없었다"며 "사체는 멍이나 칼자국 없이 깨끗했다"고 증언했다. 이때 변호인은 주정환에게 "(양측성 시반이라고 검찰 쪽이 주장하는 사체의 음영이) 사체를 사진기로 촬영할 때 플래시가 터져 그림자가 진 탓이 아니냐"고 물었다. 주정환은 "그럴 수 있다"며 고개를 끄덕였다. 그러나 검찰의 반대 심문에서 주정환은 "시반이 뭔지 모른다"고 답변해 증언의 신빙성을 저하시켰다(《일요신문》, 1996년 9월 22일).

그다음 증인으로 나선 최성현은 김성재 사체를 처음으로 검안했던 의사였다. 세브란스병원의 가정의학과 레지던트 과정에 있던 그는 당시 세림간호종합병원에 파견 근무 중이었다.

그는 "김성재가 세림병원으로 후송돼 왔을 때 동공이 이미 확장되고 호흡이 멎은 상태였다"며 "죽은 지 얼마나 지났는지는 모르고 사후 강직이 있는 정도는 아니었다"고 증언했다. 또 "김성재의 사체를 대할 때 시반에 대해선 관심도 없었으며 내 기억으론 사체의 얼굴이나 상체에서 시반으로 볼 만한 현상이 없었다"고 했다.

그러나 그 또한 검찰의 주정환과 마찬가지로 검찰의 반대 심문에선 "사체에서 특별한 현상이 없었다는 것은 토한 자국 또는 칼자국이나 교통사고 따위의 외상 흔적이 없었다는 점을 뜻한다"고 말을 바꾸었다(《일요신문》, 1996년 9월 22일).

양측성 시반에 대한 논란이 한층 뜨거워진 것은 검안의 이상탁에 대한 증인 심문 때였다. 이상탁은 사건 당일 경찰관이 입회한 가운데 김성재의 사체를 검안했다. 이날 공판에서 이상탁은 처음에는 양측성 시반의 존재를 강하게 부인했다.

김성재의 사체에서 양측성 시반을 봤냐는 변호인의 질문에 그는

"등 쪽에서만 시반을 봤을 뿐 앞쪽에는 시반을 보지 못했다. 만약 양측성 시반을 봤다면 이를 토대로 사망 시각을 판단했을 것"이라고 답했다. 또 "성모병원 영안실에서 김성재의 사체를 검안할 당시에는(14시 20분) 등 부위에만 시반이 있었다"며 "본인은 시반, 경직, 동공, 각막의 상태를 근거로 사망 시각을 당일 7시 5분으로 추정한다. 양측성 시반일 경우도 이와 같은 사망 시각이 추정된다. 검안 시 각막은 혼탁돼 있지 않았다"고 증언했다(이상탁 2심 증언).

변호인은 다른 의사(검찰 쪽 감정인)들은 폴라로이드 사진을 보고 김성재가 시체로 발견되기 4시간 전쯤 죽었다고 추정했는데 어떻게 생각하냐고 물었다. "동의하지 못한다. 김기웅 순경 사건 때도 부검을 한 국과수 의사들은 사망 시간대를 새벽 2~3시로 오판했다. 그때 나는 사망 시간대를 아침 7시쯤으로 추정했는데 결국 나중에 내 말이 맞은 것으로 드러나지 않았나."(《일요신문》, 1996년 9월 22일)

그러나 이상탁은 입회한 경찰이 폴라로이드로 찍은 김성재의 사체 사진을 보면서 말을 바꾸었다. 그는 "목과 얼굴에 나타난 시커먼 형체는 그림자가 아니냐"는 변호인의 질문에 "사진으로 보니 시반인 것 같다"며 고쳐 말한 것이다. 이상탁은 끈질긴 변호인단의 추궁에 "오래된 일이라 기억이 잘 나지 않는다"며 아예 발을 뺐다. 당시 검안의 이상탁은 사건 당일 작성한 사체 검안서에 김성재의 사망 시각을 아침 7시 5분으로 작성했다. 검찰 쪽 법의학자들이 말한 사망추정시각인 새벽 2시 50분보다 4시간여가 더 늦은 시각으로 피고인의 혐의가 대폭 옅어질 수 있는 시간대였다. 변호인단이 이를 놓칠 리 없었다.

변호인은 "양측성 시반이 맞는다면 어떻게 사망 시각이 아침 7시가 될 수 있냐"며 "양측성 시반을 봤다면 언제 사체의 위치가 바뀌었는지 그때 바로 확인해봤어야 되지 않냐"고 물었다. 이상탁은 "입회경찰관이 아침 7시에 죽었다고 말한 점과 여러 가지 정황을 감안해 판단한 것"이라고 얼버무렸다(《일요신문》, 1996년 9월 22일).

김광훈의 진술이 배척된 이유

28개의 주사자국도 논란이 됐다. 사체를 처음으로 검안한 최성현은 "주사자국이 언제 생긴 것인지는 모르겠지만 사흘이 넘지 않은 것은 확실하다"고 증언했다(최성현 2심 진술). 사체 검안서를 작성한 이상탁은 "주사자국 위치가 혈관에서 거리가 멀고 정맥 주변에 피하 출혈이 여러 군데 생긴 것으로 미뤄 주사에 서투른 사람이 마구잡이로 찌른 것 같다"며 "정맥 주사는 전부 잘못 놓았던 것 같다"고 증언했다.

또 "본인이 발견한 주사침 흔적은 17개밖에 없었고, 나머지 주사침에 대해서는 생각해보지 못했다"며 "본인의 경험으로 볼 때 28번의 정맥 주사를 고무줄로 묶고 놓았다면 30~40분 정도 걸린다고 생각한다. 따라서 마구잡이로 찌르면 이 정도의 시간이 걸리지 않는다"고 했다.

이상탁은 "발견한 주사침 흔적으로 봐서는 동일한 시기에 한자리에서 연이어 놓은 것 같았지만 동일한 주사기인지는 잘 모르겠다"며

서도 "이런 식으로 한쪽 팔에 계속 찌르면 주사를 맞는 사람이 깨어나지 않을 수 없으므로 한날 한시에 한꺼번에 놓았다고 단정할 수 없다"고 주장했다.

등 부위에만 시반이 있었고 사망 시각을 아침 7시 5분으로 본 이상탁의 감정 증언이나 상반신에서 변색된 것을 발견하지 못했다는 주정환의 증언은 양측성 시반의 존재를 토대로 사망 시각을 피고인이 호텔을 떠나기 전인 새벽 3시 30분 이전으로 본 검찰 쪽의 논리와 배치되는 진술들이었다. 훗날 선고 공판에서 항소심 재판부는 이상탁, 주정환의 증언을 채택하고 양측성 시반이 발견되었다는 황적준의 감정 증언을 배척했다. 법의학자의 감정 증언이 외과 전문의와 영안실 직원의 감정 증언에 의해 반박된 것이다.

황적준과 함께 양측성 시반의 존재를 주장했던 부검의 김광훈은 1심 증언 시에 부검 당시 사체 앞가슴 등에서 미약한 시반이 있었으나 그 정도가 미약해서 부검 감정서에는 기재하지 않았다고 진술했으나, 반대 심문하던 변호인이 그 부위를 표시해달라고 하자 정확하게 기억해 표시할 정도가 아니라고 답변한 바 있었다. 이후 검찰 조사 및 항소심에선 주의해 보지 않았기 때문에 양측성 시반이 있었는지 기억이 안 난다는 취지로 진술했다. 항소심 재판부가 김광훈의 진술을 믿을 수 없다고 판단한 이유였다.

"죽은 지 얼마 안 된 것 같았다"

이날 공판에선 사건 당일 김성재를 인근 병원으로 후송한 119구급대원 최순규도 참석했다. 변호인단은 최순규에 대한 증인 심문을 통해 김성재가 병원으로 옮겨지기 전 살아 있었을 가능성을 제기했다. 최순규가 사건 현장인 스위스그랜드호텔 별관 57호실에 도착한 것은 아침 7시 11분이었다.

그는 "현장에 도착했을 당시에는 김성재가 확실히 절명한 것으로 보이지 않았고 다만 상태가 위증해 급히 병원으로 옮겨야 한다고만 생각했다"며 "김성재의 입술에서 피를 토한 흔적은 볼 수 없었다"고 했다. 그는 또 "김성재를 만져봤을 때, (김성재의) 몸이 차갑거나 경직돼 있다는 느낌을 받지 못했다. 호흡은 없었고, 동맥은 잘 느낄 수 없었다"며 "완전히 죽은 상태였다면 변사사건 처리 지침에 따라 119에서 처리하지 않고 경찰에 맡겼을 것이다"라고 증언했다. 최초로 시신을 검안한 최성현도 "죽은 지 얼마 안 된 것 같았다"고 했다.

김성재를 만졌을 때 차갑거나 경직돼 있다는 느낌을 받지 못했다는 최순규의 증언과 주검의 강직이 이뤄지지 않았다고 한 최성현의 증언도 아침 7시 5분께를 사망추정시각으로 본 이상탁의 증언을 뒷받침하고 있었다.

의사 최성현에 대한 증인 심문에서 또 하나 논란이 된 것은 사체의 직장 온도였다. 공판에서 최성현은 관례에 따라 김성재의 심전도 촬영 검사를 한 뒤 간호사에게 체온을 잴 것을 지시했다고 했다. 당시 기록엔 간호사 L이 김성재의 체온을 36도로 적었다. 36도라면 살아 있는 사람의 체온과 거의 같은 온도였다. 곧 김성재가 죽은 지 얼마 안 됐거나 병원에 도착하자마자 죽었다는 걸 뜻하는 것이었다.

그러나 최성현은 "확실히 죽었다고 판단될 경우엔 체온을 재지 않는 경우도 있다"고 단서를 달아 논란을 일으켰다. 변호인단은 "사체 사망 시각을 판단하는 데 매우 중요한 근거인 체온 측정을 엉터리로 할 수 있냐"며 거칠게 따져 들었다. 하지만 최성현은 "10회 중 2~3회는 실제로 재지 않았다"며 "그때도 간호사가 형식적으로 기록해놓았을 가능성이 크다"고 말했다. 한편 최성현과 함께 증인으로 채택된 간호사 L은 이날 법정에 나오지 않았다(《일요신문》, 1996년 9월 22일).

증언이 끝나자 재판장이 다음 공판 기일을 정한 뒤 4차 공판을 마무리했다. 이날 공판을 거치면서 검찰 쪽이 주장한 사망추정시각은 흔들리고 있었지만, 검찰은 다음 공판에서 이를 만회하지 못했다. 검찰에게는 시간이 많지 않았다.

싱겁게 끝이 난 항소심 5차 공판

5차 공판은 9월 17일(화) 오후 2시에 열렸다. 사건 전 피고인을 좋아했다고 피고인이 주장한 대학 선배 심○○이 이날 증인으로 법정에 섰다. 심○○은 "본인은 피고인에게 결혼하자는 말을 한 적도 없고, 당시 피고인이 김성재를 사귀고 있는지도 몰랐다"며 "1995년 4월경 피고인과 통화한 적이 있는데, 제가 전화한 적은 없고 피고인이 먼저 전화를 걸었고, 이런 사소한 것에 대해서 피고인이 거짓말하는 이유를 모르겠다"고 증언했다.

5차 공판은 싱겁게 끝이 났다. 재판장은 변호인과 검찰을 불러 결심 공판 기일을 상의한 뒤 결심 공판을 기일을 알리며 공판을 마무리지었다.

당시 항소심 공판이 끝날 때마다 서정우는 기자들에게 공판 진행 상황을 알리며 적극적으로 피고인의 무죄를 설파했다. 피고인의 어머니인 고기점도 공판을 취재하던 기자들의 질문에 친절하게 답변을 했다고 한다. 당시 항소심 공판을 취재하던 〈한겨레〉 이춘재 기자는 6월 16일 이뤄진 인터뷰에서 "당시 기사는 거의 쓰지 않았는데도 세기의 재판인 탓에 공판은 거의 챙겨서 들어갔다"며 "공판을 방청하고 나온 뒤 취재 기자들끼리 유무죄를 다투며 논쟁을 벌이곤 했다"고 전했다. 그는 또 "매회 공판이 끝날 때마다 서정우 변호사가 공판의 주요 포인트를 기자들에게 설명했다"며 "피고인의 엄마도 기자들에게 적극적으로 딸의 결백을 주장했다"고 회고했다. "분홍색 수의를 입은 피고인의 미모가 눈에 띄었던 것이 기억난다"던 그는 "김성재 사건 항소심이 기자 생활 25년 동안 잊을 수 없는 몇 안 되는 공판이었다"고 말했다.

항소심은 어느덧 끝나가고 있었다. 1심에 비해 공판 차수는 절반에 불과했다. 1심과 달리 항소심 분위기는 검찰 쪽에 유리하게 흘러가지 않았다. 결심 공판은 10월 22일 화요일로 예고됐다. 결심 공판에선 변호인의 최후 변론과 피고인의 최후 진술, 검사의 구형이 이뤄진다. 그러나 이날 공판에선 검찰 쪽 증인으로 피고인과 가깝게 지내며 김성재와의 관계를 지켜봤다는 신진숙과 김성재의 죽음을 최초 발견한 매니저 L이 마지막 증인으로 법정에 섰다. 검찰 쪽의 마지막 증인 신청이었다. 검찰은 변호인 쪽으로 기울어진 재판부의 판단을 뒤집을 수 있을까.

무죄

| 30화 사건 관련 주요 인물 |

신진숙(K의 지인, 증인)

안성회(항소심 재판장)

이용훈(대법관)

K(김성재 여자친구)

항소심 결심 공판은 10월 22일 화요일 오후 2시 서울고등법원 404호 법정에서 열렸다. 가을이 완연했지만 법정에는 찬 공기가 맴돌았다. 이날 공판에서 검찰 쪽의 증인으로 피고인과 가깝게 지내며 김성재와의 관계를 지켜봤다는 신진숙이 증인으로 법정에 섰다. 취재 과정에서 확보한 법원 기록을 바탕으로 주요 진술을 정리했다.

"듀스의 같은 멤버인 이현도는 작사, 작곡을 하기 때문에 별문제가 없지만 김성재는 노래만 하기 때문에 진로에 대해 매우 고민했다는 말을 피고인을 통해 들었다."

"김성재가 나이트클럽에서 다른 여자의 어깨에 고개를 대고 있던 중에 피고인에게 발각되었고, 이를 본 피고인은 서서 울었다는 말을 김성재로부터 들었다."

"김성재는 피고인과의 관계를 정리하려고 마음먹었지만 피고인 앞에서 싫은 소리를 잘 못하고 우유부단하게 끌려다니는 듯한 성격이었고, 공인이라 여자친구와 끝냈을 때의 문제 때문에 싫은데도 의무적으로 피고인을 만난다고 생각했다."

"김성재는 매우 활발하고 재밌다. 그러나 성격이 급하지 않다."

"김성재는 종전 로드매니저가 잘못한 경우 마이크로 때리거나, 김성재의 친구인 이규석에게 사소한 것으로 화를 내는 성격이 아니다."

"김성재는 미국에 있을 때 마약을 하거나 마리화나를 피운 적이 없고, 한국에 있을 때에도 마약을 투여하거나 환각제를 복용 또는 피운 적이 없다. 또한 피고인과 김성재가 만나는 동안에 피고인이 김성재에게 피로회복제나 기타 주사를 놓는 것을 본 일이 없다."

"1995년 10월경에 피고인과 같이 심세훈을 만난 적이 있다. 그 당시 피고인은 심세훈을 별로 좋아하지 않는데 심세훈이 피고인을 따라다닌다는 인상을 받았다. 또한 그때 만나게 된 연유는 심세훈이 피고인의 생일선물을 사놓았으니 만나자고 해 만난 것이다."

"듀스의 해체는 병역 문제 때문이 아니라 가수 활동을 시작했지만 금전적으로 이용당한다는 느낌을 받았고 또 지금대로라면 본인이 원하는 음악 공부를 할 수 없다는 생각이 들었기 때문에 결정하게 됐다."

"아르헨티나 영주권을 갖고 있어 1년에 6개월 이상은 한국에 체류할 수 없었지만 앨범 준비 기간이 길었기 때문에 활동하는 데에는 어려움이 없었다."

"김성재의 여자 문제나 김성재가 피고인을 싫어하거나 만나려 하지 않는다는 고민을 피고인에게서 들었다."

"매니저 김동구는 김성재가 일본에 진출하는 것으로 이익을 얻을 입장이었고, 앨범 작업에도 혼신을 다해 도와주었고, 성격상 살인을 할 사람이 아니다."

"1994년 11월 내지 12월경부터 피고인과의 관계를 정리하겠다는 말을 김성재로부터 들었다."

"본인의 어머니가 빈소에 들러 착한 애가 죽어서 어떻게 하느냐고 울고 있는데, 피고인이 끼어들어서는 김성재가 착하지 않고 오래전부터 죽고 싶다고 했다는 등의 말을 했다."

이날 공판에는 김성재를 최초로 발견한 매니저 L도 증인으로 법정에 섰다. 그는 김성재 사건과 관련해 가장 먼저 조사를 받고 가장 마지막까지 증인으로 선 인물이었다. 이날 공판을 마지막으로 L은 미국 필라델피아로 돌연 이민을 갔다. 취재 과정에서 확보한 법원 기록을 바탕으로 그의 마지막 법정 증언을 정리했다.

"1995년 11월 19일 저녁 압구정동에서 숙소까지는 30~40분이 걸렸다. 본인은 1995년 11년 20일 1시경에 잠자리에 들었다. 본인이 자러 들어가기 전에 류노아가 잠들어 있었다. (중략)"

"7시경 류노아가 호텔 측에 연락해 119 출동을 요청했다. 1995년 11월 19일 23시경부터 다음날 1시경까지 약 2시간에 걸쳐 빨래를 했다. 1995년 11월 20일 1시경에 두 번째 건조기를 돌려놓았고, 6시경 기상해 건조기가 작동하는 소리를 들었다. 아침에 위 건조기에서 빨래를 꺼낼 때 빨래한 의류 외에 다른 옷이나 베갯잇 등은 발견하지 못했고, 당시 꺼낸 옷은 모두 건조돼 있었다."

"김동구는 1995년 11월 20일 아침 일찍 미국에서 입국하는 가수 지망생을 마중 나갔다."

"본인이 소파에 누워 있는 김성재를 돌려놓았을 때, 베갯잇에 피가 묻어 있는 것을 발견했지만, 입 주위에서 피 흔적을 봤다는 것은 추측이다."

"김성재의 몸은 차갑지 않았다. 김성재의 복장은 위에는 긴팔 티셔츠이고, 아래는 반바지였다. 김성재를 뒤집을 당시 입 주위가 파랬다."

"김성재의 성격이 급하기는 하지만, 본인을 때린 적은 없다. 김성재는 눈이 나빠서 평소에 콘택트렌즈를 끼는데, 피곤할 때는 잠잘 때 끼고 잔 적도 있다."

"본인은 그날 밤에 호텔 마당까지 나온 적은 없고, 재문이 형이 와서 호텔 로비에 있는 소파에 앉아 다음 날 스케줄 이야기를 하고 거기서 배웅하고 다시 올라왔다."

"피고인과 김성재는 만나기만 하면 싸우고, 김성재가 피고인의 전화를 피하고, 피고인이 김성재의 안부를 꼬치꼬치 묻기도 했으며, 피고인이 김성재에게 가스총을 쏘기도 했다."

"평소 피고인은 핸드백에 주사기, 주사약을 넣어 가지고 다니지 않았다. 김성재에게 주사를 놓아주는 것을 본 적도 없다."

"류노아가 피고인에게 피고인이 죽었다고 전화를 했을 때, 처음에는 안 믿는 것 같아 '장난하지 말라'고 했고, 그다음에는 놀라는 듯한 목소리였다고 한다."

"치사량에 해당되지 않는다"

모든 증인 심문이 끝났다. 재판장이 변호인과 피고인에게 최후 변론과 최후 진술을 하라고 했다.

"동물 실험 결과로 확인된 바에 따르면 사체에서 나온 졸레틸50은 치사량이 아니고 황산마그네슘은 치사량이 아닌 데다 인체에 원래 존재하는 물질로 사체에서 나온 것으로 볼 수 없다. 항소심 증인들은 양측성 시반의 존재를 부정하고 있고 변호인들의 실험에 의하면 살아 있는 사람을 폴라로이드로 촬영했을 경우에도 사체 사진과 같은 양측성 시반과 같은 음영이 발견되므로 이를 근거로 한 사망추정시각은 사실에 부합하지 않는다. 또한 피고인은 사건 발생 전 김성재의 어머니로부터 500만 원과 80만 원을 송금받은 적이 있으며 둘이서 같이 저녁 식사를 하는 등 신뢰하는 관계였고 김성재는 귀국 후 어머니보다 피고인을 먼저 만났고 하루 빼고 매일 피고인과 함께 있던 점, 귀국할 때 피고인에게 선물을 사온 점 등으로 봐서 피고인과 김성재의 관계는 원만했기 때문에 살해를 할 이유가 없다."

변호인은 이 같은 이유로 무죄를 주장했다. 또한 피고인은 1심에서와 같이 김성재와 사이가 좋았기 때문에 김성재를 살해할 하등의 이유가 없다며 결백을 주장했다.

"치밀한 계획하에 이뤄진 살인"

재판장은 검찰 쪽에게 구형을 하라고 했다.

"최소 범행 3개월에서 1개월 전 피고인이 동물 마취제인 졸레틸50과 황산마그네슘을 구입한 점, 조사 시 이를 극구 부인하다 시인한 점, 부검 결과가 나오기도 전에 구입한 사실을 경찰에 말하지 말라고 한 점, 부검하면 물질이 검출되느냐며 동물병원장에게 물은 점, 부검 결과 피고인이 사 간 졸레틸50과 황산마그네슘이 사체에서 검출된 점, 이 약품을 구입한 사람은 피고인이 유일한 점, 부검의와 법의학자들이 사인으로 졸레틸50과 황산마그네슘 상승 작용에 의한 중독사를 꼽은 점, 김성재의 몸에서 나온 졸레틸50과 황산마그네슘의 양은 치사량에 해당된다고 법의학자들이 일관되게 증언한 점, 김성재 주변 증인들의 일관된 진술에 따르면 피고인에게 가스총을 쏘거나 테이프로 온몸을 결박하고 연락이 안 되면 강남 나이트클럽을 뒤지는 등 집착적인 행동을 보인 점에서 살해 동기가 충분한 점, 일본 유학을 간다며 1주일만 잘해달라고 해서 만나는 등 치밀한 계획하에 이뤄진 살인임에도 뉘우치는 마음이 없어 죄질이 극히 불량한 점 등을 볼 때 피고인을 (1심과 같은) 사형에 처함이 마땅하다."

검찰은 이 같은 이유를 들어 구형했다. 재판장 안성회는 11월 5일 오전 항소심 선고 공판을 열겠다고 말한 뒤 결심 공판을 마무리했다.

또 한번 닥쳐온 운명의 날

11월 5일 화요일 오전, 또 한 번의 운명이 날이 닥쳐왔다. 이날 미국에선 대통령 선거가 있었다. 클린턴 대통령이 공화당의 밥 돌 후보와 맞

붙어 재선에 성공했다.

날은 흐렸고 한두 차례 비가 흩뿌렸다. 법정엔 기자들 몇 명과 서부서 경찰이 보일 뿐이었다. 언론을 통해 선고 공판이 예고되지 않았던 탓인지 1심과 같은 방청 인원은 보이지 않았다.

김성재 살해 혐의로 1심에서 무기징역을 선고받은 피고인 K에 대한 항고심 선고 공판이 드디어 서울고법 형사5부(재판장 안성회)의 심리로 열렸다. 법정에 입장한 재판부가 법대에 착석했다. 재판장은 "유죄를 인정하든 무죄를 선고하든 판결문 요지를 읽는 데만도 긴 시간이 걸릴 것"이라고 말한 뒤 장문의 판결문을 낭독했다.

재판부는 판결문에서 "건강한 피해자가 갑자기 숨졌고, 그의 몸에서 주사자국이 발견됐으며, 부검 결과 피고인이 산 약물이 나온 점은 피고인도 대체로 인정하는 사실"이라며 "그러나 이런 심증만을 근거로 피고인을 살해범이라고 단정할 수는 없다"고 밝혔다. 방청석에서 짧은 탄식이 터져나오는 듯했다.

재판부는 검찰이 직접 사인으로 지목한 '약물 투여'를 두고 "피고인이 이를 숨진 김 씨에게 투여했다 해도 졸레틸50 1병은 건강한 사람을 마취시키기에 충분한 양이지, 사망에 이르게 할 정도라고 볼 수는 없다"며 이를 인정하지 않았다. 재판부는 이어 "황산마그네슘은 몸에 들어가면 황산염과 마그네슘염으로 나눠지는 물질이고 원래 사람 몸에 함유된 것이기에, 피고인이 투여하지 않았다고 여겨진다"고 덧붙였다. 재판부는 범행 동기를 두고 "검찰은 피고인이 숨진 김 씨를 영원히 소유하기 위해 살해했다고 주장하고 있으나, 피고인에 대한 정신 감정 결과 정신 이상이나 성격 결함 따위를 전혀 발견할 수 없었기 때문에 이를 인정할 수 없다"고 밝혔다.

재판부는 또 "검찰이 사망 시각을 추정하면서 그 증거로 내놓은 '양측성 시반'은 전문가들의 소견, 폴라로이드 사진의 자체 결함 따위를 따져볼 때 사망 가능 시간대만 입증할 뿐 피고인에 대한 유죄의 증거로 인정하기 어렵다"며 "따라서 검찰의 공소 사실에 대한 합리적 의심을 배제할 만한 충분한 증거가 없다"며 피고인 K에게 무죄를 선고했다. 무기징역에서 무죄로 판결이 뒤바뀐 것이다.

재판부는 이 사건의 쟁점을 △ 범행 동기 △ 부검 결과를 토대로 한 사망 시각 추정 △ 숨진 김성재의 몸에서 검출된 약물에 대한 판단 △ 숨진 김성재의 몸에서 발견된 28개의 주사자국에 대한 해석 △ 제3자 범행 가능성에 대한 판단 등으로 요약했다.

검찰은 피고인이 숨진 김성재의 "헤어지자"는 요구에 앙심을 품고 그를 영원히 소유하기로 작정해 범행을 저지른 것으로 봤다. 피고인이 자신의 의학 지식 등을 동원해 졸레틸 등 범행에 사용할 약물을 미리 구입한 뒤 이를 숨진 김성재에게 투여해 살해했다는 것이다.

그러나 변호인인 서정우는 검찰이 내세운 범행 동기가 추정에 불과하다고 주장해왔다. 검출된 약물인 졸레틸은 그 양이 숨진 김성재에게 전부 투여됐다 해도 건강한 성인을 죽음에 이르게 할 정도는 아니며, 황산마그네슘 역시 사람 몸에 있는 것인 만큼 증거가 될 수 없다는 점을 내세웠다.

이날 재판부는 범행 동기에 대한 검찰의 주장부터 물리쳤다. 김성재에 대한 정신 감정 결과 숨진 김성재가 미국에서 돌아오자마자 가족보다 먼저 피고인을 찾은 점, 피해자 일행이 김성재 사망 사실을 그 어머니보다도 피고인에게 먼저 알린 사실 등을 들어 동기가 입증되지 않은 것으로 판단했다.

또 변호인 쪽의 주장을 받아들여 △ 숨진 김성재에게서 검출된 약물인 졸레틸은 치사량이 아니고 △ 황산마그네슘은 정상적인 사람의 몸에서도 검출되는 것이며 △ 사망 시각과 주사자국 등에 대해서는 피고인의 주장을 뒤집을 만한 검찰의 입증이 없으므로 각각 이를 받아들이지 않는다고 밝혔다.

재판부는 최종 판단을 놓고 상당히 고심한 듯 스스로의 판단과 다른 법리에 대해서도 이례적으로 판결 요지에 소개했다. 피고인이 그 무렵 약물을 구입했고, 사건 발생 뒤 동물병원에 찾아가 이를 말하지 말아달라고 부탁한 점 등을 법정에서 인정한 만큼 정황 증거는 충분하지 않느냐는 주장도 만만치 않았기 때문이다.

정황 증거들을 가지고 적극적 유죄 판단을 내리는 것은 정녕 불가능한 일일까. 훗날 치과의사 모녀 살인사건 상고심 당시 이용훈 대법관은 '부분적으로는 유죄 입증에 문제가 있는 증거들이라도 종합적으로 판단하면 유죄 판단의 근거가 된다'는 판결을 내리기도 했지만 당시는 이 판례조차 나오기 전이었다.

이날 검찰은 "재판부의 판결에 승복할 수 없다"며 대법원에 즉각 상고할 방침을 밝혔다.

한편, 무죄가 선고됨에 따라 피고인 K는 이날 오후 5시께 서울 영

등포구치소에서 석방돼 자유의 몸이 됐다. 1995년 12월 7일 구속된
후 334일 만이었다.

유죄와 무죄 판단의 근거

이튿날인 11월 6일 〈한겨레〉를 비롯한 주요 신문들은 충격적인 판결
소식을 전하며 "열 명의 범인을 놓치더라도 한 사람의 억울한 범인
을 만들지 말라'는 법언을 떠올리게 하는 이번 판결은 지난 6월 치과
의사 모녀 살인사건의 무죄 판결에 이어 또다시 초동수사 단계의 미
진함을 지적하면서, 엄격한 직접 증거의 제출을 수사 기관에 요구하
는 법원의 입장을 재확인한 것으로 해석된다"는 등의 분석 기사를 실
었다.

　이날 〈경향신문〉과의 인터뷰에서 서정우는 "법원이 현명한 판단을
내렸을 뿐 내가 한 일은 없다"며 "내가 검사라도 K 씨를 범인으로 지
목했을 것"이라고 말했다. 또 "그만큼 의심받을 만한 소지도 많았다"
면서 "김 씨가 범인이 아니라는 확신이 선 것은 사건을 맡은 지 3개월
이 지난 뒤였다"고 했다.

　당시 기사를 보면 서정우는 먼저 K가 범인이라면 하필 동물 마취
제를 범행 도구로 선택했는지에 대한 의문에서부터 사건에 접근했다.
졸레틸의 치사량은 확인되지 않았지만 적어도 5cc로는 건장한 성인
을 결코 살해할 수 없다는 확신을 입증하는 데는 충분했다고 그는

말했다.

　다음으로 사망 시각. 검찰이 시반 판정을 근거로 제시한 당일 오전 1시~2시 50분은 K와 단둘이 있었던 시간이어서 절대적으로 불리한 증거였다. 서정우는 기록을 면밀히 검토한 결과, 당시 시반 판정이 육안이 아닌 폴라로이드 사진을 통해 이뤄졌다는 사실을 발견했다. 유죄 판단의 가장 강력한 근거 하나가 무너지게 된 계기는 사소했다. 서정우는 후배 변호사와 함께 병원 영안실을 찾았다.

31화

1심 vs 항소심

서정우의 항소심 전략

항소심 변론을 준비하던 서울고법 부장판사 출신 변호사 서정우는 동물 실험을 통해 졸레틸의 치사량을 반박하려는 계획과 함께, 검안 당시 경찰이 김성재의 사체 사진을 폴라로이드 카메라로 찍은 사실에 주목했다. 그는 즉각 후배 변호사와 함께 건물 지하실로 내려가 폴라로이드 사진을 찍어봤다고 했다. 건강한 사람의 얼굴에도 시반 같은 얼룩이 묻어나옴을 알 수 있었던 그는 곧바로 당시 사진이 촬영된 병원의 지하 영안실을 찾아가 폴라로이드 사진기로 견본 사진을 찍어 재판부에 제출했다. 사망추정시각이 무너진 계기였다(폴라로이드 사진을 직접 찍어보고 졸레틸 동물 실험을 하는 등 항소심을 승리로 이끈 변론에 김형태의 아이디어가 결정적이었다는 주장도 만만치 않다).

마지막은 범행 동기. 헤어지자는 가수 김성재를 영구히 소유하겠다는 집착으로 살해했다며 K를 정신병적 성격의 소유자로 본 검찰 논리를 반박하기 위해서 서정우는 K에 대한 정신 감정이 불가피하다고 봤다고 한다. 공주치료감호소는 한 달간 정신 감정을 실시한 뒤 지극히 정상이라는 소견을 통보해와 마지막 난관까지 넘을 수 있었다고 그는 말했다.

서정우는 항소심 무죄 판결에 대해 현명한 판단을 한 재판부에 경의를 표한다고 말했다. 그러나 1990년대부터 법원과 검찰을 출입했던 한 기자는 "그가 서울고법 부장판사 출신의 당대 가장 잘나갔던 전관 변호사가 아니라, 국선 변호인이었더라도 재판 결과가 같았을지 회의적"이라며 "당시는 지금처럼 고위 공직자 출신 전관 변호사의 수임 제한 기간(1년)도 없던 시절이라는 점을 감안해야 한다"고 했다. 전관 예우가 지금보다 더 관행적으로 용인되던 시절이었다는 얘기다. 그는 또 "서정우 변호사가 개업 첫해에 전국 납세자 3위라는 돈방석에 앉은 것이 오로지 탁월한 변론 때문만이라고 생각하는 이는 많지 않을 것이다. 전관 변호인이 비싼 데는 다 이유가 있다"고 덧붙였다.

법무부는 2021년 상반기에서야 고위직 전관 출신 변호사의 수임 제한기간을 3년으로 늘리고 수임계를 쓰지 않은 채 이뤄지는 이른바 전화 변론 등을 금지하는 법률 개정을 추진하고 있다.

이현도 활동 중단 선언

항소심 무죄 선고 이튿날인 11월 7일에는 '사자후'라는 노래로 인기 상승 중이었던 이현도가 활동 중단을 선언했다. 재판 결과에 항의하는 차원이었다.

"5일 내려진 김성재 살인사건 용의자 K의 무죄 판결에 큰 충격을 받았습니다. 친구에 대한 최선의 도리를 지키고 하루빨리 진실을 밝히기 위해 가수 활동을 중단하겠습니다."

11월 7일 오후 1시, 서울 여의도 63빌딩 59층에서 열린 기자 회견에서 이현도가 말했다. 그는 이날 기자 회견에서 "마치 성재의 죽음에 마약이 관련된 것처럼 표현한 법원의 판결에 불만이 있다"며 "모든 것을 법정에서 가리기 위해 최대한 협조할 생각"이라고 말했다. 이현도는 1996년 9월말 귀국해 성공적인 솔로 활동을 해왔다.

이현도는 그해 9월 솔로앨범 〈사자후〉를 발표하면서 김성재를 그리는 노래 '친구에게'를 삽입한 바 있었다. 성재를 위한 레퀴엠이자 가버린 친구에게 바치는 노래였다.[4]

언제나 내 곁에 숨 쉬던 너

어떻게 더 이상 없는 거니

나는 눈물 흘리지만 아직도 믿을 수 없어

우리 언제나 함께 지내며

다투고 기뻐하던 모든 걸

어째서 이젠 나 혼자 추억으로 남겨야 해

슬픔은 쉽게 잊고 사랑은 지키기 어려운

혼자 남은 세상이 나는 너무나 슬프구나

내 친구야 나는 널 지킬게

아주 가끔은 새가 되어 날아와주렴

---

4 김성재 추모곡은 이현도 외에 다른 가수들에 의해서도 만들어졌다. 재즈와 뉴잭스윙이라는 흑인 음악의 공통분모로 듀스 시절부터 가깝게 지낸 퓨전재즈그룹 봄여름가을겨울은 1996년 발표한 6집 〈바나나쉐이크〉에 '비'라는 곡을 실어 후배 김성재의 죽음을 애도했다. 생전 김성재를 유독 아꼈던 가수 신승훈은 1996년 5월 나온 5집 타이틀곡인 '나보다 조금 더 높은 곳에 니가 있을 뿐'에 김성재에 대한 그리움을 담았다고 훗날 방송 인터뷰에서 밝힌 바 있다.

친구를 잊지 못하는 이현도의 애절한 노래가 끝나지 않았던 1997년 11월, 김성재의 동생 김성욱이 가수로 데뷔했다. 이현도가 프로듀싱한 3인조 남성그룹 '김성욱 D.C'였다. 김성욱은 당시 언론과의 인터뷰에서 "오래 고민했다. 혹시 형의 후광을 입어 상업적인 성공을 노리는 가수로 인식되지 않을까 우려했다. 그러나 형의 죽음을 헛되이 하지 않기 위해서라도 제가 뒤를 이어 열심히 노래해야겠다고 결심했다"고 했다. 형에게 부끄럽지 않은 가수가 되겠다고 다짐한 김성욱은 다음과 같이 말하며 인터뷰를 끝맺었다. "우리 가족들은 범인을 용서하기로 했어요. 형은 우리 가족들이 범인을 증오하며 살아가는 걸 원치 않을 겁니다. 오히려 양심의 가책 때문에 평생 고통을 받고 살아가고 있을 범인이 가엾게 느껴져요."

동생 김성욱이 활발하게 방송 활동을 하던 1998년 2월 26일, 대법원 확정 판결이 있었다. 대법원 형사1부(주심 이돈희 대법관)는 이날 김성재를 살해한 혐의로 구속 기소됐던 K(당시 28세) 피고인에 대한 상고심에서 검사의 상고를 기각, 피고인에게 무죄를 선고한 원심을 확정했다.

재판부는 판결문에서 "형사재판의 유죄의 인정은 법관으로 하여금 합리적인 의심을 할 여지가 없을 정도로 확신을 가지게 하는 엄격한 증거가 있어야 한다"면서 "이러한 정도의 심증을 형성하는 증거가 없다면 설령 피고인에게 유죄의 의심이 간다고 하더라도 범인으로 단정할 수 없다"고 밝혔다. 이변은 없었다.

당시 언론들은 "이번 판결은 항소심에서 무죄가 선고된 치과의사 모녀 살인사건에 이어 법원의 엄격한 증거재판주의 원칙을 재확인한 것으로 향후 검찰 및 경찰의 수사 관행에 영향을 미칠 것으로 보인다"고 보도했다.

대중들은 고등법원과 대법원의 판결에 좀처럼 납득하지 못했다. 사건이 발생한 지 26년이 지났지만 김성재 살인사건은 여전히 대중과 법원 사이의 괴리가 가장 심한 사례 가운데 하나다. 사람들의 분노와 의혹에는 과연 이유가 없는 것일까. 그저 신문 기사만 보고 감정적으로 흥분한 것일까. 항소심 판결문 속으로 돌아가야 할 시간이다.

항소심 재판부가 무죄라고 판단한 근거는 무엇일까. 그 판단 과정에 문제는 없었던 것일까. 법원 판결에 논리적 오류나 비약이 없는지 들여다보는 일이 판결에 불복하는 것을 의미하진 않는다. 확정 판결을 불복하는 것은 법적으로도 불가능하다.

사법 시스템은 천재의 영역이 아니라 어른의 영역이다. 한 법조인의 표현을 빌리자면, 모든 작업은 비판을 견디며 진화한다. 판결도 예외일 리 없다. 핵심 쟁점에 대해 검찰 및 1심 재판부의 시각과 항소심 재판부의 시각을 비교하고자 하는 이유다. 대중들은 이 두 시각 어딘가에 자리할 것이다. 항소심 판결문 속으로 돌아가야 할 시간이다.

당시 판결은 사망 시각 추정, 사인, 전문가 증언 배척, 무리한 추단 등에서 따져볼 대목이 적잖다. 정희선 전 국과수 원장의 강연과 언론 인터뷰, 2011년에 나온 법무부 연구 용역 〈듀스 전 멤버 김성재 살인 사건 무죄분석〉(이하 〈무죄분석〉), 미국의 독극물학 논문 등 전문가들의 분석을 바탕으로 재판부의 판단이 얼마나 합리적이고 타당했던 것인지 짚어봤다.

특히 〈무죄분석〉은 취재 과정에서 단독 입수한 자료로 법무부가 신임 검사 교육 및 향후 수사재판 자료로 활용하기 위해 2011년 서울시립대 법대에 의뢰해서 받은 225쪽짜리 공동 연구 용역 결과 보고서다. 경찰, 검찰, 법원의 수사·재판 기록을 총망라해 분석함으로써 내용의 충실성과 분석의 객관성에서 여타의 기록을 압도한다. 법무부는 대표적 미제 사건인 치과의사 모녀 살인사건과 김성재 살인사건 두 건에 대한 무죄 분석 연구 용역을 2010~2011년 발주한 바 있다.

양측성 시반의 존재 여부

앞서 1심 유죄 판단의 가장 강력한 근거가 된 것은 사망추정시각이었다. 그러나 항소심 재판부는 '양측성 시반'의 존재 자체를 인정하지 않았다. 재판부는 법의학자들이 시반이라고 지적한 지점이 각자 다른 점을 들어 이들의 진술이 믿기 어렵다고 봤다.

재판부는 양측성 시반의 존재를 부정하는 또 하나의 근거로 폴라로이드 사진의 거뭇한 음영이 시반으로 오인될 소지가 있다는 점을 들었다.

이러한 항소심 재판부의 판단에 한 형사 전문 변호사는 법의학자의 전문성을 무시한 대목으로 읽힌다고 지적한다. 그는 "판사는 법률 전문가이지 법의학 전문가가 아니다. 전문가의 판정을 비전문가가 상식선에서 의아함을 품고 부정하는 건 성급해 보인다"고 했다. 또 "법정에 법의학자들을 불러 폴라로이드 사진만으로 양측성 시반이 있다고 판단한 이유를 물었다면 전문적인 근거를 댔을 것"이라며 "전문가들에게 반론 기회도 주지 않고 일반인의 상식 판단 선에서 부정하는 건 잘 이해되지 않는 대목"이라고 했다. 실제 항소심 재판부는 법의학자 3명이 시반으로 지적한 부위가 다르다는 점을 믿기 어렵다고 봤다. 비전문가의 오락가락하는 진술이 아니라면, 산술적으로 봐도 3명 모두가 오판했을 가능성은 3배 이하로 낮아진다고 봐야 한다. 즉, 누군가가 지적한 부분이 양측성 시반에 해당할 가능성이 그만큼 높은 것이다.

이에 대해 당시 검찰 쪽 법의학자로 양측성 시반의 존재를 인정한 이정빈 전 서울대 법의학교실 교수(현 가천대 석좌교수)는 2020년 8월 27일 이뤄진 전화 인터뷰에서 "김성재 사체를 찍은 폴라로이드상에는 분명 음영이 나와 있었다"며 "나온 것을 안 나온 것으로 보면 곤란하다"고 했다. 그는 또 "변호인이 찍어서 제출한 사진도 어떤 상황에서 어떻게 찍었는지가 중요한데 그 점은 공판에서 전혀 다뤄지지 않았다. 변호인이 사진을 어떻게 찍었는지 모르지 않냐"고 되물었다.

여기에는 항소심 재판부가 변호인 쪽 법의학자의 감정 증언을 채택하면서 검찰 쪽 법의학자들의 감정 증언을 뭉텅이로 배척한 점도 한 원인이었다. 법무부가 2011년 펴낸 연구 용역 보고서 〈무죄분석〉은 한쪽 전문가 증언을 반대편 전문가 증언으로 배척하는 사태에 대한 우려를 전하며 다음과 같이 적고 있다.

전문가 증언은 증언에 불과하지만 그것이 재판에서 얼마나 결정적인 역할을 하는지는 의심의 여지가 없다. 본 사례에서도 마찬가지로 여러 명의 전문가가 동원되었고, 그들의 진술로 희비가 갈렸다.

문제는 전문가 증언을 어떻게 평가하고 어떻게 다룰 것인지에 대한 법원 내의 매뉴얼이 없거나 부실하다는 점이다. 가령, 전문가1이 나와서 증언을 하고 그에 반대되는 취지로 전문가2가 나와서 증언을 한다고 할때 누구의 진술에 무게를 둘 것인지에 대하여 법관마다 제각각의 기준과 임기응변만 있을 뿐, 전문가 증언을 다루는 특별한 노하우가 공유되고 있는 것 같지는 않다. (중략) 이 경우에 양측 전문가 증언이 서로 충돌하므로, 어느 쪽 손도 들어줄 수 없으며, 어느 쪽 손도 들어줄 수 없는 경우에는 '의심스러울 때는 피고인의 이익으로'라는 원칙에 따라 무죄를 선고한다는 태도는 무책임하고 비합리적이다. 만약 그런 식의 태도로 일관한다면 누가 전문가 증언을 제출하든 다른 쪽은 반대 증언을할 전문가를 국내외에서 초빙해서 법관의 의심을 흩뜨리는 데 골몰할 것이고, 그 결과 전문가 증언에 이르면 모든 사건은 미궁에 빠지는 결과가 될 것이다. 우리가 작년에 다룬 치과의사 모녀 살인사건도 그렇고,

본 사례에서도 결국 전문가 증언이 심증의 미궁을 만들었다. 시급히 전문가 증언에 대한 대응 원칙을 마련해야 하는 이유가 여기에 있다.

치과의사 모녀 살인사건과 김성재 살인사건 모두 전문가 증언이 심증의 미궁을 만들었다는 대목은 뼈아픈 통찰로 다가온다. 사실 두 사건의 변호인과 검찰은 반대 증언을 할 전문가를 국내외에서 동원해 그들을 통한 일종의 대리전을 치렀다.

사실 변호인 쪽을 비난할 일도 못 된다. 형사사건에서 입증 책임을 지는 것은 결국 검찰이기 때문이다. 공소 유지는 검찰에서 하는 것이고, 변호인은 그 가장 약한 고리를 공격해 쟁점화한 뒤 법관의 심증을 흔드는 것이 자신의 역할이니 말이다. 항소심 결과는 검찰이 혐의 입증에 실패해 결국 공소 유지를 못 했다는 것이고 여기엔 기소검사가 공판검사로 바뀌면서 사건 장악과 이해가 낮아진 점도 결정적으로 작용한 것으로 보인다(나와 팩트스토리는 항소심 공판검사였던 이창복 변호사 사무실에 수차례 전화를 걸어 인터뷰 요청을 넣었으나 이창복 변호사는 끝내 가부에 대한 답을 하지 않았다. 3월 30일 강원도 원주에 있던 그의 변호사 사무실을 찾았으나 사무실을 폐업해 만날 수 없었다).

항소심 재판부는 1심 재판부가 인정한 사망 시각에 의문을 제기한 또 다른 근거로 사건 발생 당시 숙소의 빨래 건조기가 작동하고 있었다는 점을 들었다. 사건 당일 매니저 I이 새벽 1시께 자러 들어가면서 건조기 타이머를 최대 작동 시간인 135분에 맞춰놓았는데 새벽 6시께 다시 보니 건조기가 돌아가고 있었다며 적어도 새벽 3시 45분께에는 범인에 의해 건조기가 재작동됐을 거라고 봤다. 또한 건조기를 재작동한 이유는 범행 시의 소음을 중화하기 위함이므로 3시 45분께 김성재는 살아 있었다고 봐야 한다며 양측성 시반을 통해 새벽 1시부터 2시 50분 사이를 사망 시각으로 본 1심의 판단을 배척했다. K가 숙소를 나갔다고 진술한 시각은 새벽 3시 40분이었다. 결과적으로 범인이 범행을 벌이기 직전인 새벽 3시 45분께 건조기를 작동했고 이때 피고인은 숙소를 떠난 뒤였다는 얘기다.

과연 그럴까. 범인이 범행 전에 소음을 중화시키려는 목적으로 건조기를 돌렸다는 추론은 얼마나 합리적일까.

32화

제3의 범인은

전문가 의견이 배척된 이유는

물론 범인이 건조기를 재작동시킨 건 분명해 보인다. 사건 현장에서 주사기가 발견되지 않은 점 등을 보면 범인은 범행 현장 정리와 사후 처리에 시간을 소모한 것으로 보인다. 이 과정에서나 숙소를 나설 때 소음이 발생할 수 있다는 점을 우려했을 수 있다. 건조기는 이 과정에서 재작동되지 않았을까. 적어도 살인 이후에도 얼마든지 건조기 타이머를 작동시킬 이유가 있었다. 오로지 범행 시의 소음을 중화하기 위해서 사전에 작동을 했다는 추론은 선뜻 동의하기 힘들다. 타이머 작동 시점에 성재가 살아 있었다고 가정하는 건 추리적으로 근거가 없기 때문이다. 그런데도 항소심 재판부는 김성재가 오전 3시 45분에 살아 있었을 거라는 '추단(미루어 판단함)'을 근거로 법의학자들에 의해 확정된 사망 시각을 배척해버렸다.

항소심 재판부는 "그녀가 범인이 아니라면 김성재는 그때 살아 있었을 것이고, 그녀가 범인이라면 김성재가 살아 있을 때 범행 현장을 떠났다고 진술하는 쪽이 유리하므로 그 무렵에는 김성재가 생존해 있었을 가능성이 훨씬 높다"고 판단했다.

이 대목에 대해 도진기 전 서울중앙지법 부장판사는 〈중앙일보〉 칼럼을 통해 "범인을 마치 철저하게 합리적인 시장 경제 주체로서 행동하는 것처럼 상정한 논리"라고 비판한 바 있다. 그는 "(피고인이) 어차피 한밤중, 떠난 시각 정도는 문제가 되지 않으리라 생각하고 솔직하게 말할 수도 있다"며 "나가면서 CCTV나 프런트의 직원이 봤을 수도 있으니 거짓말하는 쪽이 오히려 의심을 산다고 생각했을 수 있다"고 했다. 진술의 가능성이란 실로 다양하고 예측할 수 없는데, 어떻게 '오로지 이런 점 때문에 이렇게 진술했어야 한다'고 판단하느냐는 것이다.

또 "범죄의 모든 면에서 합격하는 범인이란 존재하지 않는다. 있다면 완전 범죄이니 법의 심판대에 오를 일도 없다"며 "범인이 판사가 예측하고 고려하는 대로 움직이지 않는다고 해서 '이상하다, 그러니 믿을 수 없다'라고 해선 안 된다"고 했다.

죽었다면 그것이 치사량

항소심 재판부가 무죄의 근거로 삼은 또 하나의 이유는 피고인이 사건 직전 구입한 동물 마취제 졸레틸50 1병으로는 사람이 죽을 수 없다는 판단이었다.

나아가 작은 개 1마리를 안락사시킬 만한 분량의 약물을 가지고 치과대학까지 나온 피고인이 건강한 청년을 죽일 수 있다고 믿었을 리 없다며, 설사 피고인이 투여했다고 하더라도 졸레틸 1병이라는 분량에 비추어 살해 의도를 가지고 투약했다고 단정할 수 없다고 했다. 김성재의 반항 없이 28군데나 주삿바늘 자국을 남길 수 있을지도 의문이라고도 덧붙였다.

치사량 판단에 대해서도 '논리 협곡'이 보인다. 이 대목에 이르자

설마 항소심 재판부가 사인이 졸레틸이라는 결론 자체를 부정하는 건 아닐까라는 의구심마저 일었다. 졸레틸50은 명백하게 그날 밤 김성재의 팔에 투여된 약물이다. 피고인을 포함한 지인들은 모두 오전 1시 이전에는 김성재의 팔에 주삿바늘 자국 따위는 없었다고 증언했다. 김성재는 윗옷을 벗고 있었기에 이 사실은 거의 확정적이다. 부검 감정서가 적시하듯 김성재는 졸레틸50 주사로 죽은 것이다. 설령 범행에 준비된 용량이 그보다 작았다고 하더라도 사인이 뒤바뀌지는 않는다.

우선 1병이 치사량이 아니라는 판단부터 근거가 확고해 보이지 않는다. 1심에서 증언 전문가들은 1병으로도 사람을 죽일 수 있다고 밝혔는데, 2심에서는 동물 실험 보고서와 약품 사용설명서를 근거로 1병이 사람을 죽이기에 충분하지 않다고 결론 내렸다. 또다시 전문가가 무시된 셈이다. 앞서 인용한 칼럼에서 도진기 전 부장판사는 "상식인이 상식을 근거로 전문 분야의 판단을 내리는 일이 얼마나 위험한지 전문가들은 안다"며 "이렇게 판단하는 것도 '피고인의 이익'이라면 용인되는 걸까?"라고 되묻고 있다.

취재 과정에서 입수한 논문을 보면, 김성재 사체의 틸레타민, 졸라제팜 양보다 더 적은 함량으로도 사망한 사례가 1999년 미국에서 보고되기도 했다. 미국에서 시판 중인 테라졸(졸레틸50과 같은 성분)로 인한 사망 사고로 당시 마흔다섯 살인 사망자에게서 검출된 틸레타민과 졸라제팜의 함량은 각각 0.295µg/ml, 1.71µg/ml였다. 김성재 사체에서 검출된 0.85µg/ml, 3.25µg/ml보다 적은 양이었다. 더 적은 양으로 사람이 죽을 수 있다는 것을 보여준 셈이다(Christopher J. Cording, 'A Fatality Related to the Veterinary Anesthetic Telazol', ⟨Journal of Analytical Toxicology⟩, Vol. 23, October 1999).

동물 마취제의 정확한 치사량은 그 누구도 알 수 없다는 의견이 많다. 사람에게 투여된 사례가 없기 때문이다. 한국 약독물학의 최고 권위자이자 김성재 사체에서 졸레틸 등의 성분을 검출해낸 정희선 전 국과수 원장은 "사람들이 술을 마시고 알코올이 해독되는 과정이 천 차만별인 것처럼 약독물에 대한 신체 반응도 마찬가지"이며, "어떤 사람에게는 치사량인 농도가 어떤 사람에게는 전혀 영향을 주지 않기 때문에, 전문가들은 그 차이를 100배까지 두기도 한다"고 자신의 책에서 지적한 바 있다. 정 전 원장은 "실제로 동물이 치사되는 가장 적은 양인 최소 치사량과 가장 많은 양인 최대 치사량 사이엔 상당한 차이가 있다"며 "남용으로 문제가 되었던 프로포폴(Propofol) 중독 사망의 경우, 사망자 14명의 혈액 중 프로포폴의 농도는 0.07~6.56ppm으로 최소와 최고의 농도 차이가 무려 90배 이상이었다"고 적었다.

이정빈 교수도 비슷한 관점을 피력했다. 그는 "술을 먹으면 어떤 사람은 안 취하는 데 반해, 어떤 사람은 조금만 먹어도 잠이 들지 않느냐"며 "치사량은 최대 이 정도 먹이면 실험 동물의 반은 죽고 반은 안 죽는 양을 말하는데 그걸 가지고 대조해서 보는 정도지 확정할 수는 없다"고 했다. 사람마다 반응이 다르기 때문이라는 것이다. 이윤성 전 서울대 의과대학 법의학교실 교수는 "졸레틸을 사인으로 보지 않은 건 웃기는 소리"라며 강한 어조로 당시 재판부의 판결을 비판했다. 그는 2020년 8월 27일 이뤄진 전화 인터뷰에서 "예를 들어 히로 뽕은 1회 투여량인 30mg을 투여해도 죽는 경우도 있다. 과민 반응을 일으키면서 상승 작용에 의해 사망하는 것이다. 독극물이 인체에서 발견되고 우선순위에서 밀리지 않으면 그것을 주요한 원인으로 간주하는 게 맞다"고 했다.

결국 치사량은 점이 아니라 선이란 얘기다. 그 수치를 정해놓고 이를 넘지 않았으면 죽었더라도 치사량이 아니라는 판결문의 논리를 전문가들은 부정하고 있다. 졸레틸50 1병으로 사람이 죽을 수도 있고 안 죽을 수도 있다. 그러나 김성재는 죽었다. 그렇다면 그게 김성재에겐 치사량이었다. 이렇게 판단해야 하는 것이 아닐까. 사람을 죽인 양이 치사량이라는 점에서, 치사량이 아니라면 죽었어도 그 약물이 아니라는 논리는 거꾸로 돼 있다.

무엇보다 치사량과 함께 동물 실험 결과를 곧바로 인간에게 적용하는 것의 오류 가능성도 무시할 수 없다. 이 교수는 기자와의 인터뷰에서 "개와 인간은 종이 다른데 이종을 갖고 실험한 것은 진짜 문제"라고 지적했다. 약독물학은 약물의 작용에서 종간의 차이를 무시할 수 없는 부분이라고 본다. 대부분 약독물의 약리 작용은 동물의 종간이나, 같은 종이라 하더라도 개체간의 차이가 있다고 알려져 있다. 약리 작용에서 종간 차이가 크다는 얘기다.

또한 어떤 과정에서 주사가 주입됐는지도 중요하다. 정 전 원장은 "약독물, 특히 마취제를 정맥 주사로 투입할 경우엔 주사 속도나 마취 과정 등에 따라 영향을 받을 수 있으며 치사량보다 적은 양에도 큰 위험을 초래할 수 있고, 불법으로 주사할 경우 주사액에 공기나 불순물이 등이 들어가는 경우도 있어 위험성이 커질 수 있다"고 했다.

치사량과 관련해 또 하나 중요하게 짚어볼 대목은 당시 피고인이 졸레틸을 1병 이상 구입했는지 여부에 대한 수사 또한 이뤄지지 않았다는 점이다. 공판에 나온 법의학자들은 김성재 몸에서 검출된 졸레틸 함량이 1병을 투입했을 때에 해당하는 양인지 알 수 없다고 했다. 인체 대사 과정 등의 변수가 있어서 정확히 추정하기 어렵다는 것이었다. 다시 말해 김성재 몸에서 검출된 졸레틸 함량이 1병에 해당되는 양인지 알 수 없다는 것이다.

상황이 이러한 데도 재판부는 치사량이 되기 어려운 졸레틸 1병만을 구입한 피고인은 범인이 될 수 없다는 논리를 편 것이다. 피고인이 받고 있던 혐의의 본질은 사건 직전에 특수한 약품인 졸레틸50과 주사기를 샀다는 사실, 김성재는 졸레틸 주사로 죽었다는 사실이다. 약물이 다르지 않다면, 김성재의 몸에서 검출된 약물이 피고인이 산 그 약물이라고 보는 게 합리적이다. 만약 성재의 몸에서 나온 졸레틸이 피고인이 구입한 게 아니라면 이 졸레틸은 도대체 어디에서 온 것일까. 판결문은 이에 대해선 말이 없다. 피고인의 혐의에 의문만 제기하면 끝이라는 입장인 걸까.

이런 판단이 논리적 설득력을 가지려면 비슷한 시기에, 졸레틸을 구입한 사람이 김성재의 주변에 여러 명 있어야 한다. 그중 피고인이 구입한 약물의 함량이 치사량에 부족하다면 혐의가 상대적으로 옅어질 수 있다. 그러나 이 사건에서 졸레틸을 구입한 것은 피고인이 유일무이했다. 김성재의 사망 시각 즈음에 같이 거실에 있던 이도 피고인이었다.

설사 피고인이 투여했다고 하더라도 졸레틸 1병이라는 분량에 비추어 살해의 범의를 가지고 투약했다고 단정할 수 없다고 판결문에서 밝히고 있다. 그러나 당시 검찰은 이런 항소심 논리는 피고인이 졸레틸의 치사량이 어느 정도인지를 미리 알고 있었다고 전제해야 성립한다고 판단하고 있었다. 수사 및 공판 기록을 보면 피고인은 치사량이 얼마인지 알기 힘들었다. 그저 1심의 판단처럼 수의사가 용법을 알려주는 대로 사용했을 거라 보는 쪽이 더 자연스럽지 않을까?

항소심 재판부는 김성재의 반항 없이 28군데나 주삿바늘 자국을 남길 수 있을지도 의문이라고 했다. 그러나 한두 번의 주사로 마취되면 그 후로 얼마든지 더 주사기를 찔러 넣을 수 있지 않을까(취재 과정에서 입수한 기록에는 당시 검찰 고위 관계자가 28개의 주사자국에 대해 마약 투약으로 오해받도록 하기 위한 것이었다는 추정도 있었다). 공교롭게도 피고인은 치의대에 다니고 있었다. 무엇보다 누군가 그의 팔에 28군데 주사를 해 살해했다. 그 누군가가 피고인이냐 아니냐가 중요한 것이라는 얘기다.

치사량과 관련해 김성재 사체에서 발견된 황산마그네슘도 논란거리다. 앞서 1심은 김성재의 혈액에서 67.8ppm, 뇨에서 281.5ppm의 마그네슘염(황산마그네슘이 인체에 투여되면 황산과 마그네슘염으로 이온이 분리됨)이 검출되었고, 이는 정상인보다 높은 수치라고 판단했다. 부검의 김광훈과 국과수 정희선은 함량 수치로 볼 때 외부에서 마그네슘염을 포함한 물질이 투여되었을 가능성이 있다고 진술했다. 그러나 2심은 켄터키 프라이드 치킨 1인분에서도 127.43mg의 마그네슘이 포함돼 있어 음식 섭취로도 마그네슘의 함량이 상승할 수 있고, 뇨 중 마그네슘염의 농도는 정상 범위 내에 있기에 마그네슘이 외부에서 투입되었다고 단정할 수 없다고 했다. 앞서 말했듯 김성재의 피부 조직에서 마그네슘염 175.9ppm이 검출됐다는 사실은 제대로 거론되지 않았다. 전문가들은 피부 조직에서 마그네슘염이 검출됐다는 사실은 외부 투여 가능성을 강력하게 시사한다고 말하고 있다. 이정빈 교수는 "먼저 농축이 됐을 것으로 보이는 소변의 마그네슘염 함량(281.5ppm)을 제외하고 생각하면 혈액과 피부 조직에서 각각 검출된 67.8ppm, 175.9ppm을 각각 비교할 때 외부에서 주사로 들어갔을 가능성이 있다"며 "피부를 통해 주사된 양 가운데 일부분이 결국 혈액에 남게 된 것으로 볼 수 있다"고 했다.

이에 대한 반론도 있다. 2심에서 여자친구 K의 법률 자문을 맡았고 현재 정희선 전 국과수 원장을 상대로 한 K의 명예 훼손 소송을 대리하고 있는 김형태 변호사는 "피부 조직에 대한 대조군 감정 결과가 없기 때문에 이를 신뢰할 수 없다"고 했다. 2020년 9월 18일 오후 이뤄진 인터뷰에서 그는 "혈액과 뇨는 대조군에 대한 감정이 이뤄진 반면, 피부 조직에서 검출됐다고 하는 마그네슘염은 대조군에 대한 감정이 없다. 대조군 피부 조직에선 낮게 나왔는데 주사자국이 있던 부위의 마그네슘염 함량만 높게 나왔다면 모르겠지만 만약 대조군에서도 높게 나왔다면 전날 먹었다는 치킨 등 음식물 섭취 등을 통해 마그네슘염 함량이 전체적으로 높게 나온 것으로 볼 수도 있지 않겠느냐"고 했다. 결과적으로 대조군 없이는 피부에 황산마그네슘이 주사됐다고 단정하기 어렵다는 얘기다. 그는 또 "당시 공판에 증인으로 출석한 정희선 전 원장도 피부 조직에서 마그네슘염이 검출됐다는 얘기는 일절 하지 않았다"며 "그렇게 유의미한 것이라면 당시에 얘기를 했어야 하지 않느냐"고 덧붙였다.

애정은 누구도 알 수 없는 영역

항소심 재판부는 살해 동기 면에서도 판단이 달랐다. 가스총을 실수로 쐈다는 피고인의 해명을 받아들였다. 신체 결박 사건도 김성재가 지인들에게 장난 삼아 말한 것이 와전된 일이라는 식으로 판단했다. 1995년 4월 이후부터 김성재와 피고인 K가 자주 싸운 사실은 인정됐지만, 관계가 완전히 악화됐다고 보진 않았다. 또한 피고인과 김성재의 반복된 갈등이 통상의 사랑싸움에 불과한 것 같다고 판단했다. 피고인의 집착으로 인해 관계를 청산하고 싶다던 지인들의 증언을 배척한 이유였다. 결과적으로 살해 동기를 발견할 수 없다는 논리였다.

그러나 취재 과정에서 만난 한 형사 전문 변호사는 "동기의 부재가 아니라, 동기로 납득할 만한 정황이 부족해 보인다고 해 범행 동기 입증에 결정적인 흠이 있다고 취급하는 것이 맞느냐"며 "애증과 사랑 같은 남녀 문제는 누구도 알 수 없는 영역인데 함부로 동기가 없다고 단정할 수 있느냐"고 되물었다.

물론 악의적인 집단 증언 왜곡 가능성도 없지 않겠지만, 이를 감안하더라도 복잡 미묘한 남녀 문제에서 사정을 잘 아는 지인의 진술보다 판사의 합리와 이성을 더 앞세운 느낌이 드는 건 어쩔 수 없다. 천태만상인 사람의 내면을 무엇보다 격정인 사랑을 나눴던 연인의 심리를 누가 안다고 할 수 있을까. 김성재는 '범생이'들로 이뤄진 법조계에선 찾아볼 수 없는 치명적 매력의 소유자였다. 그는 연예인들의 연예인이었다. 이러한 점을 바탕으로 1심 재판부는 김성재에게 빠져들던 피고인이 이별을 통보받자 범행을 저질렀다고 판단한 것이다.

구속 단계 변호인의 메모

항소심 재판부는 또 김성재의 마약 투약설 등이 돌고 있었던 당시 상황을 고려하면 K가 환각 작용과 신경 안정 작용이 있는 마취 약물과 주사기를 사 간 사실이 알려지면 곤경에 처하게 될지 모른다고 걱정해 배○○을 찾아간 것으로 이해할 수 있다고 봤다.

당시 1심 재판부는 졸레틸에 환각 작용이 있다는 전제에 대해서도 동의하지 않았다. 실제 항소심 재판 과정에서도 졸레틸의 마약 대용 가능성을 뒷받침할 자료는 제출되지 않았다. 졸레틸이 마약 대용으로 사용된다는 변호인들의 주장이 있었을 뿐이다.

이 대목에서 K의 변호인 중 한 명의 사건 메모를 인용한다. 모두 같은 장에 기록된 내용으로 취재 과정에서 단독 입수했다.

- ○ 미8군(CIC-방첩대): "테라졸이라는 동물 마취제를 환각제로 쓴다는 사례나 기록은 들어본 적이 없다"는 답변
- ○ LA수의사 취재: 테라졸을 많이 팔지만 환각제로 쓴다는 얘기는 들은 적 없다.
  가끔 쓰이는데 적발 안 될 수도 있다.
  김동구에게 들은 말. 사건 현장에 캔맥주 → "김성재가 캔맥주 먹다 남긴 예가 없는데 신경 써달라." → 경찰이 대수롭지 않게 버렸다. 아마 정재문과 L 등 매니저 쪽에서 여러 병 사다가 냉장고에 넣어둔 것이다.
  밀러인 것 같다.
- ○ 초동수사 얼마나 소홀했는지 보여주는 장면.

테라졸은 미국에서 시판되는 졸레틸과 같은 성분의 동물 마취제로 성능이 졸레틸의 2배 정도로 알려져 있다. 이 메모를 보수적으로 해석하면 당시 변호인이 확인한 결과에서도 LA에서 테라졸을 마약 대용으로 사용됐다는 정황은 확인되지 않은 것이다. K쪽은 여전히 졸레틸의 마약 대용 가능성을 강하게 주장하고 있다. 비밀리에 사용될 가능성은 과연 없는 것일까.

| 33화 |

초동수사와
검시제도

명예훼손 소송당한 정희선

잘 알려지지 않은 물질을 어렵게 구입해 마약으로 사용할 확률은 얼마나 될까. 높다고 말할 수 있는 사람은 많지 않을 것이다. 엑스터시(Ecstasy)를 비롯한 신종 마약들이 세상에 알려지는 이유는 그것이 클럽과 모임 등을 통해 은밀하지만 광범위하게 유통이 되기 때문이다. 당시엔 비밀리에 투약이 이뤄졌더라도 이후에라도 남용 사례가 드러나기 마련이다. 그러나 김성재 사건 이후에도 졸레틸이 마약 중독자들에게 광범위하게 남용되었다는 보도는 좀처럼 찾기 어려웠다.

다만, K쪽은 졸레틸의 원료로 사용되는 틸레타민의 남용 사례와 관련해 다음과 같은 논문(Ketamine and Tiletamine Abuse in the UK, November, 1993)을 제시하고 있다. 위 논문을 보면, 틸레타민의 남용이 영국에서 처음 발생한 것은 1992년으로, 이후 틸레타민 (환각 성분이 있다고 알려진 동물 마취제)은 케타민(Ketamine)보다 더 넓게 퍼졌다고 한다. 최근 영국에서 케타민과 틸레타민은 문제가 되었는데 둘 다 자주 다른 약과 함께 뒤섞이거나 대체물로 팔린다고 나와 있다. 적어도 1993년 영국에서는 틸레타민의 남용 가능성이 낮다고 보기 힘들다는 것이다.

이와 관련해 최근 졸레틸의 마약 대용 가능성 여부에 대한 법원의 판단이 나와 주목된다. 2020년 9월 2일, 서울중앙지법 민사14부(재판장 김병철)는 김성재의 전 여자친구 K가 정희선 전 국과수 원장을 상대로 낸 손해 배상 청구 소송에서 원고 패소 판결했다. K는 지난해

10월 "김성재 씨의 사망과 관련해 대법원에서 무죄 판결을 확정받았는데도 정희선 씨가 인터뷰와 강연 등에서 내가 김 씨를 살해한 것처럼 말했다"며 정 씨에게 10억 원을 청구하는 소송을 냈다. K쪽은 법정에서 "김성재의 사망 원인으로 지목된 동물 마취제가 당시 마약으로 널리 사용된 약물인데도 정 씨가 인터뷰와 강연 등에서 이를 독극물이라고 말해 자신이 김성재를 살해한 것처럼 표현해 명예를 훼손했다"고 주장했다.

그러나 재판부는 "K씨가 허위라고 주장하는 사실들을 검토했으나 인정할 수 없다"고 밝혔다. 재판부는 졸레틸이 마약이 아니라는 취지의 정 전 원장의 발언에 대해 "졸레틸이 마약으로 사용될 가능성 자체까지 부인한 것으로는 볼 수 없다"며 "김 씨를 숨지게 할 수 있는 독성이 있는 물질이라는 의미로 '독극물'이라는 표현을 사용한 것으로 보인다"고 봤다. 특히 재판부는 "김성재가 사망한 1995년 당시에는 졸레틸의 성분인 틸레타민이나 졸라제팜이 마약류 관리에 관한 법률 등에 따른 향정신성의약품으로 지정돼 있지 않았다는 사실, 미국 법무부 마약단속국 소속 직원은 당시 피고(정 전 원장)의 질의에 대해 미국에서는 1987년에 이미 틸레타민과 졸라제팜의 혼합물인 테라졸(졸레틸의 미국 상품명)을 연방금지물질 스케줄III로 지정했으나, 현재까지 테라졸에 의한 남용이나 불법 거래에 대해 알지 못한다는 내용으로 회신한 사실, 해외에서 2000년대 들어서 유흥 목적으로 테라졸 또는 졸레틸을 투약하는 사례가 보고되기 시작한 사실, 2014년에야 우리나라에서도 틸레타민과 졸라제팜이 마약류 관리에 관한 법률 등에 따른 향정신성의약품으로 지정된 사실 등에 비추어 볼 때, 피고의 발언은 김성재가 사망한 1995년 당시 졸레틸이 국내에서 마약류로 지정 또는 분류된 물질이 아니어서 마약 검사를 했음에도 일치하는 것을 찾을 수 없었다는 의미에서 마약이 아니라고 한 것으로 해석함이 상당하고, 이러한 해석에 따르면 피고의 발언에 거짓이나 허위가 포함돼 있다고 볼 수 없다"고 판시했다. 결론적으로 김성재가 사망할 당시에 졸레틸이 마약 대용 물질로 사용됐다고 볼 증거가 많지 않다는 얘기다.

K쪽은 "1995년 당시 미국에서 테라졸이 마약류로 지정되었음에도 관리가 제대로 되지 않아 이를 판매한 수의사가 기소된 사례가 존재하는 등 이미 일반인들이 마약 대용품으로 테라졸을 쓰고 있었는데도, 피고가 졸레틸/테라졸이 당시 사람한테 한 번도 쓰인 적이 없는 동물 마취제라는 허위 사실을 적시했다"고 주장했다. 이에 대해 재판부는 "당시 졸레틸은 동물 마취제로 판매·사용되고 있었고, 국내에서는 마약 대용품으로 쓰이는 사례가 보고되지 않은 점, 미국 법무부 마약단속국 소속 직원 역시 미국 내 테라졸에 의한 남용이나 불법 거래에 대해 알지 못한다고 답했던 점, 미국에서 당시 테라졸이 마약 대용품으로 사용될 가능성을 우려해 연방금지약물로 지정되기는 했으나, 이러한 조치는 실제로 미국에서 테라졸이 마약 대용품으로 사용되고 있었던 것으로 볼 만한 증거가 없어서 선제적인 예방 조치로 볼 여지가 있었던 점 등에 비추어 볼 때, 피고가 졸레틸을 가리켜 '사람한테 한 번도 쓰인 적이 없는 약물'이라고 표현한 것을 두고 허위라고

하기는 어렵다"고 판결했다. 그러면서 "졸레틸이 당시 사람들이 환각 효과를 얻기 위해 주로 사용하던 약물이 아니었던 점은 분명해 정 전 원장의 표현이 다소 과장됐다고 볼 여지는 있더라도 허위로 볼 수는 없다"고 밝혔다. 전술했듯 김성재 사망 당시에는 졸레틸의 마약 대용 가능성이 높다고 보기 어렵다는 것이다.

김형태 "K는 살인자가 아닌 조달자"

법원 판결에 더해 사망하기 직전까지 그 누구도 김성재의 팔에서 주사자국을 보지 못했다는 것은 피고인이었던 K과 김성재 쪽 증인들도 모두 인정하는 부분이다. 특히 K는 당시 경찰 수사에서 죽기 전날 김성재의 팔에서 주사자국을 보지 못했다고 여러 차례 진술한 바 있다.

또한 사건 전날 촬영된 SBS 공개홀 연습실에서 상의를 벗고 안무 연습을 하고 있는 김성재의 팔에도 주사자국 같은 것은 없었다. K쪽 변호인인 김형태는 2020년 4월 21일 이뤄진 인터뷰에서 당시 동영상의 화질이 낮아 식별이 어렵고 주사자국이 있었어도 흥분한 상태에서 자기도 모르게 옷을 벗을 수 있다고 했다. 과연 그럴까. 이 말이 맞는다고 하더라도 전날 마약 투약을 한 사람이 다른 사람들이 버젓이 다 있는 공간에서 너무나도 거리낌 없이 옷을 벗어젖힌다는 건 아무리 생각해도 자연스럽지 않다.

무엇보다 사망 당시 김성재에 대한 모발, 혈액, 소변에 대해서 국과수에서 마약 검사를 했지만 그 어떤 마약이나 대마 성분도 검출되지 않았다. 앞서 밝혔듯 모발에는 최고 1년까지 마약의 흔적이 남아 있다고 알려져 있다. 평상시에 마약 투약을 하지 않던 사람이 며칠 밤 사이에 이름도 생소한 동물 마취제 졸레틸을 마약 대용으로 수차례 스스로 주사할 확률은 얼마나 될까. 오른손잡이였다는 사실을 제외하더라도 말이다. 검찰 수사와 공판 과정에 증인으로 참석한 수의사들은 졸레틸50이 마약 대용으로 사용된다는 얘길 들어본 적이 없고, 마취 효과가 즉각적이기 때문에 애당초 마약 대용으로 사용할 수 없는 물질이라고 일관되게 진술한 바 있다. 바로 마취가 이뤄지기 때문에 환각을 느낄 새가 없다는 것이다. 물론 사건 이후 졸레틸의 남용 사례가 보고되었다는 점을 감안하더라도, 최소한 사건 당시에는 졸레틸의 마약 대용 가능성이 널리 인정되었다고 보긴 어렵다.

변호사 김형태는 "김성재 사건은 졸레틸을 스스로 투약하다 죽은 사고사이며 피고인은 김성재에게 졸레틸을 조달한 역할만 한 것으로 보인다"고 했다. "만약 조달자라면 그 사실을 공판 과정에서 이를 공개하지 않은 이유가 무엇일까?"라고 되묻자 "애인의 명예를 지켜주고 싶었을 것"이라고 답했다.

자신이 살인범으로 몰려 사형 구형을 받는 상황에서조차 애인의 명예를 지켜주기 위해서 비밀을 지켰다는 얘기다. 어쨌거나 애인은 이미 세상을 떠났고 본인은 살인범이 된 상황인데 말이다. 분명한 것은 판결문 어디에도 졸레틸이 환각 성분이 있다거나 마약 대용으로 사용될 수 있다는 판단이 없다는 점이다.

아울러 오른손잡이였던 김성재가 스스로 오른팔에 투약했다는 주장을 접할 때, 나는 한 의문사 사건을 생각했다. 김형태 변호사는 2012년 〈한겨레〉에 기고했던 '김형태 변호사의 비망록'에서 자신이 맡았던 변사사건을 소개했다. 1980년대 군사 독재 시절 공안 경찰에 의해 조작됐다는 의혹을 받은 의문사 사건이었다. 양팔이 묶인 채 발견된 20대 청년의 죽음을 두고 당시 경찰은 자살로 결론 내렸다. 이에 대해 김형태 변호사는 "게다가 목을 맨 사람이 어찌 허리띠로 제 양팔을 몸에 묶는다는 건가. 자살하면서 타살로 위장하려고 안간힘을 썼다?"라고 의문을 제기한 바 있다. 죽음의 정황이 합리적인지 질문하는 것은 모든 죽음 앞에서 일관돼야 한다고 믿는다. 2012년의 김형태 변호사처럼, 성재의 죽음을 납득하지 못하는 대중들도 마찬가지 아닐까.

김광훈 "사체 진뇨량 측정 안 해"

아울러 항소심에선 김성재의 몸에서 검출되었다는 소변량에 대해서 다음과 같이 판시했다.

"원심 및 당심 증인 김광훈의 원심 및 당심에서의 진술에 의하면, 피해자의 사체에서는 모두 10cc의 소변이 검출되었다고 진술하고 있고, 위 진술과 증 제4호증의 1, 2와 증 제10호증의 각 기재에 의하면 사람의 뇨의 생성은 뇨의 생성을 방해하는 특별한 질병이 없는 한 1분에 1cc, 적어도 2분에 1cc의 뇨가 생성된다고 하고 기록상 피해자가 사망 시나 직후에 소변을 방출한 흔적은 보이지 아니한다.

그렇다면 피해자는 최대한으로 잡아서 사망 20분 전에 소변을 봤다는 것인데, 피해자가 정상적으로 소변을 본 후 20분 내에 피해자의 아무런 반항 없이 28군데의 주삿바늘 자국을 남길 수 있을지 의문이고 만일 위 주삿바늘 자국의 일부가 피해자가 생전에 마지막으로 소변을 보기 이전에 형성된 것이라면 피해자의 죽음은 사고사일 가능성을 배제할 수 없다고 할 것이다."

김성재 여자친구 K쪽은 최근에도 항소심의 이 대목을 들어 잔뇨량(10cc)을 보면 사망 전 최대 20분 전까지 김성재가 의식이 있었음을 알 수 있고, 이는 결국 스스로 주사를 놓다가 숨진 사고사라는 것을 방증하는 증거라고 주장해왔다. 그러나 판결문에 적시된 부검의 김광훈은 〈MBC 다큐플렉스〉와 2021년 5월 13일에 이뤄진 인터뷰에서 전혀 다른 주장을 하고 있다. 그는 "김성재 사체에 대한 잔뇨량은 측정되지 않았다"며 "다만 약물 검사를 위해 부검실 연구사에게 사체의 소변을 채취해서 약독물과에 전달하라고 지시했을 뿐"이라고 말했다. 그는 "당시 약독물과에 전달된 김성재 소변은 13ml였는데 그게 잔뇨량은 아니었다"며 "사체에서 채취된 양이지 잔뇨량이 아니었다"고 덧붙였다. 잔뇨량이 측정되지 않은 이유에 대해 그는 "사망 시 배뇨를 하는 경우도 있고 사람마다 소변 생성 양도 다르기 때문에 일반적으로 부검 시 소변량은 측정하지 않는다"며 "잔뇨량으로 사망 시각을 추정하는 경우는 없다"고 했다. 김광훈의 말이 사실이라면, 연구사가 채취해 약독물과에 전달된 13ml의 소변이 공판 과정에서 김성재 사체의 잔뇨량(10cc)으로 와전됐다는 얘기다. 당시 1·2심 공판 과정에서 김광훈은 이러한 사실을 재판부에 적극적으로 제기하지 않은 것으로 보인다. 심문 과정이 아니면 발언권이 없었던 증인 심문의 한계와 함께 신출내기 부검의로서의 경험 부족도 한 요인이었다. 결과적으로 김광훈 인터뷰는 당시 공판이 제대로 된 팩트 위에서 진행되지 못했음을 거듭 확인하게 만든다.

동물병원장은 왜 만났을까

판결문은 또 피고인이 '환각 작용 등이 있는 졸레틸'을 사 간 사실 때문에 오해받을까 봐 배○○ 동물병원장을 만나 사 간 사실을 말하지 말해달라고 한 것이라고 인정하고 있다. 피고인이 한 변명보다 오히려 더 좋은 해석을 붙여서 받아들여준 셈이다.

항소심 재판부의 판단이 논리적으로 말이 되려면 '피고인이 졸레틸에 환각 작용 등이 있다는 것을 미리 알고 있었고, 이 때문에 세간에 언급될 때 불필요한 오해를 낳을 수 있는 약품이라고 인식하고 있음을 전제로 한다. 과연 피고인은 졸레틸에 마약 성분이 있다고 생각했을까. 경찰과 검찰, 공판에서 피고인은 동물병원장이 안락사용 약물이라고 전해주는 걸 그저 받아왔다고 진술했다. 또한 피고인은 졸레틸과 황산마그네슘을 사 와서 곧장 버렸다고 했다. 피고인의 진술대로라면 그 약물을 두고 환각 성분이 있다고 오인했을 기회는 애당초 없었다. 피고인은 그 약물에 환각 성분이 있다고 생각했다는 주장도 하지 않았다. 항소심 재판부가 피고인의 변명을 받아들이면서 그녀의 주장까지 보충해서 상상한 것으로 읽히는 대목이다.

괜한 오해를 받기 두려웠다면 부검 결과가 나오기 직전이 아니라, 주사자국의 존재가 알려진 사건 직후에 동물병원장에게 부탁을 했어야 하지 않았을까. 이러한 점에 따라 1심 재판부는 부검하면 졸레틸 성분이 검출될 것을 예상하고 미리 동물병원 의사를 만나 입막음을 하려 했던 것이라고 판단했다. 실제 동물병원장은 경찰과 검찰 진술에서 피고인이 자신에게 '부검하면 물질이 검출되느냐'고 물었다는 취지로 진술했지만 2심 판결문에선 이 대목은 언급되지 않았다.

형사소송법상 피고인이 범인이 아닐 수도 있다는 합리적 의심이 존재한다면 유죄로 인정할 수 없다. '의심스러울 때는 피고인의 이익으로'라는 형사사법의 대원칙 때문이다. '상식적으로 명백히 유죄인데 법원에만 가면 무죄가 되냐'며 대중들이 공분하는 이유이기도 하다. 피고인의 범행 가능성 자체가 아예 없다고는 보지 않았던 항소심 재판부도 이 법리에서 딜레마에 빠진 것 같다.

당시 항소심 재판부는 피고인을 무죄로 판단하며 외부 침입 가능성과 내부인 범행 가능성을 매우 짧게 제기하고 있다. 먼저 외부 침입 가능성은 얼마나 될까. 경찰 수사 당시 외부 침입 흔적은 발견되지 않았던 점을 제외하더라도, 외부 침입설이 설득력을 가지려면 용의주도한 범인이 어려움을 뚫고 숙소인 별관 57호실에 침입한 뒤, 공교롭게도 피고인이 구입한 졸레틸50과 같은 약물로 피고인이 사라진 시점에 김성재를 살해해야 한다. 졸레틸50은 일반인이 구하기 쉽지 않은 데다, 사람에게 사용된 적이 없는 동물 마취제였다. 여기에 내부인들만 아는 건조기까지 재작동시켜야 한다. 가능성이 아예 없지는 않다. 우연의 우연이, 우연처럼 겹치면 벌어질 수 있다.

다음은 내부인의 범행 가능성. 이 또한 마찬가지다. 내부인의 범행 가능성이 성립하려면 범인이 우연히도 피고인이 구입했던 이 특수한 약물을 김성재에게 주사했다는, 쉽지 않은 가정을 해야 한다. 비교적 흔한 청산가리라면 그럴 수도 있겠다. 그러나 졸레틸과 황산마그네슘이라는 두 희귀 약물을 동시에, 우연히, 범인이 피고인과 겹치게 구해서 투여했을 개연성은 얼마나 될까. 졸레틸은 이 사건을 통해 세상에 알려졌다. 이 사건 전까지 약독물의 권위자였던 정희선 전 국과수 원장조차 모르던 약물이었다. 이런 것들을 '합리적인 의심'이라고 부를 수 있을까.

마지막 가능성은 있다. 피고인이 졸레틸과 황산마그네슘을 구입한 사실을 사전에 알게 된 범인이 같은 약물을 구입한 뒤 피고인이 호텔을 떠났을 때 주사를 놓았다는 가정이다. 그러나 이러한 함정을 팔수 있는 사람은 몇이나 될까.

항소심 재판부는 똑같은 결과를 낳는 2개의 이론이 경합하고 있을 때, 더 단순한 것이 훨씬 훌륭하다는 원칙인 '오컴의 면도날'을 외면하고 쟁점 판단 판결문 서술에서 길을 잃은 것은 아닐까.

판결문은 그 밖에도 여럿이 숙소로 쓰던 호텔방이 살해 장소로서

부적합하다는 점이라든가, 피로회복제로 속여서 약물을 주사했다는 검찰 주장의 범행 방법이 부자연스럽다는 점을 의혹으로 들고 있다.

호텔방이 살해 장소로서 부적합해 의문이라면, 외부인 침입설이나 다른 내부인의 소행설도 부적합한 것은 마찬가지다. 재판부의 상상력을 동원한 가정 아래서도 범행 장소가 호텔방이라는 사실은 변하지 않는다. 또 피로회복제로 속였다는 범행 방법이 부자연스럽다고 해서 주사된 사실 자체가 사라지지도 않는다. 아마도 김성재가 스스로 주사했을 가능성을 암시하는 듯한 이 대목은 오른손잡이인 김성재가 오른팔에 28번이나 주사를 했을 리 없다는 점에서 개연성이 희박하다. 취재 과정에서 만난 전문의들은 김성재가 설령 왼손잡이라고 하더라도 의료인이 아닌 일반인이 자신의 오른팔에 주사를 28번이나 놓는 건 불가능하다고 했다.

앞서 인용한 칼럼에서 도진기 전 부장판사는 "피고인이 놓쳤지만 재판부는 가능했던 공상까지 피고인의 이익으로 돌리는 건 과하다. 아무리 봐도 역시나 판사 기준의 이성과 합리성을 잣대로 삼은 것 같다"고 지적했다. 그는 결론적으로 "피고인이 졸레틸과 주사기, 마그네슘을 구입한 지 얼마 안 돼 김성재가 같은 약물 주사로 사망했고, 법의학자들이 입을 모은 사망추정시각에 같이 있었던 유일한 사람이 피고인이라는 근본적인 사실을 외면해서는 안 된다"며 "판결에서 제시한 의심이 과연 '합리적'인가에 의심을 가졌다"고 밝혔다.

물론 당시 항소심 판결이 증거재판주의에 입각해서 형사사법의 대원칙을 지켜낸 의미 있는 판결이라는 반론도 적지 않다. 경찰과 검찰의 비과학적이고 주먹구구식인 수사 관행에 제동을 걸어 이후 수사 기관의 과학 수사가 더 발전될 계기를 마련해준 것도 사실이다.

또한 인용한 도진기 전 부장판사의 항소심 판결과 관련한 칼럼은 사건 전체 기록이 아닌 항소문 판결문만을 보고 이뤄진 제한적인 평가라는 한계도 분명하다. 특히 전날 밤 김성재가 스스로 긴팔 옷을 입었다는 참고인의 진술이 있음에도 피고인이 김성재에게 긴팔 옷을 입혔을 거라고 추정하거나, 사건 당일에만 피고인이 새벽에 귀가한 것처럼 묘사하는 등 사실관계에서 맞지 않는 부분도 있다.

초동수사 부실의 구조

한편, 나와 팩트스토리는 김성재의 옛 여자친구인 K측의 반론권을 보장하기 위해 담당 변호사와 2020년 4월 21일과 9월 18일, 두 차례에 걸쳐 각각 1시간 30여 분 동안의 공식 인터뷰를 진행해 수사 및 공판 과정의 쟁점들에 대한 입장을 듣고 관련 내용을 르포 곳곳에 충실하게 반영했다. 9월 28일에는 최종적으로 김형태 변호사에게 김성재 살인사건에 대한 기획 기사를 작성하겠다는 취지를 알리고 인터뷰에서 나눈 내용들을 담겠다며 의견이 있으면 달라는 메일을 보내기도 했다. 물론 10월 11일 현재까지 회신은 받지 못했다.

담당 변호인만이 아닌 사건의 직접적 당사자인 K측의 반론권을 더 충실하게 보장하기 위해, 10월 5일에는 K가 운영하는 서울 시내 소재 치과병원 두 곳을 연이어 찾아가 정식으로 인터뷰 요청을 넣기도 했다. 취재진의 방문 자체를 극도로 경계하던 병원 직원들에게까지 명함을 남기며 연락을 부탁하기도 했지만, K측으로부터 끝내 연락은 오지 않았다.

앞서 취재를 진행하면서는 사건 자체가 재조명되는 것이 K의 명예를 훼손할 수 있다는 변호인 측의 의견도 받아들여 여러 차례 회의를 거치고 자문 변호사에게 문의를 하는 등 숙고의 과정을 거치기도 했다. 그러나 김성재 사건이 영구 미제인 탓에 관련 의혹들이 해소되지 않았다는 점, 검시와 부검의 분리 등 경찰 초동수사 부실의 구조가 여전해 과학 수사의 발전을 위해서라도 재조명이 필요하다는 점, 전문가 증언의 일방적 배척 등 형사사법 시스템의 한계를 보여준다는 점, 2019년 여름에 이뤄진 청와대 국민청원 20만 명의 동의 등을 감안할 때 국민의 알 권리 보장 차원에서라도 기록으로 남겨야 한다는 점 등의 공익성이 있다고 판단해 취재와 집필을 진행했다.

그렇게 사건은 영구 미제가 됐다. 김성재 살인사건이 미제 사건이 된 가장 큰 원인은 거듭 말하지만 초동수사 부실과 현행 검시 제도에 있다. 김성재 사건을 개인적으로 가장 안타까운 사건으로 꼽는다는 정희선은 자신의 책에서 김성재 사건에 대한 회고를 다음과 같이 마무리하고 있다.

그러나 무엇보다 범죄 증명의 핵심은 사건 발생 초기에 증거 화보를 위해 범죄 현장 보존을 철저히 하고, 변사자나 현장 주변 등 현장 사진과 더불어 호텔에 설치된 CCTV의 필름, 현장 증거물을 채취하는 일이다. 이번 사건의 경우 황산마그네슘과 졸레틸50을 주사하고 남은 빈 약병이나 주사기가 수거되었다면 빠른 시간 내에 약물이 확인되어 사건이 쉽게 종료되었을 것이다. 부검 결과를 통보받고 뒤늦게 호텔에 설치된 CCTV의 필름과 졸레틸50을 주사하고 남은 약병이나 주사기 등의 증거물을 채취하려 하였으나, 아쉽게도 호텔의 규정에 따라 폐쇄회로는 10여 일이 지나서 이미 지워진 상태였고 방을 청소한 쓰레기 등은 일찌감치 치워졌다. 역시 철저한 초동수사가 사건 해결의 필수 요소라는 생각이 들었다.

김성재 사건 등 대다수의 미제 사건에서 나타난 초동수사의 부실은 수사와 부검이 별도로 진행되는 한국 검시 제도 후진성에 기인하고 있다. 즉, 부검을 통해 사인을 결정하고 사체 소견을 해석하는 일은 부검 의사의 역할이고, 현장에 대한 검시 조사와 사망의 종류, 증거물 수집은 수사 기관이 담당하고 있는 것이다(하태훈, '현행 검시 제도의 문제점과 개선방안', 〈형사정책〉, 한국형사정책학회, 2006).

수사와 검시가 분리된 탓에 사건 현장에서 법의학적 지식을 가진 검시관에 의해 검시가 이뤄지지 못한 채, 사건 발생 하루 이틀이 지난 시점에서야 국과수를 통한 부검이 진행되는 실정이다. 초동수사가 부실할 수밖에 없는 구조적인 문제점이 있다는 얘기다.

김성재 사건 초동수사 때도 마찬가지였다. 김성재가 주검으로 발견될 당시 사체는 응급 처치를 위해 병원으로 옮겨졌다. 사망이 확인됐지만 직장 온도, 시반과 시강(사후 경직도) 등은 곧바로 측정되지 못했다. 사건 현장 보존도 이뤄지지 않았고 부검은 이튿날 오전에야 진행됐다.

또 다른 미제 사건인 치과의사 모녀 살인사건 당시 경찰의 초동수사도 똑같은 문제점을 안고 있었다. 아파트 욕조 물에 잠겨 있던 시신은 부검을 위해 다른 장소로 이동됐다. 화장실과 욕조 물의 온도, 직장 온도 등은 측정되지 않았다. 초기 시강 정도와 동공 관찰 등도 없었다.

두 사건 모두 발생 당시 현장에서 검시가 이뤄졌다면 영구 미제가 되는 일은 막을 수 있었을지 모른다. 공판 당시 검찰 쪽 증인으로 나섰던 이정빈 서울대 의대 교수는 한 언론과의 인터뷰에서 경찰의 김성재 사건 초동수사를 다음과 같이 개탄했다.

– 1995년 인기 댄스 그룹 멤버 김성재 씨 사망 사건도 채증이 허술했습니까?

"보통 부검 재감정에 들어가면 해석은 달라질 수 있어요. 하지만 사실(fact)이 뒤바뀌지는 않습니다. 김 씨 사건에서 경찰이 수집한 사실은 형편없었습니다. 어떤 현상이 나오면 사실을 딱 떨어지게 객관적으로 기술해야 합니다. 하지만 경찰은 사실을 소홀히 하고 감정적으로 기술했어요. 시신에 나타나는 시반은 '사실'의 문제인데 경찰은 '그렇다, 아니다'라고도 쓰지 않았어요. 시신을 찍은 즉석카메라 상태도 엉망이었죠. 게다가 시신을 제대로 찍지도 않고 옮겼습니다. (증거가)

날아가버린 것이죠."(《동아일보》, 2011년 8월 29일)

이 교수의 말처럼 사건 당일, 검안 과정에서 폴라로이드 카메라로 사체 사진을 찍은 점은 경찰의 치명적 실수였다. 경찰은 왜 그와 같은 어처구니없는 실수를 저질렀을까.

1995년 당시 경찰의 과학수사 수준

때론 초동수사가 수사의 전부가 되곤 한다. 사건 당시 경찰은 김성재가 사망한 지 반나절이 지난 오후 시간, 그것도 음영이 나오는 폴라로이드 카메라로 사체 사진을 찍는 실수를 저질렀다. 이는 훗날 법의학자들의 양측성 시반 감정이 부정당하는 근거가 됐다. 결과적으로 사망추정시각이 미궁에 빠지게 된 계기였다.

경찰이 초동수사에서 치명적인 실수를 저지른 경우는 김성재 사건 외에도 또 있다. 김성재 사건보다 5개월 앞서 일어난 치과의사 모녀 살인사건 수사에서도 경찰은 피해자들의 시신을 폴라로이드 카메라로 찍었다(폴라로이드 카메라로 촬영할 경우 따로 현상하지 않아도 돼 편리하지만, 사진의 화질에서 필름카메라에 못 미치는 것은 분명했다). 또한 경찰은 욕조물에 잠겨 있던 피해자들의 직장 온도는 물론, 욕조물의 온도조차 측정하지 않았다. 1995년 당시 경찰의 법의학적 지식의 수준이 낮았음을 방증할 수 있는 대목들이다.

이러한 사정을 비춰보면 김성재 사건의 초동수사가 부실했던 것은 어찌 보면 당연했다. 그러나 당시 여건을 감안하더라도 사건 발생 보름이 지나서야 CCTV 확보에 나섰지만 이미 다른 화면이 녹화돼 있었던 일이나, 사건 초반 마약 사고사에 대한 확신에 차 있다가 동물병원장의 제보 이후에는 K가 약품을 구입한 사실에 환호해 디테일을 놓쳐버린 점 등은 검시 제도와 별도로 경찰에게 그 자체로 뼈아픈 대목이 아닐 수 없다.

문제는 이러한 검시 과정의 실수들이 사건을 미궁 속으로 몰고 간다는 데에 있다. 일반적인 수사 또는 내사 절차에 비해, 검시는 사체를 대상으로 법의학적 지식에 과학적 수사 기법을 결합해 증거를 수집하는 절차다. 검시 과정의 작은 오차, 실수, 지연만으로도 증거가 오염되는 효과가 발생하고, 죽음의 원인에 대해 잘못된 증거 판독 결과가 도출될 수 있다는 것이다.

죽은 자는 말이 없는 탓에 일반 사건 수사에 견줘 변사사건은 다른 보강 증거 수집이 불가능하다. 전문가들이 검시 결과는 매우 높은 수준의 신뢰성을 담보해야 한다고 지적하는 이유도 검시 결과가 그만큼 중요하기 때문이다(김태우, '검시 제도 개선방안', 〈법제논단〉, 2013년 2월).

그렇다면 선진국들의 검시 제도는 한국과 어떤 차이가 있을까. 먼저 영국과 미국 등 영미법계 국가는 법의학 전문가에 의해 초동수사 단계부터 검시가 이루어진다. 반면 독일, 유럽 등 대륙법계 국가는 경찰 또는 검찰이 검시의 일차적인 주체다. 대다수의 형사 정책 전문가들은 검시 업무의 전문성에 있어서 영미법계 국가의 제도가 더 뛰어나다고 평가한다. 영미법계 국가에서는 검시 단계에서 수사 기관의 관여 없이 부검 여부가 결정되고, 검시가 검시관 또는 법의관 주도로 이루어지기 때문에 수사 기관에 의해 부검 여부가 결정되는 대륙법계 국가들에 비해 독립성이 보장되는 이점도 있다.

대륙법의 영향을 받은 한국의 검시 제도는 후자를 모델로 하고 있다. 김성재 사건 당시 범죄 현장이 아닌 병원 영안실에서 검시가 이뤄진 것은 당시 사건 신고가 늦게 이뤄진 점에도 한 원인이 있지만, 한국 검시 제도의 한계와도 무관하지 않다.

더 근본적인 문제는 한국의 검시 제도가 26년 전과 비교해 크게 달라지지 않았다는 데에 있다. 그때나 지금이나 검시와 수사는 분리된 채로 운영되고 있다. 사건 현장에 검시관은 여전히 가지 못하고 있다.

2013년 3월, 당시 국립과학수사연구원의 최영식 법의학부장은 〈한겨레21〉과 이뤄진 인터뷰에서 한국 검시 제도의 문제점에 대해 다음과 같이 탄식했다.

"사건 현장에서 사체를 보존하는 법적 조항이 전혀 없다(변사사건 처리 규칙은 2019년 3월에야 경찰청 훈령으로 제정됐다). 경찰이 현장에서 (사체) 사진을 찍은 뒤 옮겨도 불법이 아니다. 그렇게 옮겨진 사체는 대부분 동네 병원 영안실 냉동고에 들어간다. 그러고는 경찰이 일차적으로, 검사가 최종적으로 부검 여부를 결정한다. 오늘 사망한 변사사건 사체가 있으면 아무리 빨라야 다음 날 아침에 국과수 부검실로 들어오는 거다. 사체의 경직 상태나 직장(대장의 가장 아랫부분) 온도 등 사후 경과 시간을 추정할 수 있는 부분의 절반은 이미 날아간 상태인 거다. 냉장고에 들어갔다가 나온 사체의 직장 온도를 따지는 게 얼마나 의미가 있겠나. 그러다 보니 우리는 일부분의 경직 상태, 복부에 나타난 피부 변화, 부패 진행 정도 등 나머지 절반을 보고 사후 경과 시간을 추정한다. 이렇게 처음부터 법의학 전문가가 사건 현장에 갈 제도적 장치가 없는 게 한계라고 본다."

물론 개선의 움직임이 없던 것은 아니다. 2005년 당시 열린우리당 유시민 의원이 검시 제도 개선안을 국회에 발의하기도 했다. 그러나 각 검찰과 경찰, 국과수와 법무부 등 부처 간 주도권 다툼으로 17대 국회 내내 표류하다 결국 폐기됐다. 18대 국회 때는 유선호 당시 열린우리당 의원이 총리 직속의 검시위원회 설치 등을 뼈대로 한 법률안을 발의했지만 역시나 제정되지 못했다.

이후에도 검시 제도는 별반 달라진 게 없다. 법의학 자체가 비인기 분야인 데다 직급과 처우가 낮아 후학 양성이 어려운 점, 이로 인한 인력풀의 협소 등이 근본적인 원인으로 거론되고 있다.

무엇보다 제도 개선의 가장 큰 걸림돌은 예산이다. 검시관 양성을 위한 예산 지원은 당장 눈에 보이는 치적이 아니라는 점, 제도의 피해를 본 이들이 모두 죽은 자들이라는 점 등은 검시 제도에 대한 숱한 논의에도 왜 제도 개선이 이루어지지 않았는지를 설명해준다. 김성재 사건이 오늘날 다시 일어나더라도, 영구 미제가 될 가능성이 없다고 말할 수 없는 이유다.

대안은 없을까. 최영식 국과수 법의학부장은 사건 현장 검시 시스템 마련이 급선무라고 했다. "국민은 왜 국과수가 외국 드라마처럼 사건 현장에서 모든 증거를 찾아내지 못하느냐고 생각할 수도 있다. 그러나 지금은 전혀 그런 시스템이 안 돼 있다. 일단 제대로 해보기나 했으면 좋겠다. 적어도 중요한 사건에선 경찰과 검찰, 국과수가 합동으로 현장에 나갈 수 있게 하는 길이라도 열어주면 좋겠다. 그리고 지금은 변사사건이 발생했을 때 부검하는 비율이 7~8%밖에 안 된다.

외국에서 30% 정도 부검을 하는 것에 비하면 매우 적다. 우리는 검사가 부검 여부를 결정하는 기준이 다 다를 수 있다. 외국은 교도소 안 사망 사건 등 특정 유형의 변사사건에 대해선 반드시 부검을 하도록 기준을 세워놓고 있다는 점을 참고했으면 한다."

알 권리 vs 명예훼손

2019년 6월 초, 평소 가깝게 지내던 실화기획사 팩트스토리의 고나무 대표가 연락을 해왔다. 그는 "듀스 김성재에 대해서 실화 르포 기획 기사를 써보지 않겠냐"고 제안했다. 또 "미국 같으면 범죄 논픽션 2~3권으로 이미 나왔을 소재인데 한국엔 책 한 권이 없다"며 "기획 기사가 책으로 연결된다면 더 좋겠다"고 제안했다. '아, 김성재가 있었지.' 한동안 잊고 있던 이름이 뇌리에 박혔다. 그에게 기대 힘들었던 시기를 버텨온 나의 고3 시절이 떠올랐다. 오랜만에 듀스와 그의 노래를 들었다. 그의 노래와 춤은 나를 그때로 데리고 갔다.

그러나 그의 삶과 죽음을 긴 글로 정리할 엄두가 나지 않았다. 아니 시간을 쪼개 그 거대한 사건을 취재할 자신이 없었다는 편이 맞았다. 당시 나는 이른바 사회2부의 팀장이었다. 매일 처리해야 할 현안과 사건만으로도 충분히 허덕이고 있었다. 하루를 꼬박 고민했다. 거절하면 나중에 후회할 것 같았다. 하겠다고 말한 이유였다.

7월 초, 먼저 유족인 김성재 동생 김성욱을 팩트스토리와 함께 만나 형에 대한 기획기사를 써도 되겠냐고 물었다. 그는 흔쾌히 승낙했다. 자료를 모으고 관련자들을 인터뷰하는 도중에 뜻밖의 소식을 들었다. SBS 대표 탐사프로그램 〈그것이 알고 싶다〉(이하 〈그알〉)에서 24년 만에 김성재 사건을 취재해 보도한다는 것이었다.

8월 3일 방송예정이었던 〈그알〉 '고 김성재 사망 사건 미스터리'편에 대해 K측은 법무법인 덕수의 김형태 변호사를 통해 서울남부지법에 방송금지가처분 신청을 냈고 법원은 K의 손을 들어줬다. 가처분이 인용된 것이다. 〈그알〉이 가처분으로 방송이 불발된 것은 20여 년 만에 처음 있는 일이었다.

방송이 좌절된 후 SBS는 새로운 사실과 유미의한 제보들을 더 확보해 반드시 방송하겠다고 입장을 밝혔다.

9월에는 〈그알〉 방영을 촉구하는 청와대 국민청원에 동의한 사람이 20만 명을 돌파하는 등 김성재와 그의 죽음에 대한 대중의 식지 않은 관심을 재확인시켜주기도 했다.

이러한 분위기에 힘입어 추가 취재를 마친 〈그알〉팀은 12월 17일 공식 홈페이지와 유튜브 채널 등을 통해 고 김성재 편이 21일 방송된다고 예고했다. 그러자 이튿날 K측은 명예 등 인격권을 보장해달라며 법원에 2차 방송금지가처분 신청을 냈다. 사건을 보도하려는 언론과 이를 막으려는 K측의 분쟁에는 법리 다툼이 숨어 있었다. '이미 무죄가 확정된 사건을 언론이 어느 정도까지 보도하고 평가할 수 있는가', '공적 사건에 연루된 개인에 대해 어디까지 보도하면 명예훼손에 해당되는지' 등이 다툼의 핵심이었다.

다음 날인 19일 서울남부지법 민사합의51부(부장판사 반정우)는 김성재 씨의 전 여자친구가 제기한 SBS 〈그알〉 방송금지가처분 신청 신문 기일을 비공개로 진행했다.

이날 약 1시간 동안 진행된 비공개 심문을 마치고 나온 K 씨 측 변호인은 "최근 유명 연예인들이 악플 때문에 자살하는데, 사실과 다른 악플에 개인이 당하는 피해는 회복 불가능하다"며 "법원에서 꼭 막아주기를 바란다"고 말했다. 방송이 나가게 되면 인터넷에 달릴 것으로 예상되는 전 여자친구에 대한 비난, 추측성 댓글이 우려된다는 의미였다.

이날 법원은 또다시 가처분 인용 결정을 내렸다. 재판부는 "21일 오후 11시 10분 예정된 〈그것이 알고 싶다〉를 방송해서는 안 된다"고 밝혔다. 이어 "이 방송은 결과적으로 시청자로 하여금 'ㄱ 씨가 김성재를 살해했을 가능성이 있다'는 것을 암시하고 있다"며 "오로지 공공의 이익을 위한 목적으로 방송하려 한다고 보기 어렵고 불특정 다수의 사람들이 이 사건 방송을 시청하면 ㄱ 씨의 인격과 명예에 중대하고 회복하기 어려운 손해가 발생할 우려가 있다"고 처분 이유를 밝혔다.

이에 한국PD연합회는 23일 성명을 내 "재판부는 공공 관심사에 대한 국민 알 권리를 침해했다"며 "김성재 사망 사건은 인기 절정의 스타가 갑자기 사망했고 타살 의혹이 여전히 있는데도 정작 범인은 확정되지 않은 미제 사건"이라고 밝혔다.

연합회는 "또 판결문 중 '(제작진의) 진정성이 있다고 보기 어렵다'는 표현은 사법부의 오만과 독선을 드러낸 경솔한 표현"이라며 사과를 촉구했다.

연합회는 김성재 사망 사건 초동수사가 부실했고, 2심부터 김성재 전 연인으로 알려진 인물이자 당시 피의자였던 K의 변호를 맡아 1심의 무기징역 판결을 뒤집고 무죄 판결을 끌어낸 인물이 서울고법 부장판사 출신이었던 점도 지적했다.

연합회는 "1995년 사건 발생 당시의 과학 수준으로 충분히 해명하지 못한 사인을 규명할 가능성이 있으니 지금의 첨단 과학 지식으로 다시 짚어보자는 제작진의 취지를 재판부는 받아들여야 했다"고 강조했다.

SBS PD협회도 이날 성명을 내 "고인의 여자친구였다는 김모 씨와 그 변호인 측에 묻고 싶다"며 "1998년 대법원 무죄 판결을 받고도 사람들의 비난 때문에 인격과 명예가 훼손되는 고통 속에 살고 있다고 주장하는 당신은 왜 우리의 의문에 왜 답하지 못하는가"라고 밝혔다.

그러면서 "미국의 O. J. 심슨 사건에서 볼 수 있듯, 석연치 않은 판결은 끊임없는 의문을 남긴다"며 "한국판 O. J. 심슨 사건이라 불리는 김성재 사망 사건은 벌써 두 번이나 방송금지를 당했다. 언론의 자유가 있는 나라라면 석연치 않은 의문에 질문하는 언론에 재갈을 물리지 않을 것"이라고 비판했다.

〈그알〉 방송에 대한 법원의 잇따른 가처분 인용 결정은 나와 팩트스토리로 하여금 '대체 왜 지금 김성재 사망 사건 르포를 쓰는가', '왜 우리는 김성재 사망 사건을 20여 년이 지난 지금 다시 얘기해야 하는

가'라는 자문을 하도록 만들었다. 우리로 하여금 지금 이 사건을 재조명하는 공익적 측면에 대해 좀 더 면밀한 검토를 하도록 만들었다. 르포 작가로서 나는 K의 입장에서 서보려고 의식적으로 노력했다.

〈그알〉 가처분 이후에도 K측의 법적 대응은 계속 이어지고 있다. 2019년 12월, K측은 당시 약물검사를 한 정희선 전 국과수원장을 상대로 10억 원대 손해배상 소송을 낸 것이 대표적이다. 이를 통해 다시금 '한국 사회와 언론이 김성재 사망 사건을 언급해도 되는지, 그 경계는 무엇인지'에 대한 논의가 벌어질 터이다.

정 전 원장이 20년간 강연과 인터뷰에서 '졸레틸은 사람에게 한 번도 사용된 적이 없는 독극물'이라고 말해 자신의 명예를 훼손했다는 취지다.

2020년 2월 12일 열린 첫 재판부터 양측은 김성재 몸에서 검출된 졸레틸이 마약인지 독극물인지를 두고 치열하게 다퉜다.

K측은 "사망 당시에도 졸레틸이 마약으로 사용된다는 얘기가 있었고 판결문에도 쓰여 있다"고 주장했다. 그런데도 정 전 원장이 독극물이라고 표현해 자신이 살해 용의자로 몰린다는 것이다.

정 전 원장 측은 "졸레틸이 당시 마약으로 사용됐다는 걸 입증하라"고 반박했다. 또 "김 씨가 과거 수사 기관에서 자살할 목적으로 졸레틸을 샀다"고 진술한 것을 보면 "독성을 알고 있었을 것"이라고도 했다. 또 "약물에 대해선 학자로서 견해를 말한 것일 뿐, 김 씨를 음해하려는 의도는 없었다"고 설명했다. 이와 관련해 나는 정희선 전 원장이 근무하는 충남대 대학원에 수차례 전화를 걸고 정 전 원장의 이메일을 통해 인터뷰 요청을 했으나, 정 전 원장은 변호인을 통해 소송이 진행 중인 상황이라 인터뷰는 적절치 않은 것 같다는 뜻을 밝혀왔다. 〈그알〉 방송금지가처분 인용 판결과 달리, 이번 1심 재판에선 K측이 패소했다. 서울중앙지법 민사14부(재판장 김병철)는 9월 2일 김성재의 전 여자친구 K 씨가 약물 분석 전문가 정 전 원장을 상대로 낸 손해배상 청구 소송에서 "K 씨가 허위라고 주장하는 사실들을 검토했으나 인정할 수 없다"며 원고 패소 판결했다. 특히 법원은 한국 사회가 이 사건을 언급하고 떠올려도 되는 '공익성'에 대해 언급했다. 법원은 "이 사건에서 문제가 된 피고인(정 전 원장)의 발언은 마약류에 대한 경각심, 과학자로서의 역할, 여성 과학자로 살아온 보람 등을 언급하기 위한 일례로 김성재 사망 사건을 언급한 것이어서 그 내용에 비추어 공익성이 인정된다"고 밝힌 것이다.

물론 대중이 이 사건을 기억하고 언급할 권리와 개인의 명예가 보호받을 권리 사이의 선을 두고 여전히 다툼이 존재한다. 여자친구인 K측을 대리하는 법무법인 덕수의 김형태 변호사가 인터넷상에 K를 비난하는 글을 올린 김성재 팬 두 명에 대해서 명예훼손죄 등으로 고소한 일은 그 한 예다. 검찰은 이들에 대해 벌금형의 구약식 처분을 했으나, 최근 법원은 이들을 정식 재판에 회부했다고 알려졌다(김형태 변호사는 9월 18일 이뤄진 인터뷰에서 최근 이 사건을 다른 로펌에 넘겼다고 말했다). K측이 가히 전방위적인 법적 대응을 벌이고 있다는 사실은 역설적으로 이 사건을 과거완료가 아닌 여전히 현재진행형으로 만드는 지점이다.

김성재를 위한
레퀴엠

가수는 노래로만 기억되지 않는다. 무대 매너와 의상도 그 가수의 매력을 구성하는 요소다. 개인적으로 김성재가 솔로 데뷔 무대 때 입었던 아이스하키 스타일의 무대 의상을 잊을 수 없다. 다음 날 세상을 떠난 그에겐 마지막 무대 의상이었다.

사실 듀스의 패션은 파격 그 자체였다. 그 패션은 성재와 현도가 데뷔 전부터 입고 다녔던 스타일의 연장선상에 있었다. 패션 감각이 뛰어났던 성재는 그 누구도 모방할 수 없는 듀스 패션을 만들었다. 2011년 6월 〈한겨레21〉에서 한 칼럼니스트는 김성재의 스타일을 다음과 평가했다.

"듀스는 이현도와 김성재가 각자 잘하는 영역을 맡아 해내는 시스템이었다. 이현도는 곡을 썼고, 김성재는 스타일을 만들었다. 김성재가 만들어낸 스타일은 지금 봐도 괜찮을 만큼 세련됐다. 힙합 바지에 티셔츠, 모자, 귀고리, 배낭, 선글라스, 헤드폰을 걸쳤을 뿐인데 김성재는 남달랐다. 그가 직접 스타일링 한 무대 의상은 다른 가수들과는 확연히 달랐고, 옆을 치고 뒤로 넘긴 그의 헤어스타일은 순식간에 유행했다. 김성재는 스타일을 즐길 줄 알았다. 듀스가 해체하고 1995년 11월에 내놓은 김성재의 1집 타이틀곡 '말하자면'의 뮤직비디오와 첫 방송에서 보여준 스타일은 그가 보여준 모든 스타일 중 최고였다."

이 평가처럼 그의 마지막 무대 의상은 25년 전이라고는 생각할 수 없이 시대를 앞서간 패션으로 지금도 회자된다. 19일 당일 데뷔 무대

전후를 편집한 영상의 댓글들을 보면 열에 아홉은 그의 스타일을 극찬하며 이른 죽음을 안타까워하는 말들로 가득하다. "모두가 1995년에 머물러 있었다. 김성재 한 명을 빼고." 한 유튜버는 이런 그를 일컬어 '미래에서 온 남자'라고 부르기도 했다. 훗날 가수 비나 다른 아이돌 그룹이 김성재의 마지막 무대 의상을 흉내 냈으나 모두 원조를 뛰어넘지 못했다. 마지막 무대의 강렬함 때문에 그를 잊지 못하는 팬들을 위해 2018년 1년 '마하그리드'라는 의류업체가 김성재의 레글런 상의를 똑같이 만들어 판매한 적이 있고 2020년 상반기에는 '블리츠웨이'라는 세계적인 피규어 제작 회사가 그의 마지막 무대 모습을 재현한 피규어를 제작해 시판을 준비하고 있다. 7월에는 현대카드가 듀스의 히트곡들을 한 장짜리 LP 음반에 담아 재발매하는 이벤트를 열기도 했다. 전곡 리마스터링에는 이현도가 직접 참여했다. 김성재는 여전히 핫하고 힙한 아이콘이었다.

지금 당장 무대에 선다고 해도 전혀 촌스럽지 않은 세련된 스타일을 그는 마지막 무대에서 보여주었다. 영국과 일본 체류 경험에 옷 잘입었던 부모님께 물려받은 패션 센스로 듀스 시절부터 무대 의상을 직접 디자인했던 그였다. 체크남방과 군용배낭, 힙합바지와 큰 프린트가 새겨진 티셔츠 등 그가 유행시킨 아이템들은 한둘이 아니다. 배우 정우성이 자신보다 더 멋있는 사람으로 꼽았던 김성재, 생전 그는 자신의 패션에 대해서 다음과 같은 글을 남겼다.

"현도가 오디오 담당이라면 나는 듀스에서 비디오 담당이라고 할 수 있다. 안무부터 시작해서 의상, 메이크업 등 코디를 맡는다. 듀스의 음악이 감상용이라기보다는 보면서 함께 즐기는 음악이라 눈에 보이는 부분은 그만큼 비중이 크다.

듀스만의 개성을 부각시키면서 성공적인 데뷔와 계속 인기를 얻은 데는 독특한 패션과 외모가 단단히 한몫한 것이 사실이다. '나를 돌아봐'로 데뷔할 당시 체크무늬 옷을 입고 나왔었는데 강남지역 옷가게는 우리 같은 옷을 사려는 신세대들이 몰려 매상이 80% 가까이 올랐다는 이야기가 들려오기도 했다. 내가 항상 비디오를 꾸미는 노하우는 파격을 염두에 두는 것이다. 예컨대 초록과 빨강은 잘 어울리지 않아 함께 쓰지 않는 것이 보통이나 그 색깔을 잘 조화시키면 절대 촌스럽지 않고 신선 그 자체다. 듀스가 다시 등장할 때는 또 한 차례 충격적인 모습을 보여드릴 테니 기대하시라."(김성재, 미발표 에세이, 1995년)

그가 죽지 않았다면 또 어떤 스타일을 우리에게 보여줬을까. 그런 아쉬움 때문이었을까. 지난 2009년에는 이탈리아 청바지 브랜드인 '리플레이'에서 김성재를 모델로 발탁하기도 했다. 의상 화보와 동영상에 등장하는 김성재의 모습은 그룹 듀스와 솔로 활동 당시의 얼굴로, '말하자면'의 뮤직비디오를 연출한 김세훈 감독의 미공개 동영상과 사진작가 안성진 씨가 소장하고 있던 김성재 사진을 요즘 느낌이 나게 리터치했다. 사진작가 안성진은 지금도 가장 잊을 수 없던 피사체로 김성재를 꼽을 정도다. 다리가 유독 길어 모델로도 성공했을 그의 압도적 패션은 많은 이들이 그를 잊을 수 없게 만드는 한 이유다.

3년의 연예계 생활 동안, 한국 대중문화계에 지울 수 없는 흔적을 남긴 채 김성재는 그렇게 갔다. 그를 잊을 수 없는 이들은 오늘도 25년 전 그의 모습에서 자신에게도 있었던 청춘의 아름다움을 본다. 대중이 좀처럼 그를 놓아주지 못하는 건, 대체 불가능한 스타였던 그가 자신의 의지와는 무관하게 세상을 떠났기 때문일 것이다.

　2017년 7월, SBS 이재익 피디는 〈한겨레〉에 연재한 자신의 칼럼('누가 우리 오빠를 죽였나?')에서 김성재에 대해 다음과 같이 적었다. 김성재 사건을 보는 대중의 공분과 그에 따른 요구를 가장 잘 담고 있는 글 가운데 하나다.

"뉴잭스윙이라는 거창한 음악 용어를 들먹일 것 없이, 듀스는 90년대 최고의 힙합 듀오였다. 대부분의 노래를 작사 작곡한 이현도가 듀스의 몸체라는 사실은 부정하기 어려우나 함께 춤추고 노래한 김성재의 존재감 역시 대단했다. 너무 강하고 영리해서 부담스러웠던 이현도의 이미지와 대비되면서 김성재의 해맑고 발랄한 영혼은 더욱 눈부셨다.

김성재는 스타일에 대한 본능적인 감각을 갖고 있었다. 그 시절 엇비슷한 옷과 헤어스타일을 한 다른 연예인들의 모습을 지금 보면 촌스럽게 느껴지는 반면, 김성재와 듀스의 스타일은 여전히 멋져 보인다. 당장 홍대 거리에 재현시켜도 '오, 멋진 복고풍 스타일인데?'라는 탄성이 나올 것 같다.

그는 정말 머리에서 발끝까지 '제대로 놀 줄 아는 형'의 아우라를 풍겼고, 그 시절 그를 동경했노라는 연예인들의 증언이 요즘도 예능 프로그램에서 잇따르고 있다. 배우 김하늘은 김성재가 너무 멋져 보여서 동료 연예인이 아니라 여자로서 만나보고 싶었다고 고백했는데, 나는 이렇게 말하고 싶었다. 성재 형이랑 같이 클럽 한 번 가봤으면 소원이 없겠다. 그런 식의 팬심을 품은 연예인들이 한둘이 아니었을 거다. 실력은 이현도, 인기는 김성재였다고 말한다면 이현도가 섭섭할까?

(중략)

몇 년 동안 줄곧 음악 이야기만 해온 이 칼럼을 읽는 독자들이라면 이미 그의 죽음에 얽힌 미스터리에 대해서는 잘 알고 있을 테니 사건 설명은 생략한다. 유일하고도 유력한 용의자였던 그의 여자친구가 결국 무죄로 풀려나 지금도 치과의사로 살아가고 있다는 후일담도 꽤나 많은 사람이 알고 있을 듯하다(현재 서울 서초구 주상복합아파트에 거주하는 K는 강남 한복판에서 성형외과의사인 남편과 함께 대형병원인 ㅅ성형외과&치과를 운영하고 있다. 고향 전북 ○○에 있는 ㄹ관광호텔 대표이사로 어머니 고기점과 함께 이름을 올려놓고 있기도 하다). 나처럼 열성 팬들이라면 죽음에 얽힌 수수께끼를 짚어보고 재판 과정에 문제점을 제기하는 글이나 다큐멘터리도 찾아봤을 거다. 수사 기법이 훨씬 발달한 지금이라면, 인터넷과 사회관계망서비스(SNS)를 통해 일반 대중의 감시 기능이 생긴 지금이라면 재판 결과가 어땠을까 싶은 의구심을 지울 수 없다.

(중략)

현행법으로는 다시 진실을 파헤치고 그에 따라 책임을 묻는 일이 힘들다는 말도 들었다. 그럼에도 불구하고 그들의 노래를 듣고 있노라면, 환하게 웃는 사진을 보고 있노라면 감수성 폭발하는 소녀 팬의 심정으로 외치고 싶다. 누가 우리 오빠를 죽였나요? 사건의 재수사를 요청합니다."

2019년 11월 17일 일요일, 종일 비바람이 몹시 불었다. 이날 오후 성남 분당메모리얼파크에서 김성재의 24주기 추모식이 열렸다. 50여 명의 팬들과 육미승, 김성욱이 김성재의 추모비 앞에 모였다. 추모비 옆에 설치된 블루투스 스피커에선 김성재의 유작 앨범의 노래가 흘러나왔다. 추모비 주위로 김성재의 사진과 액세서리, 꽃다발이 놓여 있었다. 사진 속에서는 그는 여전히 젊고 매력적이었다. 동생 김성욱이 말했다. "이렇게 궂은 날씨에도 추모식에 참석해주셔서 감사드린다. 올해는 많은 일들이 있었다. 〈그것이 알고 싶다〉에서 형의 죽음에 대해 다루려고 한 시도가 있었지만 결국 방송되지 못했다. 그러나 언젠가 진실은 밝혀질 것이라고 믿는다. 그때까지 김성재를 기억해주시기를 부탁드린다." 김성욱의 레인코트가 비에 젖었다. 초등학생으로 보이는 자식과 함께 추모제에 참석한 부모들은 "엄마 아빠가 젊었을 때 좋아했던 사람"이라며 "우리 때 BTS나 마찬가지였다"고 자식에게 속삭였다. 추모비를 보는 아이의 눈이 반짝였다. 비에 젖은 추모비가 성남 시내를 내려다보고 있었다.

춥고 바람 불었지만, 그날 육미승과 김성욱은 즐거워 보였다. 슬픔도 풍화되는 것이어서 오늘의 마음자리가 24년 전과 같지는 않았다. 그건 자연스럽고 다행한 일이기도 했다. 그러나 세월의 침식에도 무뎌지지 않는 흔적들은 여전했다. 하루아침에 사랑했던 아들과 형을 잃은 유족의 삶은 평탄할 수 없었다. 동생 성욱은 가수 데뷔 이후 뮤지컬과 영화에도 출연했지만 크게 빛을 보지 못하고 연예인 생활을 접었다. 지금은 아이 키우는 재미에 빠져 있다.

육미승도 심리적, 물질적으로 어렵게 생활하고 있다. 한국 낙농업의 산증인으로 평가받는 학자의 딸로 자랐으나 아들 성재를 잃고 집안의 가세는 급속히 기울었다. 최고의 스타였던 아들 김성재가 살아 있었다면 겪지 않을 물질적 고통이었다.

초동수사에 실패해 결국 영구 미제 사건을 만든 국가를 상대로 민사 소송을 제기할 수 있었지만, 그 누구도 유족에게 조언을 해주지 않은 사이, 국가배상청구권의 소멸시효(5년)는 지나가버렸다. 올해 초 피고인 K측이 김성재의 사인은 약물 중독사라는 보도자료를 내어 사자명예훼손 논란이 불거졌지만, 법적 대응을 할 여력조차 없다. 아들은 그렇게 갔고 세월은 오늘도 무심하게 흐르고 있다.

이제 긴 여정을 끝마쳐야 한다. 지난 두 달 동안 밤을 패가며 글을 썼다. 정신없는 일과를 마치고 책상에 앉으면 이상하게도 힘이 났다. 그의 영혼을 위무하기 위해 시작한 글이었는데 어느새 내가 위무 받고 있었다. 지리멸렬한 일상과 무의미한 루틴 속에서 이 글을 쓰는 동안에 비로소 살아 있었다. 예전 스무 살 시절처럼 난 또다시 그에게 기대 지난 1년을 산 것이다.

고비가 없진 않았다. 당시 생산된 방대한 사건 기록 전체에 대한 접근은 개인정보보호 등의 이유로 불허됐다. 공판 진행 과정은 기초적인 정보인데 이조차 알려진 사실이 없었다. 대법원 사건 검색에도 관련 공판 기일이 나오지 않아 법조 관계자를 통해 어렵게 공판 일자를 받았다. 다행히 취재 과정에서 수사 기록과 공판 기록의 상당 부분을 단독으로 입수해 사건을 재구성할 수 있었다. 실화기획사 팩트스토리가 도왔다.

사건 관련자들 접촉도 난관이었다. 여러 각도로 당시 수사 관계자들을 접촉했지만 기억이 나지 않는다거나 또 다른 송사에 휘말릴 수 있다며 인터뷰를 거절했다. 지금은 변호사로 전업한 1심과 항소심 재판부 판사들도 말을 아꼈다. 구속 과정에서 변호인으로 선임된 박영목 변호사와 2심 때 피고인을 대리한 천상현, 김형태 변호사 인터뷰가 더욱 값진 까닭이었다.

사실 자료와 인터뷰 한계보다 날 더 힘들게 했던 것은 확인된 사실 전부를 다 쓸 수 없다는 서술의 한계였다. 쓰고 지운 문장이 허다했다. 말할 수 있는 것들과 말할 수 없는 것들 사이에서 난 때때로 기진

맥진했다. 말할 수 없는 저 너머에 진실은 가 있었다. 진실은 손을 뻗으면 닿을 것 같았지만 좀처럼 잡히지 않았다.

그럴 때마다 난 두 장의 사진을 들여다봤다. 죽기 전 날 찍은 김성재 사진과 그의 사체 검안 사진이었다. 사진 속 밝게 웃던 그는 불과 17시간 만에 시신으로 누워 있었다. 두 사진의 간극은 아득했다. 그 사진들은 내 글이 어디서 왔으며 어디로 가야 하는지를 가리키고 있었다. 이 글은 그 두 장의 사진이 지목한 방향을 걸어간 기록일 뿐이다.

길 끝에 서고 보니, 돌고 돌아 길의 처음으로 다시 돌아온 느낌이다. 24만여 자의 글로도 그날의 진실을 온전히 밝히지 못한 것 같다. 순하고 아름다웠던 영혼의 죽음을 위무하기에도 이 글은 너무 남루하다. 다만 이 글이 김성재의 삶과 죽음을 기억하는 데, 유사한 미제 사건을 막는 데 작게라도 기여할 수 있기를 바랄 뿐이다. 결국 '김성재를 위한 레퀴엠(진혼곡)'은 그를 잊지 못해 서성이는 우리의 몫으로 남았다. 이제 아직 끝나지 않은 김성재의 노래로 그를 부르려 한다.

마지막
노래를
들려줘

초판 1쇄 인쇄 2021년 8월 20일
초판 1쇄 발행 2021년 8월 27일

지은이 오승훈
공동기획 팩트스토리(주)

발행인 장지웅
편집 선우지운
마케팅 이승아

펴낸곳 여의도책방
제작처 한영문화사
출판등록 2018년 10월 23일(제2018-000139호)
주소 서울시 영등포구 여의나루로 60 여의도우체국 여의도포스트타워 13층
전화 02-6952-2431
팩스 02-6952-4213
이메일 esangbook@lsinvest.co.kr

ISBN 979-11-91904-01-7 (03330)